就业与创业指导

（第3版）

主　编◎高居红

副主编◎王　霞　陈　芳

参　编◎徐冬洁　何洁玉　李　萍　王道斌
　　　　王　丽　胡　勇　陈军录

电子工业出版社·
Publishing House of Electronics Industry
北京·BEIJING

内 容 简 介

本书是基于目前职业院校就业与创业指导的重要性和迫切性及指导内容狭窄、手段单一等现实问题而编写的。本书汇集学者经验，求真务实、博采众长，在大量理论知识分析的基础上凸显典型案例，具有体系完备、结构合理、理论性与实用性强等特点，旨在帮助学生树立全新的创业择业理念，端正自我的择业心态，把握良好的择业技巧，储备厚实的创业实力，竭尽全力去开拓属于自己的事业。

职业问题、就业与创业的准备问题及技巧方法问题，是学生求职择业过程中必须解决好的三大问题。本书根据学生的特点及其成人、成才和成功的一般规律，对上述问题做了有益探索。全书内容分为五个单元：规划我的未来，为我的未来做准备，掌握打开职业之门的钥匙，做合格的职业人，开创美好未来。

本书由陕西省教育科学研究院职业教育与继续教育研究中心组织编写，自2007年出版第1版以来，深受许多职业院校师生及广大社会读者好评，已多次重印。此次改版，补充了就业创业新知识，更加注重创新，注重与时俱进。本书既可作为职业院校公共基础课程教材，也可为广大社会待岗人员求职、就业提供有益的参考。

未经许可，不得以任何方式复制或抄袭本书之部分或全部内容。
版权所有，侵权必究。

图书在版编目（CIP）数据

就业与创业指导 / 高居红主编. -- 3版. -- 北京：电子工业出版社，2024.8. -- ISBN 978-7-121-48627-2
Ⅰ．G717.38
中国国家版本馆CIP数据核字第2024BD7150号

责任编辑：胡乙凡　　文字编辑：魏　琛
印　　刷：河北鑫兆源印刷有限公司
装　　订：河北鑫兆源印刷有限公司
出版发行：电子工业出版社
　　　　　北京市海淀区万寿路173信箱　邮编　100036
开　　本：880×1 230　1/16　印张：13.75　字数：316.8千字
版　　次：2007年6月第1版
　　　　　2024年8月第3版
印　　次：2025年6月第2次印刷
定　　价：39.80元

凡所购买电子工业出版社图书有缺损问题，请向购买书店调换。若书店售缺，请与本社发行部联系，联系及邮购电话：（010）88254888，88258888。
质量投诉请发邮件至zlts@phei.com.cn，盗版侵权举报请发邮件至dbqq@phei.com.cn。
本书咨询联系方式：（010）88254489，youl@phei.com.cn。

PREFACE 前 言

随着社会的快速进步和职业教育改革的持续深化，我们深感"就业与创业指导"课程对于指导职业院校学生顺利融入社会、实现职业梦想的重要性。科技革命、产业升级、新型城镇化及乡村振兴战略的实施，为求职者创造了更多新兴的就业和创业机会。与此同时，我国人力资源整体受教育程度不断提升，社会性流动日益顺畅，这些都为促进就业提供了强大的人力资源支撑。面对这样的新形势、新机遇和新挑战，为了使学生能够紧跟时代步伐，更好地适应未来职场，掌握最新的就业创业知识和技能，我们在广泛听取师生反馈、深入研究职业教育发展趋势的基础上，全面修订和更新了《就业与创业指导》这本书。

在本书修订过程中，力求体现以下几个方面的特色和优势：

第一，紧密结合国家发展大局和就业市场的新变化，更新了教材中的相关政策、数据和案例，确保学生能够了解并掌握最新的就业与创业信息；增加了对新兴行业和领域的介绍，帮助学生拓宽就业视野，了解未来就业市场的发展趋势。

第二，更新了大量案例，对教材内容进行了相应的调整和优化，使教材更加贴近学生的实际需求。增强职业院校毕业生的职业意识，加强对职业认知、职业规划等方面的指导，帮助学生树立正确的职业观念，明确自己的职业方向；强化就业心理准备，增加了就业心理调适、面试技巧等方面的内容，帮助学生做好就业前的心理准备，提高他们的就业竞争力。

第三，注重实践性教学，增加实训环节和实践活动的设计，让学生在实践中学习，在实践中成长。通过模拟面试、职业规划比赛、创业实践等活动，帮助学生将所学知识转化为实际操作能力，提高他们的就业竞争力。

第四，加强对学生创新创业意识和能力的培养，鼓励他们抓住机遇，实现自我价值。通过介绍创业案例、分析创业过程、传授创业技巧等方式，激发学生的创新创业热情，培养他们的创新思维和创业能力。

第五，继续保持上一版教材风格，注重语言的生动性和活泼性，增加更多的互动环节和讨论话题，鼓励学生在课堂上积极参与、主动思考，使教材更加贴近学生的生活和实际，激发他们的学习兴趣和热情。

本书由陕西省教育科学研究院职业教育与继续教育研究中心组织修订，由高居红、王霞、陈芳负责统稿。教材修订人员及分工如下：陕西省石油化工学校王霞负责编写第一单元第一节、第二节、第三节；陕西省石油化工学校徐冬洁负责编写第二单元第一节、第二节；旬阳市职业中等专业学校王道斌负责编写第二单元第三节、第四节；岐山县职业技术教育中心李萍负责编写第二单元第五节、第三单元第一节；府谷县职业中等专业学校王丽负责编写第三单元第二节、第三节；宝鸡市陈仓区职业教育中心陈军录负责编写第三单元第四节、第五节；府谷县职业中等专业学校胡勇负责编写第四单元第一节、第二节；山阳县职业教育中心何洁玉负责编写第四单元第三节、第四节；西安航空职业技术学院陈芳负责编写第五单元第一节、第二节、第三节。

  我们相信，经过全面修订和更新，《就业与创业指导》（第3版）将更加符合职业教育的特点和要求，更好地满足学生的实际需求，为他们未来的职业发展提供有力的指导和支持。同时，我们也期待广大师生在使用本书的过程中提出宝贵的意见和建议，共同推动本书的不断完善。

编　者

目 录

第一单元　规划我的未来 ... 001
- 第一节　自我认知 ... 002
- 第二节　了解职业 ... 032
- 第三节　规划未来 ... 048

第二单元　为我的未来做准备 ... 059
- 第一节　学会沟通　助你成功 ... 060
- 第二节　团队合作精神是成功的保证 ... 070
- 第三节　做有工作责任心的人 ... 083
- 第四节　不以规矩，不能成方圆 ... 090
- 第五节　质量是企业生存的根本 ... 097

第三单元　掌握打开职业之门的钥匙 ... 104
- 第一节　就业心理分析 ... 105
- 第二节　树立正确的择业观 ... 113
- 第三节　获取就业信息 ... 118
- 第四节　应聘前的资料准备 ... 125
- 第五节　面试与笔试 ... 133

第四单元　做合格的职业人 ... 157
- 第一节　企业要求我 ... 158
- 第二节　不再是学生的我 ... 162
- 第三节　法律保护我 ... 169
- 第四节　个人职业生涯规划 ... 178

第五单元　开创美好未来 ... 188
- 第一节　我也可以做老板 ... 189
- 第二节　我也能成为老板 ... 195
- 第三节　我为创业做准备 ... 202

第一单元

规划我的未来

本章知识框架

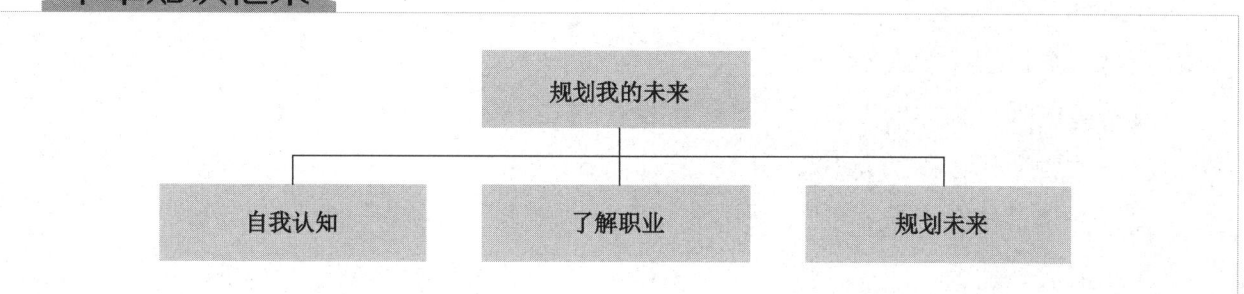

学习目标

1. 了解自我认知对个人职业发展的作用,结合自己的兴趣、性格做好职业规划。
2. 建立职业的概念,了解职业及其分类,知道职业技能等级制度。
3. 掌握职业生涯规划的方法并进行职业生涯规划。

第一节 自我认知

你应庆幸自己是世上独一无二的，应该把自己的禀赋发挥出来。经验、环境和遗传造就了你的面目，无论是好是坏，你都得耕耘自己的园地；无论是好是坏，你都得弹起生命中的琴弦。

——卡耐基

"我是谁？"

"我是一个什么样的人？"

"我希望成为什么样的人？"

"我能够成为什么样的人？"

"我适合从事什么工作？"

"我还需要做什么？"

自我认知是走向社会、进行职业生涯规划的第一步，当你能够确认什么是你生活的动力、人生的追求，并将其融入你的职业选择中，你树立的正确目标将引导你从今天的生活状态走向你所期待的明天。

案例及分析

【案例一】瓦拉赫效应

诺贝尔化学奖获得者奥托·瓦拉赫奠定了脂环族和波烯化学研究的基础，是人造香精和合成树脂工业的奠基人。

他的成才过程极富传奇色彩。瓦拉赫在读中学时，父母为他选择的是一条文学之路，不料一个学期下来，老师为他写下了这样的评语："瓦拉赫很用功，但过分拘泥。这样的人即使有着完美的品德，也绝不可能在文字上发挥出来。"此后，他改学油画。可瓦拉赫既不善于构图，又不会调色，对艺术的理解力也不强，成绩在班上是倒数第一，学校的评语更是令人难以接受："你是绘画艺术方面的不可造就之才。"面对如此"笨拙"的学生，绝大多数老师认为他已成才无望，只有化学老师认为他做事一丝不苟，具备做好化学实验应有的品格，建议他试学化学，父母接受了化学老师的建议。这下，瓦拉赫智慧的火花一下被点燃了，文学艺术的"不可造就之才"一下子变成公认的化学方面的"前程远大的高才生"。

> **启示**
>
> 智能的发展是不均衡的，每个人都有自己的强项和弱项，不能因为某一个或某些方面的不足就彻底否定自己。一旦找到了自己的优势，加上汗水和努力，就有可能取得惊人的成就。这一现象我们称为"瓦拉赫效应"。

【案例二】相信自己、做好自己

2022年11月，在世界技能大赛特别赛奥地利赛区，中国选手姜雨荷夺得化学实验室技术项目金牌，实现我国该项目金牌"零"的突破。从初中毕业后就开始打工，到站上世界冠军的领奖台，姜雨荷多彩的青春是怎样铸就的？姜雨荷用自己的经历给出了精彩回答。

2017年，由于考试成绩不理想，姜雨荷也曾尝试外出务工，半年多的务工经历让她意识到，掌握一门真正的技术，自己的生活也许会有更多的选择。

姜雨荷重返校园，进入河南化工技师学院求学。在那里，她知道了世界技能大赛，还见到了第45届世界技能大赛工业控制项目铜牌获得者贺江涛。她立志要成为像贺江涛那样的人。有了明确目标后，姜雨荷努力学习，参加学院集训，一路从省赛、国赛奔向世界技能大赛的舞台。

姜雨荷回忆，备赛时一个动作重复成千上万遍，模拟测试更是家常便饭，每天训练达十四五个小时。春节到了，别人和亲人团圆，姜雨荷却在实验室与瓶瓶罐罐相伴。比赛中，使用"化学滴定法"的关键时刻，单次滴入溶液的量要精确到四分之一滴（0.01毫升），极轻微的手抖都可能导致前功尽弃。在一个月的集训中，她每天坚持训练到凌晨2点。据她自己粗略估计，这几年的训练总时长超过了14000小时。

化学实验室技术项目要求选手独立撰写大篇幅、高质量的英文实验报告。初中毕业的姜雨荷"几乎只记得26个字母"，为了啃下这块"硬骨头"，她随身带着英语单词本，吃饭时背、睡觉前背、走在路上背。

在2022年世界技能大赛特别赛奥地利赛区，比赛第一天，姜雨荷面对从未见过的新题型和仪器设备，一时间不知所措。但长期精益求精的训练形成的肌肉记忆让她迅速进入状态并圆满完成比赛，并以优异成绩完成了长达11页的英文实验报告。

如今，姜雨荷已成为河南化工技师学院最年轻的教师。她说："我将继续学习，不断发扬世赛精神、工匠精神，把大赛经历和训练经验分享给学生，让更多学生用技能实现人生梦想，用技能更好地回报国家与社会。"

> **启示**
>
> 从辍学打工到成为世界技能大赛冠军，相信自己、做好自己，是姜雨荷成长道路上最为深刻的感受。唯有自信自强，才能在青春奋斗中实现自己的个人价值。

【诗词欣赏】

苔

清·袁枚

白日不到处，

青春恰自来。

苔花如米小，

也学牡丹开。

春风阳光不到的地方，青春照样萌动。哪怕如米粒一般微小的苔花，也不自惭形秽，依然像那美丽高贵的牡丹一样，自豪地盛开。

一、自我认识

走好人生的每一步，需要对自己做一个全面的认知，必须弄清楚"我是谁""我是一个什么样的人""我希望成为什么样的人""我能够成为什么样的人""我适合从事什么工作""我还需要做什么"等问题，也就是我们常说的"认识自己"。只有进行充分的自我认知，我们才能为自己的人生之路确定明确的目标，进行科学合理的职业生涯规划。

1. 自我认知是进行个人职业生涯规划的基础

人生有目标，就像航船有了灯塔，可以照亮前进的航程，不会迷失方向。人生目标的确定，是建立在充分认识自己的基础之上的，具体包括现有的学识、兴趣、性格、特长、能力等因素。现有的学识决定你继续学习的方向，兴趣决定你目标的理想高度，性格、特长决定你适合干什么，能力决定你的目标能否实现。因此，清晰的自我认知是进行个人职业生涯规划的基础，只有多角度、全面客观地认识自己，才能对职业生涯进行合理的规划和周密的考虑，确定努力奋斗的目标和方向，选择适合自己的职业道路，确定并自信地走下去。

2. 自我认知有助于培养职业兴趣

俗话说："兴趣是最好的老师。"小张动手能力非常强，学习成绩在班里却居于中下游，他想到职业院校继续学习，但父母却要让他上高中，将来上大学。他不能适应高中快节奏的学习，成绩更是一落千丈，因此对学习失去了信心，"破罐子破摔"，整日沉迷于网吧，结果被学校除名。当父母明白这一切后，尊重他的意愿，给他选了一个工科职业院校继续学习。

第二年，他就同时拿到了机电专业的三个技能证书，对今后的学习、工作也充满了信心。这说明一个人如果不喜欢做某件事，就会缺乏了解这件事的欲望，就不会为之付出努力，只会"当一天和尚撞一天钟"地应付差事。一个人从事一项自己不愿意做的工作，同样是低效的和痛苦的。而如果他喜欢某件事就会投入极大的热情，不遗余力地去做，想尽办法做到最好。这充分说明了兴趣爱好在职业生涯中的重要作用。

因此，在确定人生目标时，我们首先要了解自己，并根据自身的条件选择最适合自己性格爱好的事情去做。同时，兴趣爱好也可以在事业中得到发展，从而使人生目标变得更容易实现，这样就不会留下遗憾。所以，自我认知也有助于培养职业兴趣。

3. 自我认知有助于开发潜能

"知彼知己，百战不殆。""知"是"不殆"的前提。人们常说"金无足赤，人无完人"，每个人都有自己的优点和缺点，知道自己的优点是什么，发挥长处；知道自己的缺点在哪里，尽量去改正。这样就可以做到"扬长避短"，尽可能发现并挖掘个人的潜能，向成功迈出坚实的一步。

二、自我评价

人们常说："没有比较，就没有鉴别。"要了解自己，就要找到可以比较的参照物。

自我评价是个体对自己的认识、评价和感受。自我评价是一个动态的过程，它可能会随着时间和经验的改变而发生变化。

生理自我、心理自我和社会自我分别是个人自我评价的三个不同方面。

生理自我是个体对自身生理状态的认识和评价，主要包括对自己的体重、身高、身材、容貌等身体状况和性别方面的认识，以及对身体的痛苦、饥饿、疲倦等感觉。例如，我满意我的健康状况，我满意我的外貌，我不满意我的身高等。

心理自我是个人对自身心理状态的认识和评价，主要包括对自己的能力、知识、情绪、气质、性格、理想、信念、兴趣、爱好等方面的认识和评价。例如，我了解自己的优点和缺点，我感到自己很有价值，我对自己的情绪有很好的掌控能力等。

社会自我是对自己与周围关系的认识和评价，主要包括对自己在一定社会关系中的地位、作用，以及自己与他人关系的认识和评价。例如，我认为自己是一个好的朋友，我满意自己的人际关系，我认为自己在工作中扮演着重要的角色等。

1. 在自我反省中了解自己

孔子曰："吾日三省吾身。"只有经常进行思考、反省，才能更清楚地了解自己。所谓反省，就是把自己的过去、现在和将来相互参照做比较。过去是现在的前身，未来是现在的发展，它们有联系，也有区别。回顾过去，就会发现，优点依然存在，有不少的成绩仍然值得我们为之骄傲和自豪；那些缺点，随着成长，在慢慢消失。如果只看到缺点，就会对自我失

去信心，产生自卑心理，失去生活的勇气，一旦遇到失败和挫折，就会一蹶不振；如果只看到自己的优点，就会骄傲自大，盲目乐观，甚至目空一切。

全面正确地认识自己，可以对今天的"我"进行定位。准确的自我定位，是实现目标的前提。目标过高，超过了自己的能力和现实条件，付出极大的努力也无法达到，就会给自己带来挫败感；目标过低，不费吹灰之力就能达到，对自己的进步也是毫无意义的。

2. 在他人的评价中了解自己

人生活在社会之中，你的一言一行都会给周围的人留下印象，他人对你的评价，也可以反映出你的形象。"当局者迷，旁观者清""不识庐山真面目，只缘身在此山中"，人们总是根据别人对自己的看法来调整自己的行为，努力使自己的言行与别人的看法更为接近。但我们眼中的自己，常常与他人眼中的"我"出现偏差，这是因为我们有时"过高"或"过低"地估计自己，不够客观；也可能来源于别人对自己的误解。消除偏差的方法是：不但要听取别人好的评价，更要学会接受批评，因为"良药苦口利于病，忠言逆耳利于行"；另外就是要学会拿别人的看法与自我评价做对比，弄清相同与不同的原因，自我调整，消除误解。

3. 在与别人的比较中了解自己

唐太宗有句名言："以铜为鉴，可以正衣冠；以人为鉴，可以知得失。"他人是反映自我的一面镜子，与他人比较是获得自我认知的主要来源。我们从家庭的亲情走出，扩展到外面的友爱关系，进入社会又体验到人与人之间的利害关系，从中获得社会经验，向别人学习，然后调整自己的生活，规划未来的人生。在与他人的比较中要注意两点：一是比较的标准是相对的，不是绝对的；二是不要受比较范围的局限，眼界要宽。

4. 从做事中了解自己

一般来说，社会衡量一个人的价值主要是通过其取得的成就和社会效果来评价的，业绩直接标志着其社会价值。虽说不以成败论英雄，但成功总是让人喜悦，失败总是让人痛苦。聪明的人，不论是成功或失败，都能从中得到经验，因为他们了解自己，有坚强的人格，善于学习；情感脆弱的人，只能成功，不能失败，因为他们不能从失败中学到经验，改变策略追求成功，而是失败后形成受挫心理，不敢面对现实、应付困境或挑战；狂妄自大的人，可能侥幸获得成功，便自不量力，成功反而成了他们失败的根源；成长顺利的人，往往一旦失败，就一蹶不振，顺利成了他们失败的原因，因为他们经不起失败的打击。

人们常说："不经一事，不长一智。"分析自己做事成败的原因，与他人做事成败的原因进行比较，问一问："同样的事，别人为什么会成功而我却不能？我错在什么地方？"要善于从失败中吸取教训，获得人生的经验，改变策略，追求成功，迎接挑战。

三、正确认识自我

澳大利亚人尼克·胡哲因患有海豹肢症，天生没有四肢，他遭遇了严重的社会排斥，但他能正确地认识自己，勇敢地活了下来，用不懈的努力挑战身体的局限，取得了令人难以想象的成绩：他在夏威夷游泳，在哥伦比亚潜水；踢足球、溜滑板、打高尔夫球样样行；21岁大学毕业后，他取得了会计和财务规划双学位。高度的自信、坚定的意志、强烈的愿望是他取得成功的关键。

正确认识和评价自己，对于职业院校学生有着十分重要的意义。"知人者智，自知者明"，正确地认识自己是通向成功的起点。职业心理学的研究证明：一个面临职业选择的人，只有对自己的才能、特长、兴趣、爱好、心理素质及弱点等都有实事求是的正确认识和评估之后，才可能从自己的实际出发，做出正确的选择。这里我们仅对职业选择中影响较大的气质和性格做简单的介绍，以便读者根据自己的气质类型和性格类型选择职业方向。

1. 气质特征和气质类型

生活中我们常提到某人的气质很好，这里的气质与心理学上说的气质不同。心理学中所说的气质是指一个人对人、对事的反应速度、强度和灵活性等个人稳定的心理特征。人的气质特点由先天遗传因素决定，具有高度的稳定性，很难改变，是个人与生俱来的心理活动能力的特征。孩子刚一出生时，最先表现出的就是气质差异，有的孩子安静，有的孩子则爱哭好动。在普通人群中，某一类典型气质的人不多，更多的是近似于某一种类型或者是两三种类型的混合。气质可以通过言行举止体现出来，对人的性格有很大影响。

近代以来，心理学界形成了许多气质理论，制定了测量气质类型的量表，对人的行为表现、反应速度、情绪情感等进行测验研究。对人的气质类型的划分，学术界尚无统一的见解，但把气质类型分为胆汁质、多血质、黏液质和抑郁质四种，则是心理学中流行的分类法。

胆汁质：具有这种气质的人，精力充沛，表里如一，刚强，易感情用事，整个心理活动具有迅速、突发的色彩。具体来说，优点是反应迅速，体验强烈，深刻而稳定，态度热情积极，待人直率诚恳，行为坚韧不拔，智力活动敏捷；缺点是脾气暴躁，易冲动发泄，缺乏耐心。

多血质：具有这种气质的人，以反应迅速、有朝气、活泼好动、情绪不稳、粗枝大叶为整体特征。具体来说，优点是感情外露，遇事敏感，行动迅速，思想活跃，可塑性强，对环境适应性强，快人快语，善于并易于结交朋友，有很强的活动能力和语言表达能力；缺点是注意点变换快，喜怒无常，做事轻举妄动，虑事不周，盲目性大，缺乏毅力。

黏液质：总的来说，黏液质的人，以稳重而缺乏灵活，踏实却有些死板，沉着但生气不足为整体特征。具体来说，具有这种气质类型的人，反应性低，情绪不易变化，也不易外露。心情一般比较平稳，变化较慢，通常不为外物所动。然而一旦引起某种情绪，则形成强烈、稳固而深刻的体验。他们在运动和行为上都很迟缓，处变不惊，总能三思而后行，能坚定地执行已做出的决定，一步一步地去完成工作。对已经习惯的工作有极高的热情，对新工作较难适应。这种人一般持久力很强，对自己的行为有较大的自制力，可塑性差，行为和情绪表现出内倾性。

抑郁质：总的来说，抑郁质的人，具有敏锐、稳重、体验深刻、外表温柔、怯懦孤独、行为缓慢的整体特征。具体来说，这种人多愁善感，心理反应速度慢，遇事犹豫不决，缺乏果断，动作迟缓。有较高的敏感性，能体察出一般人所觉察不出的事。富于想象，办事谨慎，对力所能及的工作坚韧不拔。面临危险和紧张情况时，常表现出恐惧和畏缩；受挫后，会心神不安。这种人不好抛头露面，不爱表现自己，不善与人交往，常有孤独感。

不同气质的人看电影

4个人去看电影，走到电影院门口，电影已经开演了，看门人不让他们进去。

胆汁质的人：会同看门人争吵，甚至不顾看门人的阻拦而闯入电影院。

多血质的人：赢得看门人的好感，说服看门人让自己进去。

黏液质的人：一直在等着多血质人做工作，如果他成功，自己跟着沾光。

抑郁质的人：叹息自己不走运，转头就走。

在现实生活中，我们所遇到的每一个人，其气质特征可能接近于以上四种典型气质类型的某一种，然而很难找到一个只具有某种单一气质特征的人。大多数人的气质特征，介于某几种典型特征之间，虽然从总体上看近似或者像某种气质，但其中又有一些其他类型的成分。所以，在判断一个人的气质类型时，不能简单地将其归入某一种气质类型。

2. 性格特征和类型

与气质一样，每个人的性格也具有很大的差异。性格是在人的生理因素、客观因素和主观内在因素的相互影响、相互作用下，逐步形成的个人特有的心理风格和行为习惯。心理学通常把性格看作是一个人对现实的稳定的态度及与之相适应的行为方式的独特结合。在现实生活中，人们之间有着不同的心理风格和不同的行为习惯，待人处世也有不同的比较稳固的态度特征。比如，有的人沉静，有的人热烈；有的人喜欢饶舌，有的人沉默寡言；有的人执拗而自负，有的人羞怯而缺乏自信；有的人刚强勇敢，历经打击而坚强不屈；有的人则软弱怯懦，遇困难便叫苦不迭；有的人脾气急躁，"点火就着"，随时可能和人吵架；有的人却慢条斯理，火烧眉毛也不着急。诸如此类的差异，都是人们不同的性格表现。心理学家认为，性格是人的个性的组成部分，是个性中最重要的心理特征，在个性中起着核心作用。

人的性格可分为内倾型和外倾型。一般说来，外倾型的人关心外界事物，善于表露自己的情感，乐于与人交往，更适合从事能充分发挥自己行动能力积极性、与外界有着广泛接触的职业，如管理人员、律师、政治家、业务员、记者、教师等。内倾型性格的人比较适合从事有计划的、稳定的、不需要与人过多交往的职业，如科学家、技术人员、会计师、打字员、办公室职员等。但这只是提供了一个非常简单粗略的分析，在实际选择工作的时候，还应该根据个人具体性格与职业具体要求进行具体分析。

美国心理学家霍兰德根据性格特征与职业选择的关系，把性格分为以下六种类型。这六种不同性格的人在选择职业上具有明显的差异。

一是现实型。这种人不重视社交，而重视物质的、实际的利益。他们遵守规则，喜欢安定，感情不丰富，缺乏洞察力。在职业选择上，他们希望从事有明确要求，需要一定技巧，能按一定程序进行操作的工作，如机械、电工技术。

二是研究型。这种人有强烈的好奇心，重分析，好内省，比较慎重，他们喜欢从事有观察、有科学分析的创造性活动和需要钻研精神的职业，如科学研究。这类人往往缺乏领导能力。

三是艺术型。这种人想象力丰富，有理想，易冲动，好独创。他们喜欢从事非系统的、自由的、要求有一定艺术素质的职业，如音乐、美术、影视、文学。

四是社会型。这种人乐于助人，善社交，易合作，重视友谊，责任感强，希望从事直接为他人服务、为他人谋福利或与他人建立和发展各种关系的职业，如教育、医疗。

五是企业型。这种人喜欢支配别人，有冒险精神，自信而精力旺盛，好发表自己的见解。他们愿从事为直接获得经济效益而活动的职业，如经营管理、产品供销。

六是常规型。这种人易顺从，能自我抑制，想象力较差，喜欢稳定、有秩序的环境。在职业选择上愿从事有既定要求、比较简单而又刻板的工作，如办公室事务员、库房管理。

3. 性格与职业

心理学上把性格定义为个人对现实的稳定态度和习惯化的行为方式。同气质相比，性格具有更大的后天性，是人在社会活动中通过与环境相互作用而逐步形成的。性格一经形成就具有一定的稳定性。世界上没有性格完全相同的两个人，每个人都与别人有所不同。

职业心理学的研究表明，不同的职业对从业者的性格要求也不同。例如，从事教师职业的人要求乐观外向，乐于与人亲近，耐心正直，责任心强，稳定性好，安详沉着，冷静自信；而从事广告职业的人要求聪明、敏锐，敢于打破常规，富于幻想；从事科学研究的人必须认真、聪明、独立自信、敢于质疑，富于批判精神和创新意识。

性格对一个人的成功有着很大的影响。如果一个人从事的职业与他的个性相适应，工作起来就会得心应手、心情舒畅，容易取得成功。如果性格与职业不相适应，这种性格就会阻碍工作的顺利进展，使从业者感到被动、缺乏兴趣、倦怠、力不从心、精神紧张。

在通常的情况下，进取心强的人更容易取得成功。但是，任何一个人的性格都不可能是完美无瑕的，因为勇敢可能使人妄为，谨慎可能使人保守。性格的表露如果不能界定在一个范围内，本来良好的性格也会对自己的事业产生不利影响。

人的性格一旦形成，就很难改变，但是这并不是说人们只能顺其自然，人们仍可以通过自身的努力，充分发挥自己性格的优势方面的作用，避免或减少自己性格中的劣势方面对事业的影响。我们在确定发展目标时，一定要扬长避短，选择适合自己的职业。

随着社会的发展，特别是科学技术的发展，社会生产力及其结构的变化，以及社会分工的进一步细化，社会对人才的需求也不断地发生着变化。职业院校学生只有正确认识自我，才能做出正确的自我评价，才能对自己的职业方向做出正确的选择，才能制定适合自己发展的职业生涯规划。因此，职业院校学生要想获得职业生涯的成功，就必须正确认识自己，正确评价自己，发现并激发自己的潜能，走好迈进社会的第一步。

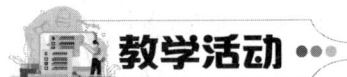

活动一　认识自己

活动程序：

1. 每人准备好纸和笔，边思考边回答"我是一个什么样的人"，看看能否写出 20 个不同的答案。要求尽量选择一些能反映个人特征的语句，然后在小组内交流，勇敢开放地表达自己，并回答"我为什么会认为自己是这样的一个人"，用以形成健康的自我形象。

2. 以良好的心境、积极的态度，运用自我观察的两种形式来了解自己，初步认识自己。

现实自我	理想自我
身高：_____	_____
体形：_____	_____
长相：_____	_____
性格：_____	_____
气质：_____	_____
能力：_____	_____
智力：_____	_____
兴趣：_____	_____
其他：_____	_____

活动二　优点大轰炸

以小组为单位，围成圆圈，一位同学坐在中央（每人轮流一次），其他人说出坐在中央的同学的优点及欣赏之处，然后被称赞的同学说出哪些优点是自己觉察到的，哪些是未意识到的。通过这一活动，使自己学会发现别人的优点，学会欣赏别人，并对自己充满自信。

活动三　测试自己

活动方式：在教师指导下，选择测试系统，检测自己的潜能及职业倾向。

范例1 你是什么气质

我国心理学家陈会昌编制了一个气质量表，可以帮助你大致确定自己的气质类型。

答题方法：仔细阅读下面的每一个问题，你认为很符合自己情况的在题前括号内记2分，比较符合的记1分，比较不符合的记-1分，完全不符合的记-2分，介于符合与不符合之间的记0分。

测验题：

1. （　　）做事力求稳妥，一般不做无把握的事。
2. （　　）遇到可气的事就怒不可遏，想把心里话全说出来才痛快。
3. （　　）宁可一个人干事，不愿很多人在一起。
4. （　　）到一个新环境很快就能适应。
5. （　　）厌恶那些强烈的刺激，如尖叫、噪声、危险镜头等。
6. （　　）和人争吵时总是先发制人，喜欢挑衅。
7. （　　）喜欢安静的环境。
8. （　　）善于和人交往。
9. （　　）羡慕那种善于克制自己感情的人。
10. （　　）生活有规律，很少违反作息制度。
11. （　　）在多数情况下情绪是乐观的。
12. （　　）碰到陌生人觉得很拘束。
13. （　　）遇到令人气愤的事，能很好地自我克制。
14. （　　）做事总是有旺盛的精力。
15. （　　）遇到问题总是举棋不定，优柔寡断。
16. （　　）在人群中从不觉得过分拘束。
17. （　　）情绪高昂时，觉得干什么都有趣；情绪低落时，又觉得什么都没意思。
18. （　　）当注意力集中于一个事物时，别的事很难使我分心。
19. （　　）理解问题总比别人快。
20. （　　）碰到危险情境，常有一种极度恐怖感。
21. （　　）对学习、工作、事业怀有很高的热情。
22. （　　）能够长时间做枯燥、单调的工作。
23. （　　）符合兴趣的事情，干起来劲头十足，否则就不想干。
24. （　　）一点小事就能引起情绪波动。
25. （　　）讨厌做那种需要耐心、细致的工作。
26. （　　）与人交往不卑不亢。
27. （　　）喜欢参加热烈的活动。

28. （　　）爱看感情细腻、描写人物内心活动的文学作品。

29. （　　）工作学习时间长了，常感到厌倦。

30. （　　）不喜欢长时间谈论一个问题，愿意实际动手干。

31. （　　）宁愿侃侃而谈，不愿窃窃私语。

32. （　　）别人说我总是闷闷不乐。

33. （　　）理解问题常比别人慢些。

34. （　　）疲倦时只要短暂地休息就能精神抖擞，重新投入工作。

35. （　　）心里有话宁愿自己想，也不愿说出来。

36. （　　）认准一个目标就希望尽快实现，不达目的誓不罢休。

37. （　　）学习、工作同样长时间后，常比别人更疲倦。

38. （　　）做事有些莽撞，常常不考虑后果。

39. （　　）老师或师傅讲授新知识、新技术时，总希望他讲慢点，多重复几遍。

40. （　　）能够很快忘记那些不愉快的事情。

41. （　　）做作业或完成一件工作总比别人花的时间多。

42. （　　）喜欢运动量大的剧烈体育运动，或参加各种文艺活动。

43. （　　）不能很快把注意力从一件事转移到另一件事上去。

44. （　　）接受一个任务后，就希望能把它迅速解决。

45. （　　）认为墨守成规比冒风险强些。

46. （　　）能够同时注意几件事情。

47. （　　）当我烦闷的时候，别人很难使我高兴起来。

48. （　　）爱看情节起伏跌宕、激动人心的小说。

49. （　　）对工作抱认真严谨、始终一贯的态度。

50. （　　）和周围人的关系总是相处不好。

51. （　　）喜欢复习学过的知识，重复做能熟练做的工作。

52. （　　）希望做变化大、花样多的工作。

53. （　　）小时候会背的诗歌，我似乎比别人记得更清楚。

54. （　　）别人说我"出语伤人"，可我并不觉得这样。

55. （　　）在体育活动中，常因反应慢而落后。

56. （　　）反应敏捷，头脑机智。

57. （　　）喜欢有条理而不甚麻烦的工作。

58. （　　）兴奋的事情常使我失眠。

59. （　　）老师讲新概念，常常听不懂，但是弄懂了以后很难忘记。

60. （　　）假如工作枯燥无味，马上就会情绪低落。

判断方法：把每题得分按下表题号相加，并算出各栏的总分。

气质类型	题号	总分
胆汁质	2 6 9 14 17 21 27 31 36 38 42 48 50 54 58	
多血质	4 8 11 16 19 23 25 29 34 40 44 46 52 56 60	
黏液质	1 7 10 13 18 22 26 30 33 39 43 45 49 55 57	
抑郁质	3 5 12 15 20 24 28 32 35 37 41 47 51 53 59	

参考答案：

1. 如果有一种气质类型的得分远高于其他三种，并且得分在 20 以上，则为典型的该类气质。例如，胆汁质得分为 23 分，而另外三种分别为 7，3，-6，则此人为典型的胆汁质。

2. 如果有一种气质类型的得分远高于其他三种，但得分在 15～20 之间，则为该气质的一般类型。例如，多血质得分为 17 分，则此人为一般多血质。

3. 如果四种气质类型中有两种的得分都比较高且比较接近，而另外两种的得分远低于它们，则属于前两种气质的混合气质。例如，胆汁质得分为 18 分，多血质得分为 16 分，而另外两种分别是 5 分和-3 分，则此人为胆汁质和多血质的混合气质。

4. 如果有三种气质类型的得分都较高且较为接近，则属于三种气质的混合气质。例如，黏液质得分为 13 分，抑郁质得分为 15 分，多血质得分为 10 分，而胆汁质得分为 4 分，则此人为前三种气质的混合气质。

范例 2　个人职业性向的确定

结合职业性向理论，联系个人实际，利用下面所提供的有关职业性向测验量表，分析自己的职业性向，并在课堂讨论中做 10 分钟答辩，回答其合理与否。

附录 1

霍兰德职业性向测验量表

本测验量表将帮助你发现和确定自己的职业兴趣及能力特长，从而更好地做出求职择业决策。如果你已经考虑好或选择好了自己的职业，本测验将帮助你进行验证，或展示其他合适的职业；如果你至今尚未确定职业方向，本测验将帮助你根据自己的情况选择一个恰当的职业目标。

本测验共有 7 部分，每部分测验都没有时间限制，但请你尽快按要求完成。

第一部分　你心目中的理想职业（专业）

对于未来的职业（或升学进修的专业），你也得早有考虑，它可能很抽象、很朦胧，也可能很具体、很清晰。不论是哪种情况，现在都请你把自己最想干的 3 种工作或最想读的 3 种专业按顺序写下来。

1. ＿＿＿＿＿＿＿＿＿＿＿＿。
2. ＿＿＿＿＿＿＿＿＿＿＿＿。
3. ＿＿＿＿＿＿＿＿＿＿＿＿。

第二部分　你所感兴趣的活动

下面列举了若干活动，请就这些活动判断你的好恶。喜欢的，请在"是"栏里画"√"，不喜欢的在"否"栏里画"×"，每一个"√"计1分。请按顺序回答全部问题。

R：现实型活动　　　　　　　　　　是　　　　　否
1. 装配、修理电器或玩具　　　　＿＿＿　　＿＿＿
2. 修理自行车　　　　　　　　　＿＿＿　　＿＿＿
3. 用木头做东西　　　　　　　　＿＿＿　　＿＿＿
4. 开汽车或摩托车　　　　　　　＿＿＿　　＿＿＿
5. 用机器做东西　　　　　　　　＿＿＿　　＿＿＿
6. 参加木工技术学习班　　　　　＿＿＿　　＿＿＿
7. 参加制图/描图学习班　　　　　＿＿＿　　＿＿＿
8. 驾驶卡车或拖拉机　　　　　　＿＿＿　　＿＿＿
9. 参加机械/电器学习班　　　　　＿＿＿　　＿＿＿
10. 装配、修理机器　　　　　　　＿＿＿　　＿＿＿
统计"是"一栏得分：　　　　　　＿＿＿

A：艺术型活动　　　　　　　　　　是　　　　　否
1. 素描/制图或绘画　　　　　　　＿＿＿　　＿＿＿
2. 参演话剧/戏曲　　　　　　　　＿＿＿　　＿＿＿
3. 设计家具/布置室内　　　　　　＿＿＿　　＿＿＿
4. 学习乐器/参加乐队　　　　　　＿＿＿　　＿＿＿
5. 欣赏音乐或戏剧　　　　　　　＿＿＿　　＿＿＿
6. 看小说/读剧本　　　　　　　　＿＿＿　　＿＿＿
7. 从事摄影创作　　　　　　　　＿＿＿　　＿＿＿
8. 写诗或吟诗　　　　　　　　　＿＿＿　　＿＿＿
9. 进艺术（美术/音乐）培训班　　＿＿＿　　＿＿＿
10. 练习书法　　　　　　　　　　＿＿＿　　＿＿＿
统计"是"一栏得分：　　　　　　＿＿＿

I：调查型活动	是	否
1．读科技图书和杂志	___	___
2．在实验室工作	___	___
3．改良水果品种	___	___
4．调查了解土壤和金属等物质的成分	___	___
5．研究自己选择的特殊问题	___	___
6．解算术和数学游戏	___	___
7．上物理课	___	___
8．上化学课	___	___
9．上几何课	___	___
10．上生物课	___	___

统计"是"一栏得分：

S：社会型活动	是	否
1．学校或单位组织的正式活动	___	___
2．参加某个社会团体或俱乐部活动	___	___
3．帮助别人解决困难	___	___
4．照顾儿童	___	___
5．出席晚会、联欢会、茶话会	___	___
6．和大家一起出去郊游	___	___
7．想获得关于心理学方面的知识	___	___
8．参加讲座或辩论会	___	___
9．观看或参加体育比赛和运动会	___	___
10．结交新朋友	___	___

统计"是"一栏得分：

E：企业型（事业型）活动	是	否
1．说服鼓动他人	___	___
2．卖东西	___	___
3．谈论政治	___	___
4．制订计划，参加会议	___	___
5．以自己的意志影响别人	___	___
6．在社会团体中担任职务	___	___
7．检查与评价别人的工作	___	___
8．结交名流	___	___
9．指导有某种目标的团体	___	___

10．参与政治活动　　　　　　　　　　　　＿＿＿　　　　＿＿＿

统计"是"一栏得分：　　　　　　　　　　　＿＿＿

C：常规型（传统型）活动　　　　　　　　　是　　　　　否

1．整理好桌面和房间　　　　　　　　　　＿＿＿　　　　＿＿＿

2．抄写文件和信件　　　　　　　　　　　＿＿＿　　　　＿＿＿

3．为领导写报告或公务信函　　　　　　　＿＿＿　　　　＿＿＿

4．检查个人收支情况　　　　　　　　　　＿＿＿　　　　＿＿＿

5．参加打字培训班　　　　　　　　　　　＿＿＿　　　　＿＿＿

6．参加珠算、文秘等实务培训　　　　　　＿＿＿　　　　＿＿＿

7．参加商业会计培训班　　　　　　　　　＿＿＿　　　　＿＿＿

8．参加情报处理培训班　　　　　　　　　＿＿＿　　　　＿＿＿

9．整理信件、报告、记录等　　　　　　　＿＿＿　　　　＿＿＿

10．写商业贸易信　　　　　　　　　　　　＿＿＿　　　　＿＿＿

统计"是"一栏得分：　　　　　　　　　　　＿＿＿

第三部分　你所擅长或胜任的活动

下面列举了若干活动，其中你能做或大概能做的事，请在"是"栏里画"√"，反之，在"否"栏里画"×"。请按顺序回答全部问题。

R：现实型活动　　　　　　　　　　　　　是　　　　　否

1．能使用电锯、电钻和锉刀等木工工具　　＿＿＿　　　　＿＿＿

2．知道万用表的使用方法　　　　　　　　＿＿＿　　　　＿＿＿

3．能够修理自行车或其他机械　　　　　　＿＿＿　　　　＿＿＿

4．能够使用电钻床、磨床或缝纫机　　　　＿＿＿　　　　＿＿＿

5．能给家具和木制品刷漆　　　　　　　　＿＿＿　　　　＿＿＿

6．能看建筑设计图　　　　　　　　　　　＿＿＿　　　　＿＿＿

7．能够修理简单的电器用品　　　　　　　＿＿＿　　　　＿＿＿

8．能修理家具　　　　　　　　　　　　　＿＿＿　　　　＿＿＿

9．能修录音机　　　　　　　　　　　　　＿＿＿　　　　＿＿＿

10．能简单地修理水管　　　　　　　　　　＿＿＿　　　　＿＿＿

统计"是"一栏得分：　　　　　　　　　　　＿＿＿

A：艺术型活动　　　　　　　　　　　　　是　　　　　否

1．能演奏乐器　　　　　　　　　　　　　＿＿＿　　　　＿＿＿

2．能参加二部或四部合唱　　　　　　　　＿＿＿　　　　＿＿＿

3．能独唱或独奏　　　　　　　　　　　　＿＿＿　　　　＿＿＿

4．能扮演剧中角色　　　　　　　　　　　____　　　　　____
5．能创作简单的乐曲　　　　　　　　　　____　　　　　____
6．会跳舞　　　　　　　　　　　　　　　____　　　　　____
7．能绘画、素描或书法　　　　　　　　　____　　　　　____
8．能雕刻、剪纸或泥塑　　　　　　　　　____　　　　　____
9．能设计板报、服装或家具　　　　　　　____　　　　　____
10．写得一手好文章　　　　　　　　　　 ____　　　　　____
统计"是"一栏得分：　　　　　　　　　　____

I：调查型活动　　　　　　　　　　　　　是　　　　　　否
1．懂得真空管或晶体管的作用　　　　　　____　　　　　____
2．能够列出三种含蛋白质多的食品　　　　____　　　　　____
3．理解铀的裂变　　　　　　　　　　　　____　　　　　____
4．能用计算尺、计算器、对数表　　　　　____　　　　　____
5．会使用显微镜　　　　　　　　　　　　____　　　　　____
6．能找到三个星座　　　　　　　　　　　____　　　　　____
7．能独立进行调查研究　　　　　　　　　____　　　　　____
8．能解释简单的化学现象　　　　　　　　____　　　　　____
9．理解人造卫星为什么不落地　　　　　　____　　　　　____
10．经常参加学术性的会议　　　　　　　 ____　　　　　____
统计"是"一栏得分：　　　　　　　　　　____

S：社会型活动　　　　　　　　　　　　　是　　　　　　否
1．有向各种人说明解释的能力　　　　　　____　　　　　____
2．常参加社会福利活动　　　　　　　　　____　　　　　____
3．能和大家一起友好相处地工作　　　　　____　　　　　____
4．善于与年长者相处　　　　　　　　　　____　　　　　____
5．会邀请人、招待人　　　　　　　　　　____　　　　　____
6．能简单易懂地教育儿童　　　　　　　　____　　　　　____
7．能安排会议等活动程序　　　　　　　　____　　　　　____
8．善于体察人心和帮助他人　　　　　　　____　　　　　____
9．帮助护理病人和伤员　　　　　　　　　____　　　　　____
10．安排社团组织的各种事务　　　　　　 ____　　　　　____
统计"是"一栏得分：　　　　　　　　　　____

E：企业型（事业型）活动　　　　　　　　　是　　　　　否

1. 担任过学生干部并且干得不错　　　　　____　　　____
2. 工作上能指导和监督他人　　　　　　　____　　　____
3. 做事充满活力和热情　　　　　　　　　____　　　____
4. 有效利用自身的做法调动他人　　　　　____　　　____
5. 销售能力强　　　　　　　　　　　　　____　　　____
6. 曾作为俱乐部或社团的负责人　　　　　____　　　____
7. 向领导提出建议或反映意见　　　　　　____　　　____
8. 有开创事业的能力　　　　　　　　　　____　　　____
9. 知道怎样做能成为一个优秀的领导者　　____　　　____
10. 健谈善辩　　　　　　　　　　　　　____　　　____

统计"是"一栏得分：　　　　　　　　　　　____

C：常规型（传统型）活动　　　　　　　　　是　　　　　否

1. 会熟练地打印中文　　　　　　　　　　____　　　____
2. 会用外文打字机或复印机　　　　　　　____　　　____
3. 能快速记笔记和抄写文章　　　　　　　____　　　____
4. 善于整理保管文件和资料　　　　　　　____　　　____
5. 善于从事事务性的工作　　　　　　　　____　　　____
6. 会用算盘　　　　　　　　　　　　　　____　　　____
7. 能在短时间内分类和处理大量文件　　　____　　　____
8. 能使用计算机　　　　　　　　　　　　____　　　____
9. 能搜集数据　　　　　　　　　　　　　____　　　____
10. 善于为自己或集体做财务预算表　　　____　　　____

统计"是"一栏得分：　　　　　　　　　　　____

第四部分　你所喜欢的职业

下面列举了多种职业，请逐一认真地判断，如果是你感兴趣的工作，请在"是"栏里画"√"；如果是你不太喜欢、不关心的工作，请在"否"栏里画"×"。请按顺序回答全部问题。

R：现实型职业　　　　　　　　　　　　　　是　　　　　否

1. 飞机机械师　　　　　　　　　　　　　____　　　____
2. 野生动物专家　　　　　　　　　　　　____　　　____
3. 汽车维修工　　　　　　　　　　　　　____　　　____
4. 木匠　　　　　　　　　　　　　　　　____　　　____
5. 测量工程师　　　　　　　　　　　　　____　　　____

6．无线电报务员 ____ ____

7．园艺师 ____ ____

8．长途公共汽车司机 ____ ____

9．火车司机 ____ ____

10．电工 ____ ____

统计"是"一栏得分： ____

S：社会型职业	是	否
1．街道、工会或妇联干部	____	____
2．小学、中学教师	____	____
3．精神病医生	____	____
4．婚姻介绍所工作人员	____	____
5．体育教练	____	____
6．福利机构负责人	____	____
7．心理咨询员	____	____
8．共青团干部	____	____
9．导游	____	____
10．国家机关工作人员	____	____

统计"是"一栏得分： ____

I：调查型职业	是	否
1．气象学者或天文学者	____	____
2．生物学者	____	____
3．医学实验室的技术人员	____	____
4．人类学者	____	____
5．动物学者	____	____
6．化学学者	____	____
7．数学学者	____	____
8．科学杂志的编辑或作家	____	____
9．地质学者	____	____
10．物理学者	____	____

统计"是"一栏得分： ____

E：企业型（事业型）职业	是	否
1．厂长	____	____
2．电视剧制片人	____	____
3．公司经理	____	____

4．销售员 ___ ___

5．不动产推销员 ___ ___

6．广告部部长 ___ ___

7．体育活动主办者 ___ ___

8．销售部部长 ___ ___

9．个体工商业者 ___ ___

10．企业管理咨询人员 ___ ___

统计"是"一栏得分： ___

A：艺术型职业	是	否
1．乐队指挥	___	___
2．演奏家	___	___
3．作家	___	___
4．摄影家	___	___
5．记者	___	___
6．画家、书法家	___	___
7．歌唱家	___	___
8．作曲家	___	___
9．影视演员	___	___
10．节目主持人	___	___

统计"是"一栏得分： ___

C：常规型（传统型）职业	是	否
1．会计师	___	___
2．银行出纳员	___	___
3．税收管理员	___	___
4．计算机操作员	___	___
5．簿记人员	___	___
6．成本核算员	___	___
7．文书档案管理员	___	___
8．打字员	___	___
9．法庭书记员	___	___
10．人口普查登记员	___	___

统计"是"一栏得分： ___

第五部分　你的能力类型简评

下面两张表是你在 6 个职业能力方面的自我评定表。你可以先与同龄者比较出自己在每一方面的能力，然后经斟酌后对自己的能力做一评价。请在表中适当的数字上画圈。数字越大，表示你的能力越强。

注意：请勿全部圈画同样的数字，因为人的每项能力不可能完全一样。

表A

R型	I型	A型	S型	E型	C型
机械操作能力	科学研究能力	艺术创作能力	解释表达能力	商业洽谈能力	事务执行能力
7	7	7	7	7	7
6	6	6	6	6	6
5	5	5	5	5	5
4	4	4	4	4	4
3	3	3	3	3	3
2	2	2	2	2	2
1	1	1	1	1	1

表B

R型	I型	A型	S型	E型	C型
体力技能	数学技能	音乐技能	交际能力	领导技能	办公技能
7	7	7	7	7	7
6	6	6	6	6	6
5	5	5	5	5	5
4	4	4	4	4	4
3	3	3	3	3	3
2	2	2	2	2	2
1	1	1	1	1	1

第六部分　统计和确定你的职业倾向

请将第二部分至第五部分的全部测验分数按前面已统计好的6种职业倾向（R型、I型、A型、S型、E型和C型）得分填入下表，并做纵向累加。

测试	R型	I型	A型	S型	E型	C型
第二部分						
第三部分						
第四部分						
第五部分						
总　分						

请将上表中的6种职业倾向总分按从大到小的顺序依次从左到右排列：
____型　____型　____型　____型　____型　____型

你的职业倾向得分：最高分_____　　最低分_____

第七部分 你所看重的东西——职业价值观

这一部分测验列出了人们在选择工作时通常会考虑的 9 种因素。现在请你在其中选出最重要的两项因素,以及最不重要的两项因素,并将序号填入下列相应空格上。

最重要:_____　　　次重要:_____

最不重要:_____　　次不重要:_____

附:工作价值标准

1. 工资高、福利好
2. 工作环境(物质方面)舒适
3. 人际关系良好
4. 工作稳定、有保障
5. 能提供较好的受教育机会
6. 有较高的社会地位
7. 工作不太紧张、外部压力小
8. 能充分发挥自己的能力特长
9. 社会需要与社会贡献大

以上全部测验完毕。

现在,将你测验得分居第一位的职业类型找出来,判断一下自己适合的职业类型。

职业索引——职业兴趣代号与其相应的职业对照表:

R(现实型):木匠、农民、操作 X 光的技师、工程师、飞机机械师、鱼类和野生动物专家、自动化技师、机械工(车工、钳工等)、电工、无线电报务员、火车司机、长途公共汽车司机、机械制图员、修理机器员、电器师。

I(调查型):气象学者、生物学者、天文学者、药剂师、动物学者、化学家、科学报刊编辑、地质学者、植物学者、物理学者、数学家、实验员、科研人员、科技作者。

A(艺术型):室内装饰专家、图书管理专家、摄影师、音乐教师、作家、演员、记者、诗人、作曲家、编剧、雕刻家、漫画家。

S(社会型):社会学者、导游、福利机构工作者、咨询人员、社会工作者、社会科学教师、学校领导、公共保健护士。

E(企业型):推销员、进货员、商品批发员、旅馆经理、饭店经理、广告宣传员、调度员、律师、政治家、零售商。

C(常规型):记账员、会计、银行出纳、法庭速记员、成本估算员、税务员、核算员、打字员、办公室职员、统计员、计算机操作员、秘书。

下面介绍与你 3 个代号的职业兴趣一致的职业表。

对照的方法如下:首先根据你的职业兴趣代号,在下表中找出相应的职业,如你的职业兴趣代号是 RIA，那么，牙科医生、陶工等是符合你兴趣的职业。然后寻找与你职业兴趣代号相近的职业，如你的职业兴趣代号为 RIA，那么，其他由这三个字母组合成的编号（如 IRA、IAR、ARI 等）对应的职业也较符合你的兴趣。

RIA：牙科医生、陶工、建筑设计员、模型工、细木工、制作链条人员。

RIS：厨师、林务员、跳水员、潜水员、染色员、电器修理员、眼镜制作员、电工、纺织机器装配工、服务员、装玻璃工人、发电厂工人、焊接工。

RIE：建筑和桥梁工程技术人员、环境工程技术人员、航空工程技术人员、公路工程技术人员、电力工程技术人员、信号工程技术人员、电话工程技术人员、机械工程技术人员、自动化工程技术人员、矿业工程技术人员、海洋工程技术人员、交通工程技术人员、制图员、农业经济人员、计量员、农民、农场工人、农业机械操作工、清洁工、无线电修理工、汽车修理工、手表修理工、管道工、线路装配工、工具仓库管理员。

RIC：海员、接待员、图书管理员、牙医助手、制帽工、磨坊工、石匠、机器制造工、机车制造工、农业机器装配工、汽车装配工、缝纫机装配工、钟表装配和检验工、电动器具装配工、鞋匠、锁匠、货物检验员、电梯修理工、托儿所所长、钢琴调音员、钢琴装配工、印刷工、建筑钢铁工人、卡车司机。

RAI：手工雕刻、玻璃雕刻、制作模型人员，家具木工，制作皮革品、手工绣花、手工钩针编织、印刷工人，图画雕刻、装订工。

RSE：消防员、交通巡警、警察、门卫、理发师、房间清洁工、屠夫、锻工、开凿工人、管道安装工、出租车驾驶员、货物搬运工、送报员、勘探员、娱乐场所的服务员、起卸机操作员、灭害虫工人、电梯操作工、厨房助手。

RSI：纺织工、编织工、农业学校教师、某些职业课程教师（如艺术、商业、技术、工艺课程）、雨衣上胶工。

REC：抄水表员、保姆、实验室动物饲养员、动物管理员。

REI：轮船船长、航海领航员、大副、试管实验员。

RES：旅馆服务员、家畜饲养员、渔民、渔网修补工、水手长、收割机操作工、搬运行李工人、公园服务员、救生员、登山导游、火车工程技术员、建筑工人、铺轨工人。

RCI：测量员、勘测员、仪表操作者、农业工程技术员、化学工程技师、民用工程技师、石油工程技师、资料室管理员、探矿工、煅烧工、烧窑工、矿工、保养工、磨床工、取样工、样品检验员、纺纱工、炮手、漂洗工、电焊工、锯木工、刨床工、制帽工、手工缝纫工、油漆工、染色工、按摩工、木匠、农民、建筑工人、电影放映员、勘测员助手。

RCS：公共汽车驾驶员、一等水手、游泳池服务员、裁缝、建筑工人、石匠、烟囱修建工、混凝土工、电话修理工、爆炸手、邮递员、矿工、裱糊工人、纺纱工。

RCE：打井工、吊车驾驶员、农场工人、邮件分类员、铲车司机、拖拉机司机。

IAS：普通经济学家、农场经济学家、财政经济学家、国际贸易经济学家、实验心理学家、工程心理学家、心理学家、哲学家、内科医生、数学家。

IAR：人类学家、天文学家、化学家、物理学家、医学病理学家、动物标本剥制者、化石修复者、艺术品管理员。

ISE：营养学饮食顾问、火灾检查员、邮政服务检查员。

ISC：侦查员、电视播音室修理员、电视维修服务员、编目录者、医学实验室技师、调查研究者。

ISR：水生生物学者、昆虫学者、微生物学者、配镜师、矫正视力者、细菌学家、牙科医生、骨科医生。

ISA：实验心理学家、普通心理学家、发展心理学家、教育心理学家、社会心理学家、临床心理学家、目录学家、皮肤病学家、精神病学家、妇产科医生、眼科医生、五官科医生、医学实验室技术人员、民航医务人员、护士。

IES：细菌学家、生理学家、化学专家、地质专家、地理学专家、物理学专家、纺织技术专家、医院药剂师、工业药剂师、药房管理员。

IEC：档案保管员、保险统计员。

ICR：质量检验技术员、地质学技师、工程师、法官、图书馆技术辅导员、计算机操作员、医院听诊员、家禽检查员。

IRA：地理学家、地质学家、水文学家、矿物学家、古生物学家、石油学家、声学物理学家、原子和分子物理学家、电学和磁学物理学家、气象学家、设计审核员、人口统计学家、数学统计学家、外科医生、城市规划家、气象员。

IRS：流体物理学家、物理海洋学家、等离子体物理学家、农业科学家、动物学家、食品科学家、园艺学家、植物学家、细菌学家、解剖学家、动物病理学家、作物病理学家、药物学家、生物化学家、生物物理学家、细胞生物学家、临床化学家、遗传学家、分子生物学家、质量控制工程师、地理学家、兽医、放射治疗技师。

IRE：化验员、化学工程师、纺织工程师、食品技师、渔业技术专家、材料和测试工程师、电气工程师、土木工程师、航空工程师、行政官员、冶金专家、原子核工程师、陶瓷工程师、地质工程师、电力工程师、口腔科医生、牙科医生。

IRC：飞机领航员、飞行员、物理实验室技师、文献检查员、农业技术专家、动植物技术专家、生物技师、油管检查员、工商业规划者、矿藏安全检查员、纺织品检验员、照相机修理者、工程技术员、计算机程序员、工具设计者、仪器维修工。

CRI：簿记员、会计、计时员、铸造机操作工、打字员、按键操作工、复印机操作工。

CRS：仓库保管员、档案管理员、缝纫工、讲述员、收银员。

CRE：标价员、实验室工作者、广告管理员、电动机装配工、缝纫机操作工。

CIS：记账员、顾客服务员、报刊发行员、土地测量员、保险公司职员、会计师、估价员、邮政检查员、外贸检查员。

CIE：打字员、统计员、支票记录员、订货员、校对员、办公室工作人员。

CIR：校对员、工程职员、海底电报员、检修计划员、发报员。

CSE：接待员、通信员、电话接线员、售票员、旅馆服务员、私人职员、商学教师、旅游办事员。

CSR：货运代理商、铁路职员、交通检查办公室通讯员、簿记员、出纳员、银行财务职员。

CSA：秘书、图书管理员、办公室办事员。

CER：邮递员、数据处理员、航空邮件检查员。

CEI：推销员、经济分析家。

CES：银行会计、记账员、法人秘书、速记员、法院报告人。

ECI：银行行长、审计员、信用管理员、地产管理员、商业管理员。

ECS：信用办事员、保险人员、各类进货员、海关服务经理、售货员、采购员、会计。

ERI：建筑物管理员、工业工程师、农场管理员、护士长、农业经营管理人员。

ERS：仓库管理员、房屋管理员、货栈监督管理员。

ERC：邮政局局长、渔船船长、机械操作领班、木工领班、瓦工领班、驾驶员领班。

EIR：科学、技术和有关周期出版物的管理员。

EIC：专利代理人、鉴定人、运输服务检查员、安全检查员、废品收购人员。

EIS：警官、侦查员、交通检验员、安全咨询员、合同管理员、商人。

EAS：法官、律师、公证人。

EAR：展览室管理员、舞台管理员、播音员、驯兽员。

ESC：理发师、裁判员、政府行政管理人员、财政管理员、工程管理员、职业病防治医师、售货员、商业经理、办公室主任、人事负责人、调度员。

ESR：家具售货员、书店售货员、公共汽车驾驶员、日用品售货员、护士长、自然科学和工程的行政领导。

ESI：博物馆管理员、图书馆管理员、古迹管理员、饮食业经理、地区安全服务管理员、技术服务咨询者、超级市场管理员、零售商店店员、批发商、出租车服务站调度。

ESA：博物馆馆长、报刊管理员、音乐器材售货员、广告商、导游、事务长、飞机上的服务员、船员、法官、律师。

ASE：戏剧导演、舞蹈教师、广告撰稿人、报刊专栏作者、记者、演员、英语翻译。

ASI：音乐教师、乐器教师、美术教师、管弦乐指挥、合唱队指挥、歌星、演奏家、哲学家、作家、广告经理、时装模特。

AER：新闻摄影师、电视摄像师、艺术指导、录音指导、丑角演员、魔术师、木偶戏演员、骑士、跳水员。

AEI：音乐指挥、舞台指导、电影导演。

AES：流行歌手、舞蹈演员、电影导演、广播节目主持人、舞蹈教师、口技表演者、喜剧演员、模特。

AIS：画家、剧作家、编辑、评论家、时装艺术大师、新闻摄影师、演员、文学作家。

AIE：花匠、皮衣设计师、工业产品设计师、剪影艺术家、复制雕刻品大师。

AIR：建筑师、画家、摄影师、绘图员、环境美化工、雕刻家、包装设计师、陶器设计师、绣花工、漫画家。

SEC：社会活动家、退伍军人服务官员、工商会事务代表、教育咨询者、宿舍管理员、旅馆经理、饮食服务管理员。

SER：体育教练、游泳指导。

SEI：大学校长、学院院长、医院行政管理员、历史学家、家政经济学家、职业学校教师、资料员。

SEA：娱乐活动管理员、国外服务办事员、社会服务助理、一般决策者、宗教教育工作者。

SCE：部长助理、福利机构职员、生产协调人员、环境卫生管理人员、戏院经理、餐厅经理、售票员。

SRI：外科医师助理、医院服务员。

SRE：体育教师、职业病治疗者、体育教练、专业运动员、房管员、儿童家庭教师、警察、引座员、传达员、保姆。

SRC：护理员、护理助理、医院勤杂工、理发师、学校儿童服务人员。

SIA：社会学家、心理咨询者、学校心理学家、政治科学家、大学或学院的系主任、大学或学院的教育学教师、大学农业教师、大学工程和建筑课程的教师、大学法律教师、大学数学教师、大学医学教师、大学物理教师、大学社会科学教师、大学生命科学教师、研究生助教、成人教育教师。

SIE：营养学家、饮食学家、海关检查员、安全检查员、税务稽查员、校长。

SIC：描图员、兽医助理、诊所助理、体检检查员、监督缓刑犯的工作人员、娱乐指导者、咨询人员、社会科学教师。

SIR：理疗员、救护队工作人员、手足病医生、职业病治疗助手。

SAC：理发师、指甲修剪师、包装艺术家、美容师、整容专家、发型设计师。

SAE：听觉病治疗者、演讲矫正者。

SAE：图书馆管理员、小学教师、幼儿园教师、学前儿童教师、中学教师、师范院校教师、盲人教师、智障人员教师、聋哑人教师、学校护士、牙科助理、飞行指导员。

范例 3 职业能力倾向的自我测定

本测验把人的职业能力倾向分为 9 种，每种能力由一组 5 个题目反映。测试时，请你仔细阅读每一题，采用"五等评分法"自己进行评定。然后分别计算出自评等级。

（一）一般学习能力倾向（G）　　　强　　较强　　一般　　较弱　　弱
　　　　　　　　　　　　　　　　　1　　　2　　　3　　　4　　　5

1．快而容易地学习新内容
2．快而正确地解数学题
3．你的学习成绩
4．对课文的字、词、段落篇章的
　　理解、分析和综合
5．对学习过的知识的记忆能力

（二）言语能力倾向（V）　　　　强　　较强　　一般　　较弱　　弱
　　　　　　　　　　　　　　　　　1　　　2　　　3　　　4　　　5

1．善于表达自己的观点
2．阅读速度和理解能力
3．掌握词汇量的程度
4．你的语文成绩
5．你的文学创作能力

（三）算术能力倾向（N）　　　　强　　较强　　一般　　较弱　　弱
　　　　　　　　　　　　　　　　　1　　　2　　　3　　　4　　　5

1．做出精确的测量
2．笔算能力
3．口算能力
4．打算盘
5．你的数学成绩

（四）空间判断能力倾向（S）　　强　　较强　　一般　　较弱　　弱
　　　　　　　　　　　　　　　　　1　　　2　　　3　　　4　　　5

1．解决立体几何方面的习题
2．画三维度的立体图形
3．看几何图形的立体感
4．想象盒子展开后的平面图
5．想象三维度的物体

（五）形态知觉能力倾向（P）　　强　　较强　　一般　　较弱　　弱
　　　　　　　　　　　　　　　　　1　　　2　　　3　　　4　　　5

1．发现相似图形中的细微差别
2．识别物体的形状差异
3．注意物体的细节部分

4．观察物体的图案是否正确

5．对物体的细节描述

（六）书写知觉（Q）　　　　　　　强　　较强　　一般　　较弱　　弱
　　　　　　　　　　　　　　　　　1　　　2　　　3　　　4　　　5

1．快而准地抄写资料（如姓名、日期、电话号码）

2．发现错别字

3．发现计算错误

4．能很快查找编码卡片

5．自我控制能力（如较长时间抄写资料）

（七）眼手运动协调能力倾向（K）　　强　　较强　　一般　　较弱　　弱
　　　　　　　　　　　　　　　　　1　　　2　　　3　　　4　　　5

1．玩电子游戏

2．打篮球、排球，踢足球一类活动

3．打乒乓球、羽毛球运动

4．打算盘能力

5．打字能力

（八）手指灵巧度（F）　　　　　　　强　　较强　　一般　　较弱　　弱
　　　　　　　　　　　　　　　　　1　　　2　　　3　　　4　　　5

1．灵巧地使用很小的工具

2．穿针眼、编织等使用手指的活动

3．用手指做一件小工艺品

4．使用计算器的灵巧程度

5．弹琴

（九）手腕灵巧度（M）　　　　　　　强　　较强　　一般　　较弱　　弱
　　　　　　　　　　　　　　　　　1　　　2　　　3　　　4　　　5

1．用手把东西分类

2．在推东西时手的灵活度

3．很快地削水果

4．灵活地使用手工工具

5．在绘画、雕刻等手工活动中的灵活性

统计分数的方法：

1．每一种能力倾向计算总计次数

对每一道题目，采用"强""较强""一般""较弱""弱"5个等级，供你自评。每组5道题完成后，分别统计各等级选择的次数总和，然后用下面的公式计算出该类的总计次数（把"强"定为第一项，依次类推，"弱"定为第五项；第一项之和就是选"强"的次数和）：

总计次数=（第一项之和×1）+（第二项之和×2）+（第三项之和×3）+（第四项之和×4）+（第五项之和×5）

2．计算每一种能力倾向的自评等级

自评等级=总计次数/5

3．将自评等级填入下表

职业能力倾向	自评等级	职业能力倾向	自评等级
G		Q	
V		K	
N		F	
S		M	
P			

根据结果对照下表，可找到你适合的职业。

职业对人的职业能力倾向的要求

职业类型	G	V	N	S	P	Q	K	F	M
生物学家	1	1	1	2	2	3	3	2	3
建筑师	1	1	1	1	2	3	3	3	3
测量员	2	2	2	2	2	3	3	3	3
测量辅导员	4	4	4	4	4	4	3	4	3
制图员	2	3	2	2	3	3	2	2	3
建筑和工程技术专家	2	2	2	2	2	3	3	3	3
物理科学技术员	2	2	2	2	3	3	3	2	3
农业、生物、动物、植物学的技术专家	2	2	2	4	2	3	3	2	3
农业、生物、动物、植物学的技术员	2	3	3	4	2	3	3	3	3
数学家和统计学家	1	1	1	3	3	2	4	4	4
系统分析和计算机程序编制员	2	2	2	2	3	3	4	4	4
经济学家	1	1	1	4	2	4	4	4	4
社会学家、人类学家	1	1	3	2	2	3	4	4	4

职业									
心理学家	1	1	2	2	2	3	4	4	4
历史学家	1	1	3	4	4	3	4	4	4
哲学家	1	1	4	3	3	3	4	4	4
政治学家	1	1	3	4	4	3	4	4	4
经济政治学家	2	2	2	3	3	3	3	3	5
社会工作者	2	2	3	4	4	3	4	4	4
社会服务助理人员	3	3	3	4	3	3	4	4	4
法官	1	1	3	4	3	3	4	4	4
律师	1	1	3	4	3	3	4	4	4
公证人	2	2	3	4	3	3	4	4	4
图书馆管理学专家	2	2	3	3	4	2	3	4	4
图书馆、博物馆和档案管理员	3	3	3	2	2	4	3	2	3
职业指导者	2	2	3	4	4	3	4	4	4
大学教师	1	1	3	3	2	3	4	4	4
中学教师	2	2	3	4	3	3	4	4	4
小学和幼儿园教师	2	2	3	3	3	3	3	3	3
职业学校教师（职业课）	2	2	3	3	3	3	3	3	3
职业学校教师（普通课）	2	2	3	4	3	3	4	4	4
内科、外科、牙科医生	1	1	2	1	2	3	2	2	2
兽医学家	1	1	2	1	2	3	2	2	2
护士	2	2	3	3	3	3	3	3	3
护士助手	2	4	4	4	4	2	2	3	2
工业药剂师	2	1	2	3	2	2	3	2	3
医院药剂师	2	2	2	4	9	2	3	2	3
营养学家	2	2	3	3	3	3	4	4	4
配镜师（医）	2	2	2	2	2	3	3	3	3
配眼镜商	3	3	3	3	3	4	3	2	3
放射科技术人员	3	3	3	3	3	3	3	3	3
药物实验室技术专家	2	2	2	3	2	3	3	2	3
药物实验室技术员	2	3	3	3	3	3	3	3	3
画家、雕刻家	2	3	4	2	2	5	2	1	2
产品设计和内部装饰者	2	2	2	2	2	4	2	2	3
舞蹈家	2	3	3	2	3	4	2	2	3
演员	2	2	4	3	4	4	4	4	4

职业									
电台播音员	2	2	3	4	4	3	4	4	4
作家和编辑	2	1	3	3	3	3	4	4	4
翻译人员	2	1	4	4	4	3	4	4	4
体育教练	2	2	2	4	4	3	4	4	4
运动员	3	3	4	2	3	4	2	2	2
秘书	3	3	3	4	3	2	3	3	3
打字员	3	3	4	4	4	3	3	3	3
记账员	3	3	3	4	4	2	3	3	4
出纳员	3	3	3	4	4	3	3	3	3
统计员	3	3	2	4	3	2	3	3	4
电话接线员	3	3	4	4	4	3	3	3	3
一般办公室职员	3	4	3	4	4	3	4	4	4
商业经营管理人员	2	2	3	4	4	3	4	4	4
售货员	3	3	3	4	4	3	4	4	4
警察	3	3	3	4	3	3	3	4	3
门卫	4	4	5	4	4	4	4	4	4
厨师	4	4	4	4	3	4	3	3	3
招待员	3	3	3	4	4	4	3	4	3
理发员	3	3	4	4	9	4	2	2	2
导游	3	3	3	3	3	5	3	3	3
驾驶员	3	3	3	3	3	3	3	4	3
农民	3	4	4	4	4	4	4	4	4
动物饲养员	3	4	4	4	4	4	4	4	4
渔民	4	4	4	4	4	5	3	4	3
矿工	3	4	4	3	4	5	3	4	3
纺织工人	4	4	4	4	3	5	3	3	3
机床操作工	3	4	4	4	3	4	3	4	3
锻工	3	3	4	4	3	4	3	4	3
无线电修理工	3	3	3	3	2	4	3	3	3
细木工	3	3	3	3	3	4	3	4	4
家具木工	3	3	3	3	3	4	3	4	3
一般木工	3	4	3	3	4	3	4	4	3
电工	3	3	3	3	3	4	3	3	3
裁缝	3	3	4	3	3	4	3	2	3

第二节 了解职业

社会是一个大家庭，我们每个人都生活在这个大家庭中。我们就业于不同的岗位，从事着不同的工作，这就是我们常常说的"职业"。职业是社会大家庭中每位劳动者体现社会价值和自我价值的角色定位，是个人立足社会、服务社会并作为主要生活来源的工作岗位。因此，作为一名职业院校学生，我们需要建立起"职业"的概念，认识职业，了解与个人职业生涯发展相关的职业技能等级制度，不断提高职业能力，帮助自己更好地规划职业生涯，实现自己的人生理想。

一、什么是职业

1. 职业的性质、特点和作用

（1）职业的性质

职业是人们在社会中所从事的作为主要生活来源的工作，通常又称为工作岗位，如技术员、警察、教师、司机、会计、厨师等。从国家的角度来看，每一种职业都是社会分工中的一个部门，就像一台大机器上的一个个零部件；从个人的角度来看，职业则是劳动者"扮演"的社会角色，劳动者为社会承担一定的义务和责任，并获得相应的报酬。

（2）职业的特点

① 专业性

职业是人们从事的专门业务，一个人要从事某一种职业，就必须具备专门的知识、能力和特定的职业道德品质。如汽车维修工，要有汽车构造等方面的知识，具备汽车故障判断与维修的能力以及精益求精的工作态度；演员，就必须有音乐、美术、表演等方面的知识和热爱观众的工作态度。随着社会的发展、科技的进步，劳动的专业化程度越来越高，职业的专业性也会越来越强。

② 多样性

随着社会的进步，社会分工越来越细，职业种类越来越多，职业的差别也越来越大，并呈现出多样性特点。《国家职业资格目录（2021年版）》中，专业技术人员职业资格有59项，技能人员职业资格有13项；《中华人民共和国职业分类大典（2022年版）》中，细类（职业）1636个。进入21世纪，在知识经济的推动下，我国产业结构不断升级优化，随之产生了许多新行业，增加许多新职业。

③ 技术性

每一种职业都有一定的技术含量或技术规范要求。如厨师，在刀工、火候上都有一定的技术要求和操作规范，需要进行专门的学习与训练。在人类进入工业时代以后，科学技术得以广泛应用，职业的科学技术含量越来越高，在从事某一种职业之前，必须经过一定的时间，针对某一特定的职业进行专业知识教育，并进行专门的技术技能或操作规程的训练。这也正是职业教育兴起、广泛发展，同学们进入职业院校接受职业教育的重要原因。

④ 时代性

随着时代的发展变化，新的职业不断产生，原有的职业也获得新的时代内容，另有一些职业会消失。如20世纪以来，出现了广播电视播音员、计算机程序设计员、计算机文字处理员、激光照排工等新的职业；而电话接线员、机械打字机操作员、铅字工等已经或者趋于消失；原来已有的农民、教师、会计等传统职业，其劳动的科技含量也越来越高。

从不同的角度分析，职业除了上述特点，还有社会性、经济性、稳定性等。

（3）职业的作用

职业是人与社会联系的纽带，是实现人生价值的舞台，同时推动社会向前发展。

① 职业是决定人们生活方式的基础

职业是人们生存的基础，是个人获得经济收入的来源，它决定着人们的生活质量。例如，地质队员的工作地点肯定不是在大城市，野外是主要的工作场所，生活也就自然长期在野外；广告从业人员，工作的时间很难有明确的界限，生活也自然受到很大的影响。不同职业、职位就业者带来的经济收入存在明显差别，经济收入的高低影响着人们的生活水平，对人们的生活方式也会带来巨大影响。

② 职业是实现个体价值的途径

自我价值的实现是人们最高层次的需要。人们从事某种职业不仅是为了获得报酬，更重要的是在职业活动中获得对社会、行业、单位、集体的归属感，展现自己的智慧和才华，发挥和发展自己的潜能，实现自己的人生理想和价值。值得注意的是，只有个人的需要与社会的需要很好地结合起来，个体价值才能实现。

③ 职业是促进个性发展的手段

职业作为一个特定的社会角色，影响着从业者个人兴趣、能力及性格的形成和完善，不同的职业对人们个性的影响各有不同，如教师对其个人口头表达能力的完善，推销人员对其社交能力的培养等。职业对人们性格的影响也很明显，严肃活泼、团结紧张的军旅生活可以使人变得勇敢、机智；运动员职业能培养人坚韧不拔、顽强拼搏的性格；企业管理职业能使人具有勇敢、沉着、果断的性格。

④ 职业是推动社会进步的动力

职业的形成是社会合理分工、充分发挥人们的聪明才智的结果。从社会学的角度看，职业发展反映了社会的进步。人类社会是由政治、经济、文化、教育、科学技术等方面构成的。人类社会的发展是以上因素共同发展的结果,这些因素的发展又是同与之相适应的职业者(即从业人员)密不可分的。如科学技术工作者推动科技的发展与进步,医务工作者推动医疗技术的进步,教师推动教育事业的发展,等等。在当今社会中,每一项主要工作,每一种重要的劳动及社会活动,都有与之相应的职业。也正是在这些职业中,有着不懈努力的从业人员,才使社会不断发展进步。

⑤ 职业是个人服务社会、服务他人的岗位

在我们的社会里,人人都是服务对象,人人又都为他人服务。每个人都是社会的一分子,在享受社会提供的便利和服务的同时,进入劳动年龄阶段又应当承担一定的社会义务,为社会创造财富,为他人提供服务。从事的某种职业既是个人在社会劳动体系中进行具体劳动创造的体现,又是为社会建功立业的途径。同时,职业生活还能促进个人的进一步社会化,成为一个社会人,为人一生的顺利发展创造条件。

2. 职业的产生和发展

(1) 职业的产生

职业是社会分工的产物。随着社会生产力的不断发展,人们征服自然、改造自然的能力不断提高,长期的狩猎生活,使人们认识到牛、马、羊、猪、鸡等动物可以驯化和饲养,于是一些人专门从事动物的驯化和饲养,成为牧人,产生了畜牧业。在与植物长期打交道的过程中,人们学会了种植,形成了"依水而居,围田而耕,日出而作,日落而息"的农耕生活,成为农民,产生了农业。随着人类社会的进步,人需要穿衣遮体御寒,为了满足人们穿戴的需要,有的人专门从事纺纱织布、做衣服、做鞋等,成为手艺人即手工业者,如纺织工、鞋匠等,产生了手工业。随着生产力的进一步发展,为了满足人们对多种生活品的需要,有的人专门从事商品的买卖,成为商人,产生了商业。而体力劳动和脑力劳动分工的出现,又使有的人专门从事行政管理,有的人专门从事理论研究,有的人专门从事科学技术发明,有的人专门从事文学艺术创作,等等。人类进入现代工业社会以后,科学技术的广泛运用,促使生产力迅速发展,社会分工越来越细,职业也就越来越多。

(2) 职业的发展演变

职业的演化是一个漫长而又复杂的过程。原始社会后期,人类进行了三次社会大分工,从而产生了职业。进入奴隶社会和封建社会以后,多数人从事农牧业劳动,少数人从事手工业劳动。由于社会分工和科技发展是渐进的,因而职业的分化也是缓慢的。人们沿袭着基本相同的生产方式、生活方式、行为方式,以至于可以短期内获得一生所需要的知识和技能。资本主义社会的出现,工业革命使人类进入现代工业社会,生产力由于机械化、电气化、自动化的相继实现而大大提高,使经济结构、产业结构、社会结构等发生巨大变化,人们劳动的专业化程度越来越高,使得人们的生产方式、生活方式和行为方式产生前所未有的变化。职业的变化和增多使新旧职业更替的速度加快,人们必须不断学习,掌握专业技能,终生接受教育，才能适应职业的快速变化。

社会经济结构对职业结构的演化起着重要决定作用。在自然经济占统治地位的社会里，经济发展十分缓慢，产业结构、行业结构和职业结构的变迁都十分缓慢。工业革命以后，经济增长成为社会进步的基础，越来越成为各国谋求发展的主要途径，经济发展的结果使产业结构、行业结构变迁的速度加快。比如，18世纪，钢铁和建筑行业开始超过其他行业。而电子、计算机行业从产生到发展成为当今社会的一个主要行业只用了短短几十年的时间，与此相适应的职业结构，如职业的种类、数量和分布状况等，即职业的演化速度在加快，职业更替频率也在加快。

社会分工的发展和科学技术的进步对职业的演化起着重要的推动作用。科学技术的发展，带来了许多新技术、新产品、新工艺、新设备，对它们的研究和应用必然导致新旧职业更替。比如，激光照排技术的发明和应用，产生了计算机打印和激光照排相关的职业，原来的手工排字员失业；计算机的发明和应用，出现了如计算机制造、软件工程、网络工程、自动控制等职业。总之，科学技术发展越快，职业变化也就越迅速。

21世纪是技术创新的世纪，科技的发展速度是空前的。人一生面临的职业变化也会越来越频繁。据联合国教科文组织统计，当今世界发达国家，每个人一生平均有4～5次的职业转换。我国目前就业人员的职业转换平均也有3～4次。这说明职业既有稳定性、连续性，也有流动性、变化性。

二、职业的分类

1. 产业的分类

职业是社会分工的结果，而社会分工又具有不同的层次，其中最高层次的分工是产业分工。

所谓产业，是指不同的国民经济部门，由于社会劳动分工而独立出来的专门从事某一类别生产经济活动的单位的总和。而产业结构是指一个国家或地区的劳动力、生产资料等生产要素在国民经济各个生产部门之间的分配状况及其比例关系。一个国家社会经济的总体水平，在很大程度上取决于产业结构及其发展变化。

我国对三个产业的划分始于1985年，之后经过2002年、2011年、2018年三次修订。目前三个产业的划分大致按照国民经济行业分类门类的顺序依次归类，具体如下：

第一产业是指农、林、牧、渔业（不含农、林、牧、渔专业及辅助性活动）。第二产业是指采矿业（不含开采专业及辅助性活动），制造业（不含金属制品、机械和设备修理业），电力、热力、燃气及水生产和供应业，建筑业。第三产业即服务业，是指除第一产业、第二产业以外的其他行业。第三产业包括：批发和零售业，交通运输、仓储和邮政业，住宿和餐饮业，信息传输、软件和信息技术服务业，金融业，房地产业，租赁和商务服务业，科学研究和技术服务业，水利、环境和公共设施管理业，居民服务、修理和其他服务业，教育，卫生和社会工作，文化、体育和娱乐业，公共管理、社会保障和社会组织，国际组织，以及农、林、牧、渔业中的农、林、牧、渔专业及辅助性活动，采矿业中的开采专业及辅助性活动，制造业中的金属制品、机械和设备修理业。

2．行业的分类

社会分工的第二个层次是一种特殊的分工，即行业分工。行业是指从事相同性质的经济活动的所有单位的集合。

行业结构是产业结构的细化，是组成产业结构的基础。行业是根据单位所生产的物品、使用的加工原料或提供服务的不同而划分的。现行《国民经济行业分类》（GB/T 4754—2017）于 2017 年 6 月发布，分类采用经济活动的同质性原则划分，每一个行业类别按照同一种经济活动的性质划分，包含门类 20 个、大类 97 个、中类 473 个和小类 1382 个。

20 个门类及代码如下：

A　农、林、牧、渔业

B　采矿业

C　制造业

D　电力、热力、燃气及水生产和供应业

E　建筑业

F　批发和零售业

G　交通运输、仓储和邮政业

H　住宿和餐饮业

I　信息传输、软件和信息技术服务业

J　金融业

K　房地产业

L　租赁和商务服务业

M　科学研究和技术服务业

N　水利、环境和公共设施管理业

O　居民服务、修理和其他服务业

P　教育

Q　卫生和社会工作

R　文化、体育和娱乐业

S　公共管理、社会保障和社会组织

T　国际组织

3. 职业的分类

社会分工是职业产生的基础，同时也是职业划分的主要依据。社会分工的发展决定着职业的发展，尤其是科学技术的进步，劳动工具的不断改进，使手工操作向机械化、自动化、智能化发展，并促进了生产的社会化。生产的社会分工愈来愈细，专业化程度越来越高，从而促使职业的种类也越来越多。

早在我国古代就有过职业分类。据古书《周礼·考工记》记载，古时有六职，即王公、士大夫、百工、商旅、农夫与妇功。现在人们常说的所谓"三百六十行"，源于《清稗类钞·农商类》一书，此书说："三十六行，倍之，则为七十二行，十之则为三百六十行。"我国唐代的"三十六行"是指肉肆行、宫粉行、海味行、鲜鱼行、文房用具行、汤店行、药肆行、扎作行、陶土行、件作行、茶行、竹木行、酒米行、铁器行、顾绣行、针线行、巫行、棺木行、皮革行、故旧行、酱料行、柴行、网罟行、花纱行、杂耍行、彩舆行、鼓乐行、花果行等。

国际劳工组织于1958年首次发布的《国际标准职业分类》中，将职业分为8个大类、83个中类、284个小类、1506个细类。

我国于1999年颁布的《中华人民共和国职业分类大典》是第一部具有国家标准性质的职业分类大典，将我国职业归为8个大类、66个中类、413个小类，1838个细类（职业）。8个大类为：① 国家机关、党群组织、企业、事业单位负责人；② 专业技术人员；③ 办事人员和有关人员；④ 商业和服务业人员；⑤ 农、林、牧、渔、水利业生产人员；⑥ 生产、运输设备操作人员及有关人员；⑦ 军人；⑧ 不便分类的其他从业人员。

从1999年至今，《中华人民共和国职业分类大典》经历了两次全面的修订。在2015年版修订的基础上，《中华人民共和国职业分类大典（2022年版）》于2022年9月颁布。新版大典包括8个大类、79个中类、449个小类、1636个细类（职业）。8个大类修订为：① 党的机关、国家机关、群众团体和社会组织、企事业单位负责人；② 专业技术人员；③ 办事人员和有关人员；④ 社会生产服务和生活服务人员；⑤ 农、林、牧、渔业生产及辅助人员；⑥ 生产制造及有关人员；⑦ 军队人员；⑧ 不便分类的其他从业人员。新版大典沿用2015年版大典做法，标注了绿色职业134个（标注为L），并首次标注了数字职业（标注为S），共标注数字职业97个。数字职业是从数字产业化和产业数字化两个视角，围绕数字语言表达、数字信息传输、数字内容生产三个维度及相关指标综合论证得出的。职业分类作为制定职业标准的依据，是开展职业教育培训和人才评价的重要基础。新版大典特别是新增职业的发布，对于增强从业人员的社会认同度、促进就业创业、引领职业教育培训改革、推动经济高质量发展等，都具有重要意义。

4．专业与职业

（1）专业

专业通常有广义和狭义之分。广义的专业，泛指专门从事的某种事业和职业，即专门的学问。我们通常所说的某某人是这一领域的"专业人士"等，指的就是广义的专业。狭义的专业，是指教育机构为培养专门人才而划分的学科类别。我们这里讲的是指狭义的专业。

为了加强职业教育国家教学标准体系建设，落实职业教育专业动态更新要求，推动专业升级和数字化改造，中华人民共和国教育部（以下简称教育部）对职业教育专业目录进行了全面修（制）订，形成了《职业教育专业目录（2021年）》，一体化设计中等职业教育、高等职业教育专科、高等职业教育本科不同层次专业，共设置19个专业大类、97个专业类、1349个专业，其中中职专业358个、高职专科专业744个、高职本科专业247个。

（2）专业与职业的关系

专业与职业既互相联系又有一定的区别。首先，专业是与社会上相关的职业群相对应的，学习某个专业是为了将来从事相关的职业。其次，专业也会随着职业的发展与变化进行相应的调整。具体来说，从涉及的范围上看，专业的涉及面要宽于职业。学校所设置的专业一般都是面向一个及一个以上的职业，即专业的设置和服务的范围一般都是面向一个职业（岗位）群。例如，财经类专业的服务对象可以包括财会、金融、保险等相关的职业；机电专业的毕业生，可以是钳工、电工、机修工，甚至是数控机床操作工等。近年来，很多职业院校开启了专业群建设，使专业培养的"口径"加宽，更好地适应了社会职业千变万化的需求，使我们在今后就业时选择职业的范围更宽，而且能够更好地适应职业转换的需要，具有跨岗从业的能力。

职业（岗位）群，一般是由基本操作技能相通，工作内容、社会作用及从业者所应具备的素质相近的若干职业构成。从横向划分，是相同的职业存在于不同行业中。例如，由于现在各行各业都已经广泛使用计算机，所以计算机类专业服务的对象或者说所对应的岗位群就包括了各行各业。从纵向划分，是同一职业存在于同一行业的若干不同岗位。例如，网络营销专业，对接营销产业数字化、网络化、智能化发展新趋势，可以对应网络销售、营销客服、策划推广、网页设计等。

（3）工种

工种，是指列入人们经常性生产活动，并按不同生产性质和操作技术划分的工作类别。工种划分有粗有细，取决于生产部门的性质、生产技术发展水平和劳动分工的需要，一般按工艺阶段的工序性质划分。例如，机械制造厂按工艺阶段划分为准备、加工、装配等工作类别；按工序性质分，加工阶段可分为铸工、锻压、车工、铣工、磨工、钳工等；随着生产技术的发展，磨工又可细分为工具磨工、外圆磨工、平面磨工等。划分工种有利于组织生产专门化，建立和健全岗位责任制，合理分配劳动力和充分发挥劳动者的技术专长。

三、职业技能等级制度

《中华人民共和国职业教育法》（2022年修订）规定："实施职业教育应当根据经济社会发展需要，结合职业分类、职业标准、职业发展需求，制定教育标准或者培训方案，实行学历证书及其他学业证书、培训证书、职业资格证书和职业技能等级证书制度。""国家实行劳动者在就业前或者上岗前接受必要的职业教育的制度。"《中华人民共和国劳动法》规定："从事技术工种的劳动者，上岗前必须经过培训。""国家确定职业分类，对规定的职业制定职业技能标准，实行职业资格证书制度，由经备案的考核鉴定机构负责对劳动者实施职业技能考核鉴定。"

进入21世纪，技能人才评价工作逐步从资格鉴定转为技能等级认定。2019年8月，中华人民共和国人力资源和社会保障部（以下简称人力资源社会保障部）印发《关于改革完善技能人才评价制度的意见》，明确提出在深化技能人员职业资格制度改革的同时，建立并推行职业技能等级制度，由用人单位和社会培训评价组织按照有关规定开展职业技能等级认定。2021年11月，《国家职业资格目录（2021年版）》公布，部分水平评价类技能人员职业资格退出目录。

2022年，人力资源社会保障部制定出台《关于健全完善新时代技能人才职业技能等级制度的意见（试行）》，进一步加强高技能人才与专业技术人才职业发展贯通，全面推行职业技能等级认定。新制度在现有初级工、中级工、高级工、技师、高级技师5个职业技能等级基础上，往下补设学徒工，往上增设特级技师和首席技师技术职务（岗位），延伸和发展为新"八级工"职业技能等级（岗位）序列，打破技能人才成长"天花板"。明确高级工以上的高技能人才比照相应层级专业技术人员享受同等待遇。对取得特级技师的人员，比照正高级职称人员享受同等待遇；对首席技师可参照本单位高级管理人员确定薪酬待遇。职业技能等级制度的全面推行和逐步完善，将在提高技能人才社会地位和职业声望、吸引更多劳动者走技能之路、缓解技能人才短缺问题等方面发挥重要且积极的作用，为全面建设社会主义现代化国家和经济社会高质量发展提供充足的人才支撑和技能保障。

小资料

国家职业资格目录（2021年版）

一、专业技术人员职业资格

（共计59项。其中准入类33项，水平评价类26项）

序号	职业资格名称	实施部门（单位）	资格类别	设定依据
1	教师资格	教育部	准入类	《中华人民共和国教师法》《教师资格条例》《〈教师资格条例〉实施办法》（教育部令2000年第10号）

续表

序号	职业资格名称		实施部门（单位）	资格类别	设定依据
2	法律职业资格		司法部	准入类	《中华人民共和国法官法》 《中华人民共和国检察官法》 《中华人民共和国公务员法》 《中华人民共和国律师法》 《中华人民共和国公证法》 《中华人民共和国仲裁法》 《中华人民共和国行政复议法》 《中华人民共和国行政处罚法》
3	中国委托公证人资格（香港、澳门）		司法部	准入类	《国务院对确需保留的行政审批项目设定行政许可的决定》
4	注册会计师		财政部	准入类	《中华人民共和国注册会计师法》
5	注册城乡规划师		自然资源部 人力资源社会保障部 相关行业协会	准入类	《中华人民共和国城乡规划法》
6	注册测绘师		自然资源部 人力资源社会保障部	准入类	《中华人民共和国测绘法》 《注册测绘师制度暂行规定》（国人部发〔2007〕14号）
7	核安全设备无损检验人员资格	民用核安全设备无损检验人员	生态环境部	准入类	《民用核安全设备监督管理条例》
		国防科技工业军用核安全设备无损检验人员	国防科工局	准入类	《中华人民共和国核安全法》
8	核设施操纵人员资格	民用核设施操纵人员	生态环境部 国家能源局	准入类	《中华人民共和国民用核设施安全监督管理条例》
		国防科技工业军用核设施操纵人员	国防科工局	准入类	《中华人民共和国核安全法》
9	注册核安全工程师		生态环境部 人力资源社会保障部	准入类	《中华人民共和国放射性污染防治法》 《注册核安全工程师执业资格制度暂行规定》（人发〔2002〕106号）
10	注册建筑师		全国注册建筑师管理委员会及省级注册建筑师管理委员会	准入类	《中华人民共和国建筑法》 《中华人民共和国注册建筑师条例》 《建设工程勘察设计管理条例》 《关于建立注册建筑师制度及有关工作的通知》（建设〔1994〕第598号）
11	监理工程师		住房城乡建设部 交通运输部 水利部 人力资源社会保障部	准入类	《中华人民共和国建筑法》 《建设工程质量管理条例》 《监理工程师职业资格制度规定》（建人规〔2020〕3号）

续表

序号	职业资格名称		实施部门（单位）	资格类别	设定依据
11	监理工程师				《注册监理工程师管理规定》（建设部令2006年第147号，根据住房和城乡建设部令2016年第32号修订） 《公路水运工程监理企业资质管理规定》（交通运输部令2019年第37号） 《水利工程建设监理规定》（水利部令2006年第28号，根据水利部令2017年第49号修订）
12	房地产估价师		住房城乡建设部 自然资源部	准入类	《中华人民共和国城市房地产管理法》
13	造价工程师		住房城乡建设部 交通运输部 水利部 人力资源社会保障部	准入类	《中华人民共和国建筑法》 《造价工程师职业资格制度规定》（建人〔2018〕67号） 《注册造价工程师管理办法》（建设部令2006年第150号，根据住房和城乡建设部令2016年第32号、2020年第50号修订）
14	建造师		住房城乡建设部 人力资源社会保障部	准入类	《中华人民共和国建筑法》 《注册建造师管理规定》（建设部令2006年第153号，根据住房和城乡建设部令2016年第32号修订） 《建造师执业资格制度暂行规定》（人发〔2002〕111号）
15	勘察设计注册工程师	注册结构工程师	住房城乡建设部 人力资源社会保障部	准入类	《中华人民共和国建筑法》 《建设工程勘察设计管理条例》 《勘察设计注册工程师管理规定》（建设部令2005年第137号，根据住房和城乡建设部令2016年第32号修订） 《注册结构工程师执业资格制度暂行规定》（建设〔1997〕222号）
		注册土木工程师	住房城乡建设部 交通运输部 水利部 人力资源社会保障部		《中华人民共和国建筑法》 《建设工程勘察设计管理条例》 《勘察设计注册工程师管理规定》（建设部令2005年第137号，根据住房和城乡建设部令2016年第32号修订） 《注册土木工程师（岩土）执业资格制度暂行规定》（人发〔2002〕35号） 《注册土木工程师（水利水电工程）制度规定》（国人部发〔2005〕58号） 《注册土木工程师（港口与航道工程）执业资格制度暂行规定》（人发〔2003〕27号） 《勘察设计注册土木工程师（道路工程）制度暂行规定》（国人部发〔2007〕18号）

续表

序号	职业资格名称		实施部门（单位）	资格类别	设定依据
15	勘察设计注册工程师	注册化工工程师	住房城乡建设部 人力资源社会保障部	准入类	《中华人民共和国建筑法》《建设工程勘察设计管理条例》《勘察设计注册工程师管理规定》（建设部令2005年第137号，根据住房和城乡建设部令2016年第32号修订）《注册化工工程师执业资格制度暂行规定》（人发〔2003〕26号）
		注册电气工程师	住房城乡建设部 人力资源社会保障部		《中华人民共和国建筑法》《建设工程勘察设计管理条例》《勘察设计注册工程师管理规定》（建设部令2005年第137号，根据住房和城乡建设部令2016年第32号修订）《注册电气工程师执业资格制度暂行规定》（人发〔2003〕25号）
		注册公用设备工程师	住房城乡建设部 人力资源社会保障部		《中华人民共和国建筑法》《建设工程勘察设计管理条例》《勘察设计注册工程师管理规定》（建设部令2005年第137号，根据住房和城乡建设部令2016年第32号修订）《注册公用设备工程师执业资格制度暂行规定》（人发〔2003〕24号）
		注册环保工程师	住房城乡建设部 生态环境部 人力资源社会保障部		《中华人民共和国建筑法》《建设工程勘察设计管理条例》《勘察设计注册工程师管理规定》（建设部令2005年第137号，根据住房和城乡建设部令2016年第32号修订）《注册环保工程师制度暂行规定》（国人部发〔2005〕56号）
16	注册验船师		交通运输部 人力资源社会保障部	准入类	《中华人民共和国船舶和海上设施检验条例》《中华人民共和国渔业船舶检验条例》《注册验船师制度暂行规定》（国人部发〔2006〕8号）
17	船员资格（含船员、渔业船员）		交通运输部 农业农村部	准入类	《中华人民共和国海上交通安全法》《中华人民共和国船员条例》《中华人民共和国内河交通安全管理条例》《中华人民共和国渔港水域交通安全管理条例》
18	执业兽医		农业农村部	准入类	《中华人民共和国动物防疫法》

续表

序号	职业资格名称		实施部门（单位）	资格类别	设定依据
19	演出经纪人员资格		文化和旅游部	准入类	《营业性演出管理条例》 《营业性演出管理条例实施细则》（文化部令2009年第47号，根据文化部令2017年第57号修订）
20	导游资格		文化和旅游部	准入类	《中华人民共和国旅游法》 《导游人员管理条例》
21	医生资格	医师	国家卫生健康委	准入类	《中华人民共和国医师法》
		乡村医生			《乡村医生从业管理条例》
		人体器官移植医师			《中华人民共和国医师法》 《人体器官移植条例》 《关于对人体器官移植技术临床应用规划及拟批准开展人体器官移植医疗机构和医师开展审定工作的通知》（卫办医发〔2007〕38号） 《国务院关于取消和调整一批行政审批项目等事项的决定》（国发〔2014〕27号）
		职业病诊断医师			《中华人民共和国职业病防治法》 《国务院关于取消一批职业资格许可和认定事项的决定》（国发〔2016〕5号）
22	护士执业资格		国家卫生健康委 人力资源社会保障部	准入类	《护士条例》 《护士执业资格考试办法》（卫生部、人力资源社会保障部令2010年第74号）
23	母婴保健技术服务人员资格		国家卫生健康委	准入类	《中华人民共和国母婴保健法》
24	注册安全工程师		应急管理部 人力资源社会保障部	准入类	《中华人民共和国安全生产法》 《注册安全工程师职业资格制度规定》（应急〔2019〕8号）
25	注册消防工程师		应急管理部 人力资源社会保障部	准入类	《中华人民共和国消防法》 《注册消防工程师制度暂行规定》（人社部发〔2012〕56号）
26	注册计量师		市场监管总局 人力资源社会保障部	准入类	《中华人民共和国计量法》 《注册计量师职业资格制度规定》（国市监计量〔2019〕197号）
27	特种设备检验、检测人员资格		市场监管总局	准入类	《中华人民共和国特种设备安全法》
28	广播电视播音员、主持人资格		广电总局	准入类	《国务院对确需保留的行政审批项目设定行政许可的决定》
29	新闻记者职业资格		国家新闻出版署	准入类	《国务院对确需保留的行政审批项目设定行政许可的决定》 《新闻记者证管理办法》（新闻出版总署令2009年第44号）

续表

序号	职业资格名称	实施部门（单位）	资格类别	设定依据
30	航空人员资格 — 空勤人员、地面人员	中国民航局	准入类	《中华人民共和国民用航空法》
	民用航空器外国驾驶员、领航员、飞行机械员、飞行通信员			《国务院对确需保留的行政审批项目设定行政许可的决定》
	航空安全员			《国务院对确需保留的行政审批项目设定行政许可的决定》
	民用航空电信人员、航行情报人员、气象人员			《国务院对确需保留的行政审批项目设定行政许可的决定》
31	执业药师	国家药监局 人力资源社会保障部	准入类	《中华人民共和国药品管理法》 《中华人民共和国药品管理法实施条例》 《国务院对确需保留的行政审批项目设定行政许可的决定》 《药品经营质量管理规范》（国家食品药品监督管理总局令 2015 年第 13 号，根据国家食品药品监督管理总局令 2016 年第 28 号修正） 《执业药师职业资格制度规定》（国药监人〔2019〕12 号）
32	专利代理师	国家知识产权局	准入类	《专利代理条例》 《专利代理师资格考试办法》（国家市场监督管理总局令 2019 年第 7 号）
33	拍卖师	中国拍卖行业协会	准入类	《中华人民共和国拍卖法》
34	工程咨询（投资）专业技术人员职业资格	国家发展改革委 人力资源社会保障部 中国工程咨询协会	水平评价类	《工程咨询（投资）专业技术人员职业资格制度暂行规定》（人社部发〔2015〕64 号）
35	通信专业技术人员职业资格	工业和信息化部 人力资源社会保障部	水平评价类	《中华人民共和国电信条例》 《通信专业技术人员职业水平评价暂行规定》（国人部发〔2006〕10 号）
36	计算机技术与软件专业技术资格	工业和信息化部 人力资源社会保障部	水平评价类	《计算机技术与软件专业技术资格（水平）考试暂行规定》（国人部发〔2003〕39 号）
37	社会工作者职业资格	民政部 人力资源社会保障部	水平评价类	《国家中长期人才发展规划纲要（2010—2020 年）》 《关于加强社会工作专业人才队伍建设的意见》（中组发〔2011〕25 号） 《社会工作者职业水平评价暂行规定》（国人部发〔2006〕71 号） 《高级社会工作师评价办法》（人社部规〔2018〕2 号）

续表

序号	职业资格名称	实施部门（单位）	资格类别	设定依据
38	会计专业技术资格	财政部 人力资源社会保障部	水平评价类	《中华人民共和国会计法》 《关于深化会计人员职称制度改革的指导意见》（人社部发〔2019〕8号） 《会计专业技术资格考试暂行规定》（财会〔2000〕11号）
39	资产评估师	财政部 人力资源社会保障部 中国资产评估协会	水平评价类	《中华人民共和国资产评估法》 《资产评估师职业资格制度暂行规定》（人社部规〔2017〕7号）
40	经济专业技术资格	人力资源社会保障部	水平评价类	《关于深化经济专业人员职称制度改革的指导意见》（人社部发〔2019〕53号） 《经济专业技术资格规定》（人社部规〔2020〕1号）
41	不动产登记代理专业人员职业资格	自然资源部 中国土地估价师与土地登记代理人协会	水平评价类	《不动产登记暂行条例》
42	矿业权评估师	自然资源部 中国矿业权评估师协会	水平评价类	《中华人民共和国资产评估法》 《矿产资源勘查区块登记管理办法》 《矿产资源开采登记管理办法》 《探矿权采矿权转让管理办法》
43	环境影响评价工程师	生态环境部 人力资源社会保障部	水平评价类	《建设项目环境保护管理条例》 《环境影响评价工程师职业资格制度暂行规定》（国人部发〔2004〕13号）
44	房地产经纪专业人员职业资格	住房城乡建设部 人力资源社会保障部 中国房地产估价师与房地产经纪人学会	水平评价类	《中华人民共和国城市房地产管理法》 《房地产经纪专业人员职业资格制度暂行规定》（人社部发〔2015〕47号）
45	机动车检测维修专业技术人员职业资格	交通运输部 人力资源社会保障部	水平评价类	《中华人民共和国道路运输条例》 《机动车检测维修专业技术人员职业水平评价暂行规定》（国人部发〔2006〕51号）
46	公路水运工程试验检测专业技术人员职业资格	交通运输部 人力资源社会保障部	水平评价类	《建设工程质量管理条例》 《公路水运工程试验检测专业技术人员职业资格制度规定》（人社部发〔2015〕59号）
47	水利工程质量检测员资格	水利部	水平评价类	《建设工程质量管理条例》 《水利工程质量检测管理规定》（水利部令2008年第36号，根据水利部令2017年第49号、2019年第50号修订）

续表

序号	职业资格名称	实施部门（单位）	资格类别	设定依据
48	卫生专业技术资格	国家卫生健康委 人力资源社会保障部	水平评价类	《关于深化卫生专业技术人员职称制度改革的指导意见》（人社部发〔2021〕51号） 《临床医学专业技术资格考试暂行规定》（卫人发〔2000〕462号） 《预防医学、全科医学、药学、护理、其他卫生技术等专业技术资格考试暂行规定》（卫人发〔2001〕164号）
49	审计专业技术资格	审计署 人力资源社会保障部	水平评价类	《中华人民共和国审计法》 《中华人民共和国审计法实施条例》 《关于深化审计专业人员职称制度改革的指导意见》（人社部发〔2020〕84号） 《审计专业技术初、中级资格考试规定》（审人发〔2003〕4号） 《高级审计师评价办法（试行）》（人发〔2002〕58号）
50	税务师	税务总局 人力资源社会保障部 中国注册税务师协会	水平评价类	《中华人民共和国税收征收管理法》 《税务师职业资格制度暂行规定》（人社部发〔2015〕90号）
51	认证人员职业资格	市场监管总局	水平评价类	《中华人民共和国认证认可条例》
52	设备监理师	市场监管总局 人力资源社会保障部	水平评价类	《国务院关于第三批取消和调整行政审批项目的决定》（国发〔2004〕16号）
53	统计专业技术资格	国家统计局 人力资源社会保障部	水平评价类	《中华人民共和国统计法》 《关于深化统计专业人员职称制度改革的指导意见》（人社部发〔2020〕16号） 《统计专业技术资格考试暂行规定》（国统字〔1995〕46号）
54	出版专业技术人员职业资格	国家新闻出版署 人力资源社会保障部	水平评价类	《出版管理条例》 《音像制品管理条例》 《关于深化出版专业技术人员职称制度改革的指导意见》（人社部发〔2021〕10号） 《出版专业技术人员职业资格考试暂行规定》（人发〔2001〕86号）
55	银行业专业人员职业资格	银保监会 人力资源社会保障部 中国银行业协会	水平评价类	《银行业专业人员职业资格制度暂行规定》（人社部发〔2013〕101号）
56	精算师	银保监会 人力资源社会保障部 中国精算师协会	水平评价类	《中华人民共和国保险法》

续表

序号	职业资格名称	实施部门（单位）	资格类别	设定依据
57	证券期货基金业从业人员资格	证监会	水平评价类	《中华人民共和国证券法》《中华人民共和国证券投资基金法》《期货交易管理条例》
58	文物保护工程从业资格	国家文物局	水平评价类	《中华人民共和国文物保护法实施条例》《文物保护工程管理办法》（文化部令 2003 年第 26 号）《文物保护工程勘察设计资质管理办法（试行）》《文物保护工程施工资质管理办法（试行）》《文物保护工程监理资质管理办法（试行）》（文物保发〔2014〕13 号）
59	翻译专业资格	中国外文局 人力资源社会保障部	水平评价类	《关于深化翻译专业人员职称制度改革的指导意见》（人社部发〔2019〕110 号）《翻译专业资格（水平）考试暂行规定》（人发〔2003〕21 号）

教学活动

活动一　职业"连连猜"

猜谜活动，下面是跟职业有关的各种谜语，发挥你的聪明才智来猜一猜，看看你了解哪些职业。

1．不辞劳苦→大街小巷→绿衣天使
2．热气腾腾→烟雾弥漫→回禄之灾
3．眼疾手快→健步如飞→超越巅峰
4．博古通今→谆谆教诲→有教无类
5．独具慧眼→五颜六色→惟妙惟肖
6．以客为尊→九霄云外→端庄秀丽
7．争先恐后→口齿清晰→独家新闻
8．抬头挺胸→出生入死→投笔从戎
9．辩才无碍→口若悬河→起死回生
10．蓬头垢面→暗无天日→深入宝山
11．千变万化→未雨绸缪→谈天论地
12．如法炮制→垂涎三尺→山珍海味
13．一望无际→惊涛骇浪→满载而归
14．体态轻盈→摇曳生姿→手舞足蹈
15．字字珠玑→思如泉涌→妙笔生花
16．妙手回春→仁心仁术→现代华佗
17．百发百中→一针见血→白衣天使
18．除暴安良→现代展昭→人民保姆
19．水落石出→刚正不阿→现代包公
20．活灵活现→入戏三分→最佳主角

学生分组讨论，全班分享。

谜底：1．邮差；2．消防员；3．运动员；4．教师；5．画家；6．空姐；7．记者；8．军人；9．律师；10．矿工；11．气象播报员；12．厨师；13．渔夫；14．舞蹈家（舞蹈演员）；

15．作家；16．医生；17．护士；18．警察；19．法官；20．演员。

活动二　揭开职业神秘的面纱

活动目的： 通过各种渠道了解你所学专业或者你感兴趣的专业及其就业方向。

活动要求： 以小组为单位，3~5人为一组，通过各种渠道了解你所学专业或者你感兴趣的专业及其就业方向，并以PPT的形式展示出来。

第三节　规划未来

"我选择我喜欢"，职业院校的学生在步入学校，为将来的职业生涯做准备的时候，应该先根据自身的特点和社会发展的需求，选择自己所喜欢的专业，确立正确的职业理想和学习目标。古人云："凡事预则立，不预则废。"职业院校的学生，在为理想而奋斗的初始阶段，制定一个切实可行、能发挥自己特长的职业发展规划，有着极其重要的意义。

职业生涯规划是根据社会经济发展需要和本人实际情况制定的未来职业生涯的发展规划。职业生涯规划可以帮助广大职业院校学生更好地实现自己的职业理想和人生目标。作为职业指导的一项重要内容，职业生涯规划受到越来越多职业院校的重视。2023年9月至2024年5月，教育部举办了首届全国大学生职业规划大赛，主题为"筑梦青春志在四方，规划启航职引未来"，就是为了更好实现以赛促学，引导大学生树立正确的成才观、就业观和择业观，科学合理规划学业与职业发展，提升就业竞争力。职业院校学生同样也需要尽早建立职业生涯规划意识，培养自我规划的能力。

职业生涯规划的过程，是强化对学生职业意识、职业理想、职业道德和就业观、创业观教育的过程；科学、合理的职业生涯设计，是广大职业院校学生顺利踏入社会、走上职业岗位，在实践中不断发展和提高自己的重要条件。职业院校学生该怎样规划自己的未来？如何进行职业生涯设计呢？

【案例故事】目标与人生

哈佛大学有一个非常著名的关于目标对人生影响的跟踪调查。调查的对象是一群智力、学历、环境等条件差不多的年轻人。调查结果发现：27%的人没有目标；60%的人目标模糊；10%的人有清晰但比较短期的目标；3%的人有清晰且长期的目标。

25年的跟踪研究结果显示，他们（调查对象）的状况及分布现象十分有意思。那些3%

有清晰且长期目标的人，25年来都朝着同一方向不懈地努力，25年后，他们几乎都成了社会各界的顶尖成功人士，其中不乏白手起家的创业者、行业领袖、社会精英。那些10%有清晰短期目标者，大都在社会的中上层，他们的共同特点是，短期目标不断被达成，状态稳步上升，成为各行各业的不可或缺的专业人士，如医生、律师、工程师、高级主管等。

而那些60%的目标模糊者，几乎都在社会的中下层面，他们能安稳地工作，但都没有什么特别的成绩。剩下的27%是那些25年来都没有目标的人，他们的生活不尽如人意，抱怨一切。

启示

人生在世，需要有一个目标。有目标的人和没有目标的人，生活状态是完全不一样的。有目标的人，每天醒来，在目标的召唤下精力充沛地学习和工作。而没有目标的人，每天内心迷茫，彷徨度日。

请用心感悟一下：你的理想和梦想是什么？你的人生目标是什么？你的中期目标是什么？你的短期目标又是什么？

【案例故事】大雾中的半英里

1950年，弗罗伦丝·查德威克因成功横渡英吉利海峡而闻名于世。两年后，弗罗伦丝决定挑战卡塔林纳海峡。她计划从卡塔林纳岛游向加利福尼亚海滩，希望可以创一项纪录。

弗罗伦丝时年34岁，她的这一举动引起了媒体和数以万计的美国人的关注。

1952年7月4日清晨，海面上浓雾弥漫。在游了漫长的16个小时之后，她的嘴唇已冻得发紫，全身筋疲力尽而且开始一阵阵的战栗。她抬头眺望远方，只见眼前雾霭茫茫，仿佛陆地离她还十分遥远。现在还看不到海岸，看来这次无法游完全程了。她这样想着，身体立刻就瘫软下来，甚至连再划一下的力气都没有了。

弗罗伦丝想着自己不能再游下去了，她向护送船上的亲友请求："把我拖上去吧。"

弗罗伦丝的母亲和教练在一条护送船上。他们告诉弗罗伦丝不要放弃，因为离海岸已经很近了。

由于当时海上雾大，能见度低，弗罗伦丝朝海岸望去，还是什么都看不见。她再三请求："把我拖上去吧！我真的游不动了。"

于是，护送人员把弗罗伦丝拉上了护送船，等她渐渐觉得暖和了，雾也慢慢消散了。这时，弗罗伦丝看清了，护送人员拉她上船的地方，离加利福尼亚海岸只有半英里（约800米）。她仰天长叹，懊悔自己没能咬咬牙再坚持一下。事后，弗罗伦丝对记者道出了挑战失败的主要原因。她说："说实在的，我不是为自己找借口。如果当时我看见了陆地，我就一定能够坚持游到终点。"是大雾击垮了她夺取最后胜利的信念和勇气。

两个月之后，弗罗伦丝最终成功地游过了卡塔林纳海峡。

启示

弗罗伦丝第一次挑战失败，不是自身能力不够，而是因为大雾导致的目标不清晰。一个目标具备最基本的条件是让人们能够看得见，够得着。看得见的目标才能激励人们去追逐它，才能促进人们形成动力，获得最终想要的结果。

【案例故事】当梦想照进现实

2020年5月，云南西双版纳的布朗族小伙岩坎香在水中踢足球的视频走红网络。岩坎香成长在大山深处，家住西双版纳州勐海县布朗山布朗族乡曼囡村，初一时第一次接触足球，高一时拥有第一部手机。

跟别的孩子不同，他不打游戏，手机主要用来记录踢球点滴——水中倒挂金钩、与岩石头球传接、教小孩水中接力……他说自己的理想是成为专业球员，进入国家队。岩坎香独特的练球方式及艰苦的山区环境，让很多人注意到了他。

每个梦想都不该被辜负。中乙球队云南昆陆足球俱乐部想给岩坎香一个圆梦的机会，邀请他到昆明试训一周。在足球俱乐部，岩坎香看到了自己和同龄人的差距。同龄的孩子接受专业训练已十余载，而他，球龄不足五年，方法还是自创，虽有一定身体素质和基本功，但要成为职业球员有些困难。

虽然不能成为一名职业的足球运动员，但岩坎香选择了换一种方式继续他的足球梦。之后的一年，他奋发努力，备战高考。从"一模"200多分到高考400多分，岩坎香靠勤奋，品尝到了实现梦想的滋味。2021年8月，岩坎香被云南民族大学录取，主修体育教育专业。在岩坎香看来，高中的经历帮助他更好地了解将来的发展，同时也能让他更接近自己的梦想。

启示

国家政策、社会发展与个人职业能力会发生变化，这些变化都会影响我们的职业生涯发展。我们要积极应对变化，把握变化带来的发展机遇，主动调整职业生涯规划。

【案例故事】新时代新选择

对于年轻人而言，传统职业还是求职的第一选择吗？初入职场的不适应要用何种方式化解？职业与生活之间，能否"不做选择全都要"……作为职场新力量，当代青年择业观的变化一直受到社会各界广泛关注。

记者调查发现，社会转型与技术进步正在推动当代青年择业观转变。立稳脚跟、期待"独立行走"的同时，他们追寻着自己的喜好与梦想。年轻人涌入职场海洋，拥抱新型职业，造就了享受双重生活的"斜杠青年",但也存在着一言不合就"闪辞"等问题。

新型职业:年轻敢"尝鲜"

备好脚本,摆开道具,调整灯光。"3,2,1……"

"95后"余毅涵开始新的拍摄。去年大学毕业后,广告专业的他没有坐进格子间成为一名白领,而是选择将自己的爱好变为工作,当起了全职美妆视频"UP主"。

"读大学的时候,我开始尝试做美妆视频,浏览量一般只有几百人次。但毕业前发的一条视频突然'爆红',很快被顶到视频平台首页。"余毅涵告诉记者,"我意识到,凭借努力也能有被大家关注的一天,于是下定决心全职当'网红'。"

不过,对于视频"UP主"的工作,余毅涵保持了相当的冷静与理性。"我觉得'UP主'是互联网时代产物中一份普通的工作,和之前所有传统行业一样,也需要不断学习、不断努力,通过学习行业领头羊的特色和优势来不断改进、提高自己。"

目前,余毅涵最受欢迎的一个美妆视频已有近24万的播放量,作品也多次被推上视频网站首页。

近年来,像余毅涵这样从事新型职业的青年并不少见。社会科技发展的脚步越来越快,"三百六十行"之外的新型职业大批涌现。

《2019年生活服务业新职业人群报告》显示,在新型职业从业者中,"90后"占据了"半壁江山","95后"占比超过22%。他们大多刚毕业或毕业不久,新职业为处于择业期的青年提供更加多元的就业选择。

中国社会科学院大学经济学院教授黄敬宝认为,青年对新型职业的青睐有经济和非经济两个层面的原因。"从市场的角度来看,新型职业代表全新或更高级的消费需求,有更大的发展潜力和更好的发展前景。"同时,黄敬宝指出,新型职业更符合青年具备的创新精神和冒险精神的特点,因此受到年轻群体的追捧。

不过,一些新型职业从业者也面临"成长的烦恼"。比如,行业"风口"变化快、职业发展不稳定、社会认可度不高等。

谈及自己如何从一名机械工程专业的毕业生转身为桌游馆老板,赵文鹏认为是爱好与行业"风口"共同使然。"2015年,我准备创业。在资金预算很少的情况下,我一点点缩小范围,最后觉得桌游是一个不错的机遇。"

入职近6年后,赵文鹏对桌游行业隐隐有些担忧。"桌游这个领域已经处于一种比较饱和状态,市场竞争比较激烈,经营的利润也相对较低。"随着行业"风口"的变化,他计划以桌游市场来试水社交行业,准备下一次创业。

面对新型职业,一些父母也戴上了"有色眼镜",认为这样的工作"不正当""不稳定"。比如,余毅涵的父母至今对于儿子从事的工作还保留不同的声音。"他们对我这份工作是做什么、如何盈利等都了解得比较模糊。"余毅涵说。

不过,这些问题并没有冷却年轻人投身新型职业的热情。一项调查显示,在2000名青年受访者中，96.1%的人认为如果有机会，愿意去从事新型职业；62.5%的受访者认为新型职业能激励劳动者从更多角度拓展个人价值。

一、为什么要规划职业生涯

职业生涯是指一个人一生的职业经历。职业生涯规划是根据社会经济发展的需要，即就业环境和本人实际情况，制定未来职业生涯发展规划，这是对个人职业前途的展望。职业院校学生尽早制定一个方向正确、目标实在、符合实际、内容翔实、措施具体的职业生涯规划，对今后的职业发展有着十分重要的意义。

1. 有利于实现职业理想

职业生涯规划主要由两部分组成：一是目标确定与分解，二是实现目标的措施和安排。成功的职业生涯规划，通过务实的目标和具体的措施，为职业理想的实现创造了条件。

有了明确的目标，就有了方向和动力；有了具体的措施，就能有效实施并加强自我控制。任何一个想在职业生涯中取得成功的人，都必须有明确的奋斗方向和源源不绝的动力，以及通过督促自己而做出的实实在在的努力。而这一切，都是实现职业理想的必要条件。

2. 有利于适应社会经济发展需要

成功的职业生涯规划不是凭空臆造的，符合社会经济发展需要是个人职业理想实现的前提。在研究职业及职业素质、职业道德规范、职业个性、职业选择等内容的过程中，通过多种角度了解社会、了解职业的目的之一就是让我们能在职业生涯规划中，按照社会经济发展需要来确定、调整自己的职业理想。

认真设计自己的职业生涯规划，不但有利于个人职业理想的实现，也能促使大家适应社会、融入社会，推动社会发展。

3. 有利于指导在校学习

职业理想的实现不能依赖"明天"，而要踏踏实实地从现在做起。职业院校是我们即将开始的职业生涯的起跑线，在职业院校学习是为职业生涯奠定基础的关键阶段。只有珍惜现在，才会有美好的未来。

职业生涯规划中的具体措施和安排，能帮助我们学会控制自己，经常地提醒我们珍惜现在，不断地鞭策自己，督促我们为实现职业理想做出努力。

二、职业目标选择的原则

1. 选择能发挥自己特长的职业

职业不同，对技能的要求也不一样。任何职业都要求从业者掌握一定的技能，具备一定的条件。难以想象让一名卡车司机驾驶一架民航班机会出现怎样的后果，任何一种技能都是经过一定时间的训练后才被劳动者所掌握的，而每个人的一生都很短暂，没有人能在一生中掌握所有的技能。尺有所短，寸有所长。你也许兴趣广泛，掌握多种技能，但所有技能中，总有你的长项。有些人善于与人打交道，有些人则更擅长管理物品。在设计自己的职业生涯中，要注意：选择最有利于发挥自己优势的职业。

2. 选择自己所爱的职业

从事一项喜欢的工作，工作本身就能给你一种满足感，你的职业生涯也将会从此变得妙趣横生。在设计职业生涯时务必注意：珍惜自己的兴趣，择己所爱，选择自己喜欢的职业。

3. 选择对自己有利的职业

一个人不得不承认的事实是，职业对人而言是一种谋生手段，在谋取个人福利的同时，也创造了社会财富，为社会做出了贡献。但谋求职业的第一动机却很简单，首要目的是个人生活的幸福，利益倾向支配着人的职业选择。择业时，首先要考虑自己的预期收益，这种预期收益要求你实现幸福的最大化，也就是使收益最大化。个人预期收益在于使自己由低到高的基本需求得到最大满足，而衡量其满足程度的指标表现在收入、社会地位、职业生涯的稳定性与挑战性等。不同的人有不同的偏好，每个人都会尽可能满足自己所有的需求。

4. 选择社会需要的职业

社会的需求不断演化着，旧的需求消失，同时新的需求产生。昨天的"抢手货"也许今天会变得无人问津，生活处于不断的变化之中。在设计自己的职业生涯时，一定要分析社会需求，择世之所需。

三、怎样进行职业规划

1. 自我条件分析

"知彼知己，百战百胜"是职业生涯探索与规划的最佳原则，若我们对自己和环境有充分的认识与了解，便能做出较为适合自己的决定。在进行职业生涯规划时，许多同学更多的是考虑"我想从事什么职业""我想在未来的职业生涯中达到什么样的目标"，而很少能用"我能干什么"的眼光来客观全面地审视自己。在这样的心态下所制定的职业理想很容易脱离自己的实际情况，变得虚幻、不切实际，也就无法实现。因此，对自己做出一个全面、客观、准确的分析和评价，既看清长处，又看到不足，扬长避短，发挥优势，为合理的职业生涯规划打下良好的基础。

具体来说，自我条件分析主要有以下几个方面。

（1）对自己现实条件的分析

"尺有所短，寸有所长"，每个人都有自己的长处和不足。在职业生涯设计时，要根据社会职业的需要来全面分析自身条件。测试一下自己的职业兴趣、职业性格、职业能力等相关的素质。如果有条件，最好请相关行业的资深从业人员根据我们的条件对职业生涯设计提出建议，以确定自己的职业特长，发挥自己的优势。

（2）对自己的职业发展潜力进行预测

对同学来说，职业生涯是未来的事，要在未来生活中延续很长时间。因此，对自己的职业发展潜力进行预测也是不容忽视的。许多条件也许一时还不完全具备，但是，这不说明在未来的职业生涯中，不能通过自己的努力去达到。所以，要分析自己潜在的条件，找到哪些是经过努力可能达到和具备的条件，这既是确定职业目标的重要根据，也是制定具体方法和措施的基础。要挖掘自己的潜能，预测"明天的我"。

（3）分析就业环境及其变化趋势

由于经济、文化、科技、教育等社会因素发展的不平衡，导致职业发展、就业环境存在着差异性。因此，要分析就业环境，分析地区社会、经济、科技等发展情况，分析所从事职业在社会中的地位等因素。同时，还应认识到，就业环境不是一成不变的。社会经济在不断地向前发展，必将对职业发展产生极大的影响。在职业生涯规划时，要充分了解社会发展趋势对职业影响的程度，从而使自己的规划能够更好地与之相结合。

（4）寻找自身差距，找到弥补方法

通过分析自己的现实条件和潜在发展能力，以及职业对劳动者素质的需求，就会寻找自身条件与职业需求之间的差距，制定措施和规划，力争缩小这些差距。这就需要同学深入了解相关职业的有关情况，如职业资格、职业标准、职业道德规范等，做到有的放矢。

2．确定职业发展目标

目标是成功的向导，明确的目标是激励同学前进的动力。只有制定切合实际的目标和规划，才能充分激发起我们实现目标的热情。职业发展目标有总体目标和具体目标两种。总体目标是指在职业生涯中的发展方向；具体目标是在职业生涯中明确的、通过具体实施而达到的目标，它包括目标的内容、标准及实现的大致时间等。

制定目标的依据有两个方面：首先是社会经济发展的需要和面临的就业环境，这是外部依据；其次是自身的素质，包括现实的素质条件和未来可能达到的素质条件，这是内部依据。只有同时具备这两方面的依据，职业目标的制定才是准确的。任何一方面依据的缺失，都会影响目标定位的准确性。

3．设计发展阶段

实现职业理想，不是一蹴而就的，要靠一个个阶段目标的实现。所以，在进行职业生涯设计时，同学要把总的职业生涯分解为一个个具体的阶段，并确定各阶段的目标，一步步迈向成功的顶点。

一般意义上讲，职业生涯的阶段可以分为准备阶段、实习阶段、选择阶段、定向阶段、发展阶段、实现阶段等。当然，每个人的具体情况不同，所经过的阶段也会有所不同，制定阶段时要因人而异。阶段目标的制定，要注意以下几点：一是不宜过高，可望而不可即的目标是没有任何实际意义的。二是不能过低，不经过努力就达到的目标，起不到激励人们奋发向上的作用，反而降低了人们的动机和热情。三是不要笼统和模糊，要能让自己从目标中找到具体的差距和不足。

4. 制定发展措施

再完美的目标，如果没有具体的措施来保证，也只能是纸上谈兵。在职业生涯设计中，措施的制定是实现目标的重要保证，一般要根据职业目标和自己的实际情况，制定出可行的措施，以确保目标的实现。当然，措施不是一成不变的，在实施的过程中也要根据外界环境的变化和自己发展的情况不断进行调整、完善。总之，只有在有力、可行的措施的保证下，职业目标才能成为现实，从而使职业生涯更加美好、更加辉煌。

5. 做一份职业生涯规划书

（1）自我分析

① 我是谁

思考你所扮演的各种角色及特征，看看扮演角色的你应具备的能力和所应表现出的个性特色。尽量多地写出各种答案，你将会清楚你承担的责任、角色和性格。想想哪些是暂时的，哪些是永久的，哪些是应该保留的，哪些是必须抛弃或改正的。可以找一些社会学方面的书籍来看，社会学专业的术语——角色扮演的论述对自我分析是很有帮助的。当然也可以到专业机构接受心理测试，帮助自己进行分析。

② 我在哪里

首先用几分钟思考你的一生，画一个图，画出过去也画出未来，仔细考虑，它将成为什么样？然后标上"*"表示你所在的位置。

③ 将来是什么样

在职业生涯中，我将完成什么事？有哪些成就？仔细思考，然后写在纸上。回到眼前，思考你的职业梦想，思考你想在工作中得到的特定东西是什么。

（2）自我诊断

诊断目前存在的问题，主要包括三个方面。

① 诊断问题发生的领域，是家庭问题、自我问题，还是工作问题；或是其中两者或三者的共同作用。

② 诊断问题的难度。是否学习新技能？是否需要全神贯注？是否需要个人改变态度与价值观？

③ 诊断自己与组织的相互配合情况。是否做出贡献？是否在组织内部适合自己的职业领域中发挥专长？是否和其他组织人员团结协作？组织的职业生涯设计和制定的职业生涯规划是否冲突等。

（3）制订职业发展通路计划

把职业生涯中的重要方面结合在一起，如发展、调动、晋升等，它的第一个步骤是确定组织内部的职业生涯通路。职业生涯通路实际上包括一个个职业阶梯，个人由低至高拾级而上。可以按照职业生涯通路来安排个人的工作变动，从而训练与发展担任各级职务和从事不同职业的广泛能力。

职业生涯通路计划应该包括以下内容。

① 描述各种变动的可能性。

② 反映工作内容、组织需要的变化。

③ 详细说明职业生涯通路的每一个职位的学历、工作经历、技能和知识。

（4）明确需要做的培训和准备

列目录：在你职业生涯与生活中，你什么做得好？什么做得不好？你还需要什么：需要学习？需要扩大权利？还是需要增加经验？再想，怎样应用你的培训成果？你拥有什么资源？那么，你现在应该停止做什么？开始干什么？培训和准备的时间如何安排？

（5）求询

可以同朋友、同事或专业咨询人员探讨或研究，询问一些诸如怎样找到更适合自己的职业发展途径，如何应付目前的问题，如何同上级打交道，怎样兼顾家庭与工作等问题。

（6）总结并把自己的规划写出来

确定自己的职业发展领域，确定自己何时在内部发展，何时重新选择，发展通路是怎样的。

生涯活动一 我的圆梦计划

请制订个人职业生涯圆梦计划，样表如下：

我的圆梦计划表

计划名称	时间段	总目标	分目标	策略和措施	备注
短期计划					
中期计划					
长期计划					

生涯活动二 我与祖国共成长

畅想自己的 2035 年和 2050 年，并选择书信、电子小报、绘画作品、短视频等形式进行展示。

小资料

人的10项发展任务

美国心理学家赫威斯特在《人类发展与教育》一书中，列出人的10项发展任务。

（1）能在日常生活中，与同辈的人建立和谐的人际关系。此种关系应包括同性朋友和异性朋友。

（2）在行为上能扮演适当的性别角色。个人不但乐于接纳自己的性别，而且能恰如其分地表现出属于自己年龄阶段的男性或女性的行为特征。

（3）接纳自己的身体和容貌。不过分炫耀自己的优点，也不过分掩饰自己的缺点，而是能按照自己身体的条件去发挥其最大的潜能。

（4）情绪表达渐趋成熟独立。凡事不再依赖父母或其他成员的支持与保护。

（5）有经济独立的信心。即使在金钱上尚不能自给自足，在生活中尚不能自食其力，自己也能有信心和意愿不依靠别人。

（6）能够选择适合自己能力和兴趣的职业，而且肯努力奋发为取得该种职业而准备。

（7）认真考虑选择婚姻对象，并准备成家过独立的家庭生活。

（8）在知识、技能、观念等方面，都能达到一个现代公民的标准。

（9）乐于参与社会活动，也能在社会事务上为自己的行为负责任。

（10）在个人的行为导向上，能建立起适当的价值观念与道德标准。

提示：结合自己的生涯规划，看看你是否把这10项发展任务也规划进去了。

麦格劳博士愿望转化为目标的七步策略法

（1）用具体的事件或行为来表达自己的目标。

（2）用可以度量的语言来表达目标。

（3）给目标定一个时间期限。

（4）选择你能够控制的一个目标。

（5）计划和确定一个能够帮你实现目标的策略。

（6）从实施步骤的角度确定自己的目标。

（7）为朝向目标的进程确立一个考评办法。

提示：考虑一下你的愿望，试着用上述方法把自己的愿望转化为目标，看看你能受到什么启发。

首届全国大学生职业规划大赛
成长赛道评审标准

指标	说明	分值
职业目标	1. 职业目标体现积极正向的价值追求，能够将个人理想与国家需要、经济社会发展相结合。 2. 职业目标匹配个人价值观、能力优势、兴趣特点。 3. 准确认识目标职业在专业知识、通用素质、就业能力等方面的要求，科学分析个人现实情况与目标要求的差距，制订合理可行的计划	20
行动成果	1. 成长行动符合目标职业在通用素质、就业能力、职业道德等方面的要求。 2. 成长行动对弥补个人不足的针对性较强。 3. 能够将专业知识应用于成长实践，提高通用素质和就业能力。 4. 成长行动内容丰富，取得阶段性成果	40
目标契合度	1. 行动成果与职业目标的契合程度。 2. 总结成长行动中存在的不足和原因，对成长计划进行自我评估和动态调整	30
实习意向	现场获得用人单位发放实习意向情况	10

第二单元

为我的未来做准备

本章知识框架

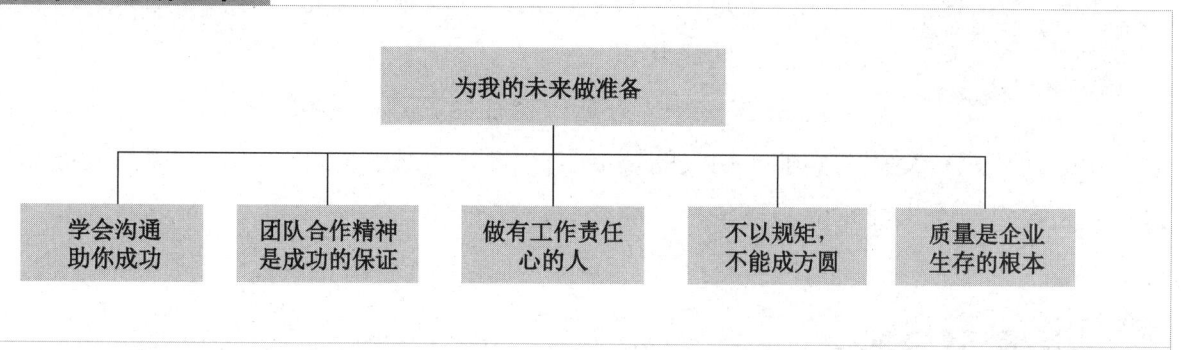

```
                    为我的未来做准备
    ┌──────────┬──────────┬──────────┬──────────┐
 学会沟通   团队合作精神  做有工作责任  不以规矩,   质量是企业
 助你成功   是成功的保证    心的人     不能成方圆   生存的根本
```

学习目标

1. 掌握沟通技巧,做有工作责任心的人。
2. 培养团队合作精神,学会团队合作。
3. 了解社会规范,用社会规范来约束自己的行为。
4. 理解质量在企业中的重要性。

第一节　学会沟通　助你成功

> 管理就是沟通，沟通，再沟通。
>
> ——杰克·韦尔奇

沟通是人与人之间传递信息、传播思想、传达情感的过程，是一个人获得他人思想、情感、见解、价值观的一种途径，是人与人之间交往的桥梁，通过这个桥梁，人们可以分享彼此的情感和知识，消除误会，增进了解，达成共识。

马克思指出："人是一切社会关系的总和。""一个人的发展取决于和他直接或间接进行交往的其他一切人的发展"。因此，沟通能力是一个人生存与发展的必备能力，也是决定一个人成功的必要条件。

案例及分析

【案例一】哪个更重要？

在一次应届毕业生招聘会上，有一家著名企业需要招收一名计算机专业学生。通过笔试筛选了两名学生，王伟和李刚。

面试时，考官提了两个问题：你在学校里最成功的是什么？为什么你认为你能够胜任这份工作？

王伟回答说："我最成功的是在校期间都保持全班考试成绩第一，我的成绩这么好，所以我认为我可以胜任你们公司的工作。"

李刚回答说："我不仅学到了书本知识，而且通过学生会的工作使我学会了如何与人沟通，如何与人合作。我认为我的良好的沟通技巧、合作精神与专业知识能够让我胜任这份工作。"

启示

猜一猜最后哪一位同学被聘用了？是李刚！

可见，用人单位越来越看重人的综合素质，良好的沟通能力是其中非常重要的素质。

【案例二】颜回攫甑

孔子周游列国，曾因兵荒马乱，旅途困顿，三餐以野菜果腹，大家已七日没吃到一粒米饭。

一天，颜回好不容易要到了一些米来煮饭，米饭快煮熟时，孔子看到颜回掀起锅盖，抓起米饭往嘴里塞，孔子当时装作没看见，也不去责问。

米饭煮好后，颜回请孔子进食，孔子假装若有所思地说："我刚才梦到祖先来找我，我想把干净还没人吃过的米饭，先拿来祭祖先吧！"

颜回顿时慌张起来说："不可以的，这锅饭我已先吃一口了，不可以祭祖先了。"

孔子问："为什么？"

颜回涨红脸，嗫嗫地说："刚才在煮饭时，不小心掉了些染灰在锅里，染灰的米饭丢了太可惜，只好抓起来先吃了，我不是故意把饭吃了。"

孔子听了，恍然大悟，对自己的观察错误很感愧疚，抱歉地说："我平常对颜回最信任，但仍然还会怀疑他，可见我们内心是最难相信的。弟子们记下这件事，要了解一个人，还真是不容易啊！"

启示

遇到问题不能凭借个人主观看法轻易下结论，要进行充分的沟通才能了解事物的真相。

【案例三】将相和

赵国的大将廉颇妒忌被赵王器重的蔺相如，扬言要使他难堪，而蔺相如却处处避免与之发生冲突，众人不解，蔺相如的一句"先国家之急而后私仇"道出了他的用意。

这句话使廉颇瞬间消除了对蔺相如的偏见，他负荆请罪，最终与蔺相如成为刎颈之交。蔺相如的那句掷地有声的话化成了一座桥梁，使廉颇了解到蔺相如高尚的人格。

启示

语言，是信息的载体，通过语言沟通，误会得以消除，心灵的隔阂得以冲破。

掌握沟通技巧

一、日常沟通技巧

1. 倾听

倾听能鼓励他人倾吐他们的状况与问题，协助他们找出解决问题的方法。倾听技巧能促进沟通顺利进行，它需要相当耐心与专注。

【小故事】

美国著名主持人林克·莱特曾在节目中采访一位小男孩，问他长大后想要做什么。

小男孩稚气而天真地回答道："我要成为一名飞机驾驶员。"

林克·莱特接着又问："如果有一天，你驾驶的飞机飞到天空中引擎突然熄火，那你该怎么办呢？"

小男孩思考片刻，回答道："我会先让飞机上的乘客们都绑好安全带，然后我带着降落伞跳下去。"

在场的观众听完小男孩的回答顿时笑得前仰后合，连主持人林克·莱特也对孩子的幼稚回答感到好笑。

可是，正当大家笑得东倒西歪时，小男孩却突然哭了起来。此时，林克·莱特意识到，大家的大笑让孩子受到了伤害。于是，他接着问道："你为什么要那样做呢？"小男孩委屈而真挚地回答道："我要去拿燃料，我还要回来！"

全场没有人再笑了，顿时静默下来。

【哲理感悟】

当我们听别人说话时，我们真的听懂他说的意思吗？如果不懂，就请别人把话说完吧！并且要注意不要把自己的主观想法投射到别人的身上。

【倾听技巧】

倾听技巧由4个个体技巧组成，分别是鼓励、询问、反应与复述。

（1）鼓励：促进对方意愿的表达。如"嗯""讲下去""还有吗"等，来强化对方叙述的内容并鼓励其进一步讲下去。

（2）询问：以探索方式获得更多对方的信息资料。通常使用"什么"（原因）、"如何"（获得事实、资料）、"为什么"（这样做）、"能不能"（自我剖析）、"愿不愿意"（征求意见）等来发问，让对方就有关问题、思想、情感给予详细的说明。

（3）反应：告诉对方你在听，同时确定你完全了解对方的意思。

（4）复述：用于讨论结束时，确定没有误解对方的意思。

2．同理心

同理心即设身处地地对他人的情绪和情感进行觉察、把握与理解，理解对方的表达、理解对方的意图和理解对方的感受。

【小故事】

一只小猪、一只绵羊和一头奶牛，被关在同一个栅栏里。有一天，当牧人捉住小猪时，它大声嚎叫，猛烈地抗拒。绵羊和奶牛讨厌它的叫声，便说："牧人也常常捉我们，我们并不大呼小叫！"

小猪听了后回答道："捉你们和捉我完全是两回事，他捉你们，只是要你们的毛和乳汁，但是捉住我却是要我的命啊!"

【哲理感悟】

从他人的眼睛里面去看他的世界。在沟通中,如果我们能够把自己放在对方的处境中设身处地地着想,就能更好地了解对方的立场,进而求同存异,达成一致。

【同理心修炼五步法】

第一步:对人的关注。以积极友善的心态去倾听,带着意识去观察,带着好奇心去思考:"他是谁?他在表达什么?他的感觉如何?他是怎么想的?对他来说最重要的是什么?"同理心没什么技巧可言,积极友善的态度、投入关注的意识、好奇心都是关键。

第二步:放下自我。"如果不把自己的鞋脱下来,就没办法穿上别人的鞋。"如果你不放下自我,有时候你虽然在听,但其实是"听不到"对方内心的声音,或者只是有选择地听;虽然也在想,但很容易带入自我的观点。

第三步:倾听、观察、感知,真正进入对方内心。在倾听的时候给予对方充分的尊重、情感关注与回应,心耳并用,用耳朵听内容,用心感受对方的情感。

第四步:真正理解对方的感觉和需求,并准确描述出来,使得双方的情感融为一体。

第五步:做出符合对方期望的回应。回应有很多种,可以是口头上、行为上的解决方案或执行建议等,在口头上做出同理心回应的秘诀是:根据对方感觉的辨识,加入情感,重复对方话语中的信息,将他的感受说出来。

3. 及时反馈

【小故事】

一天晚上,5岁的丁丁与妈妈在卧室玩耍,突然停电了。于是,丁丁在漆黑的房间里呼叫妈妈:"妈妈,你和我说说话!我好害怕,这里太黑了。"

妈妈回应道:"即使我和你说话也没有用啊,你又看不到我。"

丁丁回答道:"没有关系,妈妈和我说话就像带来了光。"

【哲理感悟】

在与人沟通时如果得不到回应,我们就仿佛置身于黑暗之中;如果有人回应,我们则立刻感到被光亮包围。当与人沟通时,我们不仅要做出回应,而且要及时回应,这样才能营造出良好的沟通氛围,从而达到高效沟通。

【反馈技巧】

(1)及时回应。与人沟通、交流时,及时的回应不仅能让对方获得更多的信息,而且可以促进情感的交流。反之,那些敷衍的回应却让沟通受到阻碍。

(2)用鼓励给予对方积极的反馈。适当的鼓励往往比批评更有益于他人的成长。

4. 麦拉宾法则

沟通,按沟通方式分为语言沟通和非语言沟通。语言沟通包括口头语言沟通和书面语言沟通;非语言沟通包括肢体动作、面部表情、眼神等。

美国心理学教授艾伯特·麦拉宾曾提出一个著名的沟通公式：沟通的总效果=7%的文字语言+38%的声调+55%的肢体语言。在人们进行沟通的时候，55%的信息是通过视觉传达的，如手势、表情、外表、装扮、肢体语言、仪态等，38%的信息是通过听觉传达，如说话的语调、声音的抑扬顿挫等，只有7%的信息来自纯粹的语言表达。

【小故事】

正值毕业季，班里的同学忙于求职应聘，王腾也在网上投了不少简历。面试前，同学提醒王腾准备一身西服，体现对面试的重视。王腾日常就比较不拘小节，在着装问题上不太在意。他认为花一天的时间去逛街买衣服，还不如多看一会儿专业书。

面试当天王腾身着休闲服和运动鞋，在一众应聘的同学里显得尤为不同。小组面试的时候，当面试官提问其他人的时候，王腾东张西望，对其他同学的回答流露出不屑的表情。

虽然专业面试很顺利，但是面试结束，王腾没能拿到心仪的offer。他百思不得其解。

【哲理感悟】

非言语的沟通是无声的语言，和语言沟通一样重要。正确的非言语表达，有利于传情达意，促进有效沟通。

【非语言沟通技巧】

（1）面部表情。面部表达的内心信息是所有非言语行为中最丰富和最细腻的。面部表情具有跨文化的共同性，即使文化氛围不同，但是基本的情绪表达方式是相同的。比如：喜、怒、哀、乐、惊、恐、悲。

（2）目光接触。眼睛是心灵的窗户，目光接触可以传达各类情感。正确的眼神礼仪是眼睛看对方眼睛到嘴巴的"三角区"，这个区域称为社交凝视区。标准注视时间是交谈时间的30%～60%。如果目光总是超出区域左右游移，上下扫动，则是非常无礼和令人反感的。

（3）身体语言。身体语言包括我们的手势、姿势及动作。直接面向一个人表示你对他有兴趣，而背对一个人则表示你想要避免和他有交集。通过姿势的放松和紧绷能分辨出一个人的自信程度，双手抱胸意味着抗拒或者厌恶。与人交谈的最好姿态，就是直接面对别人，身体前倾，以示你对对方的尊敬，谈话会非常投入。

（4）服饰打扮。服饰打扮体现了一个人对他人的尊重态度，是一个人审美能力、创造力和自信心的完美体现。根据不同的场合选择合适的穿衣打扮既体现一个人的礼仪修养，也起到非语言沟通的重要作用。

（5）身体距离。人与人交流过程中应该保持适当的距离。人类学家观察发现，人与人在面对面的情境中，常因彼此间情感的亲疏不同，而不自觉地保持不同的距离：最亲密的人，彼此间可以接近到0.5米；有私交的朋友，彼此可以接近到0.5~1.25米；与陌生人沟通时，彼此间的距离通常维持在3米以上。过近意味着进入对方的亲密距离或者私人空间，容易引起反感甚至冲突；过远则显得生疏冷漠、不够友好。

5. 非暴力沟通

非暴力沟通，又被称为爱的语言，它要求我们转变谈话和聆听的方式。我们不再条件反射式地反应，而是明确自己的观察、感受和需要，有意识地使用语言。通过非暴力沟通，我们不但能改善人际关系，还能有效管理自我。

【小故事】

公司实行项目制，李丽和张林共同负责一个项目。这天，两个人讨论活动方案，在讨论的过程中出现了不同的意见，争论得面红耳赤。

张林说服不了李丽，情急之下脱口而出，"你这个想法不可行，我已经说了很多遍了，你怎么还是不理解！你怎么这么笨呢！"

李丽听到这句话，惊讶地呆住。而张林也觉得很尴尬，两人就这样不欢而散。

【哲理感悟】

当我们忽视对方的感受和需要，语言就成了伤害对方的武器，最终导致彼此的疏远和伤害。远离语言暴力，好好说话！

【非暴力沟通四要素】

（1）观察。说出客观事实，不带偏见和评价。很多人一开口。第一句话就是表达自己的观点，观点往往带有个人的主观评价，这样很容易把彼此放在对立面，也可能会激起对方的防御心理。

（2）感受。客观地表达你的真实感受，不带情绪地表达感受。情绪和感受是我们最柔软、最真诚的部分，本身不具有杀伤力。然而在沟通时，我们会带着强烈的情绪去表达，给沟通带来较大的负面影响。

（3）需要。清楚明确地说出你的需要。明确你要满足的需求——这是很多沟通缺失的部分，原因一方面是我们默认对方应该知道我们的需求，另一方面是人们往往将需求隐藏在情绪和感受的背后，而非直接表达自己的需求。

（4）请求。勇敢向对方提出你的请求。请求不是命令，请求包含礼貌和尊重。最好是正面的请求，比如"可以怎么做"，而不是遏制性的请求，比如"不要这样做"，前者比后者更容易让人接受。

二、职场沟通要点

在职场内，按照沟通方向，可以将沟通划分为上行沟通、平行沟通和下行沟通。

1. 上行沟通

上行沟通是指下级向上级报告工作情况，提出建议、意见，或表达自己的意愿等。上行沟通是领导者了解和掌握组织和团体全面情况的重要途径，集体决策实际上要靠上行沟通的信息为依据。良好的上行沟通可使领导掌握真实的情况从而做出符合实际的决策。

上行沟通要保持职业性和专业性，主动寻求与领导的认真交流，征求领导的意见，了解上级的需求。在沟通时尽可能多出选择题，而不是问答题。在提供多种选择方案时，应罗列每种方案或办法的优缺点及可能的后果，以提醒上级领导在决策时应考虑到的因素。在工作开展时，要及时主动地汇报反馈，不要等领导提醒或追问。

2．平行沟通

平行沟通是组织内同层级或部门间的沟通，是正式沟通的一种，如员工间的沟通，管理者内部之间的沟通，通常可节省时间和促进协调。

平级沟通，重在合作共赢。要经常说"我们"，不要说"你们、他们"，"你们、他们"会造成疏离感，破坏团结。多和对方进行情感沟通，在对方需要帮助时主动支持，在对方取得成绩时真心为其感到高兴。

3．下行沟通

下行沟通是指资讯的流动是由组织层次的较高处流向较低处，通常下行沟通的目的是控制、指示、激励及评估。有效的下行沟通并不只是传送命令而已，应能让员工了解公司政策、计划内容，并获得员工的信赖、支持，有助于组织决策和控制计划，达成组织的目标。

对下沟通，用心沟通，尊重他人。沟通时要严格且有温度，对事需公事公办，对团队需有管理的温度。在与下级沟通时，应指令明确，坦率具体，营造安全的沟通氛围，避免下级的防御心理。

小资料

做一个良好沟通者的12要素

1．讲话要清晰，讲话时眼睛要看着对方。

2．要认真地倾听对方的话，并做出适当反应。在对方讲话时要注视对方。

3．保持一种令双方都舒服的对视方式——既要眼睛盯着对方，又要避免直视对方的眼睛。要注意领会如何令对方舒服的暗示。

4．要尽可能理解对方讲话的意思，如果你有什么不理解的，一定要问清楚。

5．要特别注意你自己和对方的语言暗示及身体暗示。要看上去既精力集中，又饶有兴趣，还要注意对方是否有兴趣、想转换话题，或需要结束谈话的迹象。

6．当对方提要求时要做出反馈，同时也要求对方做出反馈。

7．举例证明你的观点。

8．如果被要求，就要说出自己的意见。

9．注意发言的次序。

10．要把你的语言风格和层次跟你的讲话对象联系起来。比如，你跟小孩子和跟成年人的讲话方式应该是不同的。

11．倾听对方的请求。注意，这些请求并不总是直截了当地提问和直言相告。

12．利用你的直觉。有时语言是多余的，但你可以通过情感、表情和手势等进行交流。

还有几个沟通禁忌，需要谨记在心：不要饶舌扯闲话，不要乱打探别人的事，不要打断别人的话，不要随意改变话题，不要顶撞和纠正对方的话，不要吹嘘，不要打盹。

教学活动

活动一 测测你的沟通能力

每个人都有独特的与人沟通、交流的方式。阅读下面的情境性问题，选择出你认为最合适的处理方法。

（1）你领导的上司邀请你共进午餐，回到办公室，你发现你的领导颇为好奇，此时你会（　　）。

　　A．告诉他详细内容

　　B．不透露蛛丝马迹

　　C．粗略描述，淡化内容的重要性

（2）当你主持会议时，有一位下属一直以不相干的问题干扰会议，此时你会（　　）。

　　A．要求所有的下属先别提出问题，直到你把正题讲完

　　B．纵容下去

　　C．告诉该下属在预定的议程之前先别提出问题

（3）当你跟上司正在讨论事情，有人打长途来找你，此时你会（　　）。

　　A．告诉上司的秘书说不在

　　B．接电话，而且该说多久就说多久

　　C．告诉对方你在开会，待会再回电话

（4）有位员工连续四次在周末向你要求提前下班，此时你会说（　　）。

　　A．我不能再容许你早退了，你要顾及其他人的想法

　　B．今天不行，下午四点我要开个会

　　C．你对我们相当重要，我需要你的帮助，特别是在周末

（5）你刚好被聘为某部门主管，你知道还有几个人关注着这个职位，上班的第一天你会（　　）。

　　A．分别找人谈话以确认哪几位有意竞争职位

　　B．忽略这个问题并认为情绪的波动很快就会过去

C．把问题记在心上，但立即投入工作，并开始认识每一个人

（6）你有一位下属对你说"那件事我本不应该告诉你的，你就当没有听到……"，你会说（　　）。

    A．我不想听办公室的流言

    B．跟公司有关的事我才想听

    C．谢谢你告诉我是怎么回事，让我知道详情

正确答案

    1．A　2．A　3．C　4．C　5．C　6．B

0～2分较低，3～4分中等，5～6分较高。分数越高表明你的沟通能力越好。

良好的沟通能力是处理好人际关系的关键。具有良好的沟通能力可以使你很好地表达自己的思想和感情，获得别人的理解和支持，从而和上级、同事、下级保持良好的关系。沟通技巧差的个体常常会被别人误解，给别人留下不好的印象，甚至无意中对别人造成伤害。

活动二　生死关头谁先走？

一次海洋旅行中，我们所乘坐的"爱之船"因为遇到大风浪即将沉没，在波涛汹涌的大海上，我们等待救援，而船上的救生艇只有一艘且只能坐5个人，在救援未到时，只有先做抉择救出5个人再说；其余的人只能再等待机会，也可能就此消失在茫茫的大海中……

共有15人搭乘此船，包括你自己，如果由你决定，你觉得谁是应该首先被救的人呢？如果在30分钟内达不成一致意见，船将沉没，所有人将葬身海底！

人物简介	被救理由	优先顺序
自己：（请自述）		
医生：男，30岁，未婚，是外科手术的权威		
企业家：男，40岁，已婚，白手起家，在企业界有卓越表现		
大学教授：男，35岁，已婚，认真有说服力，是学术界的精英		
中国小姐：女，18岁，未婚，即将参加世界小姐选拔，代表我国参加亲善活动		
演员：男，33岁，未婚，某电影奖项得主，有心提升电影品质		
运动员：男，20岁，未婚，国家全力栽培，参加世界奥运比赛		
工厂厂长：男，45岁，已婚，本年度绩优厂长，即将调任总经理		
小学老师：女，40岁，已婚，从事教育工作20年，对课程改革有贡献		
电脑工程师：男，25岁，未婚，在电脑方面表现杰出，是一位科技新秀		
秘书：女，28岁，未婚，语言能力强，工作认真负责		
上校：男，50岁，已婚，在军事决策上有重大影响力		

续表

人物简介	被救理由	优先顺序
营销高手：女，32岁，未婚，推销能力强，且热心为社会服务		
儿童：女，8岁，小学二年级，小学教师的女儿，智商140，有音乐天赋		
政府人员：男，36岁，已婚，从事都市发展、规划工作且有影响力		

活动目的：学生分成若干小组进行讨论，推举一名代表阐述结果和理由。此活动目的在于锻炼学生的沟通能力及协调能力，游戏结束时小组内部意见要达成共识。

活动三　撕纸游戏

环节一：

请大家拿出一张纸，闭上眼睛，全过程保持绝对安静，不允许提问，听老师指令，完成以下操作。

1．请将纸对折一次。

2．请再对折一次。

3．请在折纸的右上角撕去一个角。

4．请把纸转动180度。

5．请将手中所拿纸的左上角撕去。

6．请睁开眼睛，将手中的纸展开。

【小组讨论】

为什么会有这么多不同的图案？

环节二：

请大家再拿出一张纸，重复以上指令，此次操作可以睁开眼睛并提问。

【小组讨论】

两次撕纸图案都一样吗？

一样的原因是什么？

不一样的原因又是什么？

活动目的：体会单向与双向沟通的差异，学习双向沟通的方式，使沟通更加完整有效。

第二节 团队合作精神是成功的保证

团队合作是一种为达到既定目标所显现出来的自愿合作和协同努力的精神。它可以调动团队成员的所有资源和才智，并且会自动地驱除所有不和谐和不公正现象，同时会给予那些诚心、大公无私的奉献者以适当的回报。团队合作出于自觉自愿时，它必将会产生一股强大而且持久的力量。

历史和实践早已证明，一个没有团队精神支撑的人，是难以成就事业的；一个没有团队精神支撑的企业，也是难以发展壮大的；一个没有团队精神支撑的民族，更是难以自立自强、傲立于世的。

案例及分析

【案例一】西游记

在中国古典名著中，《西游记》可谓家喻户晓，作者成功地塑造了唐僧师徒四人鲜明的艺术形象。

孙悟空天马行空、我行我素，在前面为大家探路；猪八戒细心关照，为师傅牵马坠镫；沙和尚勇挑重担，踏踏实实紧随其后。

沙和尚理解和体谅他人，他知道"路远没轻担"，挑担是很辛苦的，因而唐僧叫他挑一肩，他就欣然挑一肩；猪八戒叫他挑一肩，他也愉快地接过担子。这就从行动上团结了猪八戒。要想到达西天取得真经，没有取经人的内部团结是不行的，沙和尚在配合团队的同时，也默默地充当了团队的润滑剂。

启示

世界上最复杂的莫过于人际关系，凡是有人群的地方就有矛盾。正是团结一致相互合作，才弥补了他们因不同性格和各自的缺点构成的不足。如果人们不懂得相互合作，是永远不会取得"真经"的。

【案例二】蚂蚁的精神

当暴风雨过后，火蚁的巢穴要么被摧毁，要么被水包围，蚂蚁王国难以继续在原来的地方维持下去，它们急需找到一块干燥的土地，重建它们的王国。然而，四面都是"汪洋"，不会游泳又不会飞的火蚁该怎么渡过？

在"救亡图存"的使命驱使下，成千上万只火蚁抱团到一起，组成一个简易的漂流筏。随着时间的推移，数千只蚂蚁不断爬动，组成的团块逐渐被压缩，形成密集的蚂蚁圈。在一段时间内，底部的蚂蚁会爬到顶部，而在顶部的蚂蚁则会爬到下层。底层和上层的蚂蚁不断得到轮换，不至于让一部分蚂蚁长期泡在底部水里而被淹死。令人难以置信的是，抱团渡水过后，牺牲的火蚁只是少数，大部分的火蚁都存活下来了。

小小昆虫，竟有如此强烈的团队精神，能不令人为之动容吗？

启示

自然界的发展规律是物竞天择，适者生存。作为弱小的蚂蚁，靠着牢不可破的"团队精神"，不也生存下来了吗？

【案例三】弥足珍贵的团结合作精神

北京 2022 年冬奥会是全球体育盛会，吸引了世界目光。作为主办方，中国为确保冬奥会如期顺利举办付出了巨大努力。北京 2022 年冬奥会成为一个优秀范本，引领全球体育赛事管理水平不断提升。北京 2022 年冬奥会的成功举办表明，世界各国人民团结一心，能够应对人类面临的全球性挑战。

奥运会的主角是运动员，他们只有在安全、健康的情况下才能最大限度地发挥出潜力。在北京 2022 年冬奥会筹办和组织过程中，中国始终把确保运动员安全参赛作为重中之重，投入大量资源守护运动员的健康。中国还在最大程度降低冬奥会碳排放、提升远程观赛体验等方面做出巨大努力。

北京 2022 年冬奥会为各国开展交流合作提供了重要契机。各国运动员和体育官员等有机会在北京冬奥会期间体验中国文化。借助北京冬奥会平台，各国还可以开展体育交流合作和技术知识共享等活动。相信在北京冬奥会期间，无数新的友谊纽带将建立起来。

北京 2022 年冬奥会开幕前，肯尼亚国家奥委会主席保罗·特加特向北京冬奥组委致亲笔贺信，表达对北京冬奥会成功举办的信心，并希望以北京冬奥会为契机，推动肯中体育交流与合作进一步发展，期待双方携手弘扬奥林匹克精神，为促进各国团结与合作而努力。

各国在奥林匹克大家庭中相互尊重、团结合作，这正是奥林匹克运动的魅力所在。在当前国际形势下，北京 2022 年冬奥会展现的团结合作精神弥足珍贵。它是一座温暖的灯塔，给全世界数十亿人民带来希望和信心。

> **启示**
>
> 北京2022年冬奥会的成功举办表明，世界各国人民团结一心，能够应对人类面临的全球性挑战。

培养团队合作意识

一、团队合作的基础

1. 相互信任

【小故事】

凶猛的非洲黑犀牛有自己的鸟类朋友，这就是犀牛鸟。

一头犀牛足有好几吨重，它皮肤坚厚，头部有碗口般大的长角，据说犀牛发起性子的时候，别说是狮子，就连大象也要避让三分。这样粗暴的家伙，怎么和体形像画眉般大小的犀牛鸟成了"知心朋友"呢？

原来，犀牛的皮肤虽然很厚，可是皮肤褶皱之间却又嫩又薄，一些体外寄生虫和吸血的蚊虫便乘虚而入，从这里把它们的口器刺进去，吸食犀牛的血液。犀牛又痒又痛，除了往自己身上涂泥来防御一点昆虫叮咬外，再没有别的好办法来赶走、消灭这些讨厌的害虫。而犀牛鸟正是捕虫的好手，它们成群地落在犀牛背上，不断地啄食着那些企图吸犀牛血的害虫。犀牛浑身舒服，自然很欢迎这些会飞的小伙伴来帮忙。

除了帮助犀牛驱虫，犀牛鸟对犀牛还有一种特别的贡献。犀牛虽然嗅觉和听觉很灵，可视觉却非常不好，是近视眼。若是有敌人逆风悄悄地前来偷袭，它就很难察觉到。这时候，它忠实的朋友犀牛鸟就会飞上飞下，叫个不停，提醒它注意，犀牛就会意识到危险来临，及时采取防范措施。

【哲理感悟】

一个人能做的事情是有限的，只有把后背交给可信赖的战友，学会和不完美但各具优势的人合作，才能取得事业的成功。犀牛和犀牛鸟通过相互协助从而共生生存，正是成员间的相互信任和尊重的体现。有公司为了倡导这种合作精神，将犀牛和犀牛鸟印制在公司员工工牌的背面，时刻提醒员工注重团队合作。

信任是团队协作的基石。团队成员之间建立互相信任的关系，可以减少冲突、增加合作，促进信息共享和知识交流。信任还使得团队成员能够放心地依赖和依靠彼此，共同努力达成共同目标。没有信任和尊重，成员间相互猜疑，会直接瓦解团队和项目。根据数据统计，近年来中关村每年的企业破产率为25%，其中一项重要的原因是创业团队内部的不团结。

要建设一个具有凝聚力并且高效的团队，第一个且最为重要的一个步骤，就是建立以人性为基础的信任。这意味着一个有凝聚力的、高效的团队成员必须学会自如地、迅速地、心平气和地承认自己的错误、弱点、失败。同时，他们还要乐于认可别人的长处，即使这些长处超过了自己。

以人性脆弱为基础的信任在实际行为中到底是什么样的？像团队成员之间彼此说出"我办砸了""我错了""我需要帮助""我很抱歉""你在这方面比我强"这样的话，就是明显的特征。当高度的信任存在的时候，人们不会总是担心他们的团队中是否有人支持他们。人们可以直言不讳。他们可以分享错误和挑战，并从中更快地学习。人们可以有效地协调他们的行动，共同做出更好的决定。

2. 相互配合

团队合作是高效的互相配合。试想一支专业的篮球队和一支临时组成的篮球队一起打比赛，谁会赢呢？肯定是专业的篮球队。因为专业的篮球队经过了上千次的磨合，团队配合能力得到了极大的提升。

【小故事】

在庞大的蚂蚁家族中，一般分蚁后、雄蚁、工蚁和兵蚁四种不同类型。其中蚁后和雄蚁负责种群的繁衍。工蚁是整个蚂蚁家族中数量最多的类型，主要工作是进行建造蚁巢、寻找食物、喂养幼蚁等。而兵蚁的职责，顾名思义就是保护整个蚂蚁群体。

蚂蚁群体只有通过复杂的分工与团队协作，才能完成捕食、筑巢、抵挡外敌等一系列活动。同时，这种完备的分工体系提高了整体的工作效益，不同类型的蚂蚁在团队中可以充分发挥各自的优势特长，从而使整个群体长期生存下去。

【哲理感悟】

贝尔宾团队角色理论认为，利用个人的行为优势创造一个和谐的团队，可以极大地提升团队和个人绩效。没有完美的个人，但有完美的团队。在一个有效的组织当中，每个成员都要清楚自己的个人角色，时刻注意在团队角色、工作角色、专业角色之间进行切换，最大程度地发挥其潜力和贡献。

贝尔宾团队角色主要包括以下八种：

（1）智多星 PL（Plant）

典型特征：有个性；思想深刻；不拘一格。

积极特性：才华横溢；富有想象力；有智慧；知识面广。

能容忍的弱点：高高在上；不重细节；不拘礼仪。

在团队中的作用：提供建议；提出批评有助于引出相反意见。

（2）外交家 RI（Resource Investigator）

典型特征：性格外向；开朗；热情；好奇心强；联系广泛；消息灵通，是信息的敏感者。

积极特性：有广泛联系人的能力；不断探索新的事物；勇于迎接新的挑战。

能容忍的弱点：事过境迁，见异思迁，兴趣马上转移。

在团队中的作用：提出建议，并引入外部信息（一个很好的比喻是：RI 对于团队的作用，就像天线对于电视机，RI 就是团队的天线，就是用来接受外界信号的）。

注意 PL 和 RI 的区别：PL 的想法大都是原创的，RI 则更可能是他个性喜欢接受新鲜事物，因此 RI 更擅长整合外界新鲜信息，接触持有其他观点的个体或群体参加磋商性质的活动。

（3）协调员 CO（Coordinator）

典型特征：沉着；自信；有控制局面的能力。

积极特性：对各种有价值的意见不带偏见地兼容并蓄，看问题比较客观。

能容忍的弱点：在智能及创造力方面并非超常。

在团队中的作用：时刻想着团队的大目标，明确团队的目标和方向，选择需要决策的问题，并明确它们的先后顺序，帮助确定团队中的角色分工、责任和工作界限，总结团队的感受和成就，综合团队的建议。

（4）推进者 SH（Shaper）

典型特征：思维敏捷；坦荡；主动探索。

积极特性：积极，主动，有干劲，随时准备向传统、低效率、自满自足挑战，有紧迫感，视成功为目标，追求高效率。

能容忍的弱点：好激起争端，爱冲动，易急躁，容易给别人压力；说话太直接，虽然 SH 总是就事论事，却经常伤人不伤己。在团队中的作用是寻找和发现团队讨论中可能的方案。SH 一旦找到自己认为好的方案或模式，SH 会希望团队都接受这一方案或模式，因此 SH 会强力地向团队成员推销自己认为好的方案或模式，使团队内的任务和目标成形。

推动团队达成一致意见，并朝向决策行动。SH 在团队中经常不自觉地扮演副职领导的角色，即 SH 可能不是名义上的领导（CO 一般是领导），但 SH 却给人二把手的感觉。

（5）监督员 ME（Monitor Evaluator）

典型特征：清醒；理智；谨慎。

积极特性：判断力强；分辨力强；讲求实际。

能容忍的弱点：缺乏鼓动和激发他人的能力；自己也不容易被别人鼓动和激发；缺乏想象力，缺乏热情。

在团队中的作用：分析问题和情景，对繁杂的材料予以简化，并澄清模糊不清的问题，对他人的判断和作用做出评价。基本上 ME 就是那种喜欢给别人泼冷水的人。ME 靠着其强大的分析判断能力，敢于直言不讳地提出和坚持异议。但 ME 对于一个成功的团队是非常必要的，因为 ME 就是团队的守门员。一个没有守门员的球队没法赢。

(6) 凝聚者 TW（Team Worker）

典型特征：擅长人际交往；温和；敏感，是人际关系的敏感者（注意 RI 是外界信息的敏感者）。

积极特性：有适应周围环境及人的能力；能促进团队的合作；倾听能力最强。

能容忍的弱点：在危急时刻往往优柔寡断，一般很中庸。

在团队中的作用：给予他人支持，并帮助别人打破讨论中的沉默，采取行动扭转或克服团队中的分歧。

(7) 实干家 CW（Company Worker，后来在 1988 年改称为 Implementer）

典型特征：保守；顺从；务实可靠。

积极特性：有组织能力、实践经验；工作勤奋；有自我约束力。

能容忍的弱点：缺乏灵活性，应变能力弱；对没有把握的主意不感兴趣。

在团队中的作用：把谈话与建议转换为实际步骤。考虑什么是行得通的，什么是行不通的。整理建议，使之与已经取得一致意见的计划和已有的系统相配合。实干家就是好的执行者，能够可靠地执行一个既定的计划，但却未必擅长制订一个新的计划。

(8) 完美主义者 CF（Complete Finisher）

典型特征：勤奋有序；认真；有紧迫感。

积极特性：理想主义者；追求完美；持之以恒。

能容忍的弱点：常常拘泥于细节；焦虑感（注意和 SH 的不同，SH 有紧迫感，但 CF 是焦虑感）；不洒脱。

在团队中的作用：强调任务的目标要求和活动日程表，在方案中寻找并指出错误、遗漏和被忽视的内容，刺激其他人参加活动，并促使团队成员产生时间紧迫的感觉。

3. 共享共担

成功的团队需要团队中的每一个成员参与到团队工作中，风险共担，利益共享，成长共享，相互配合，共同完成团队工作目标。

【小故事】

高山上有座庙，里面住着一个小和尚。他每天都要到山下去挑水吃。

后来庙里来了一个瘦和尚，瘦和尚就知道玩乐，只喝水不挑水，仍然是小和尚每天下山挑水。小和尚心生不满，就让瘦和尚去挑水，瘦和尚却让小和尚去，两人你推我、我推你，谁也不让，都不肯去挑水。最后他们决定一同去抬水，而且要把水桶放正中间，谁也不肯吃亏。

不久，又来了一个胖和尚，他也不想去挑水，就让另外两个人去，小和尚和瘦和尚摇摇头去念经了。

胖和尚挑了两大桶水，自己一个人"咕咚咕咚"全都喝光了。由于三个人都不肯去打水，日子一天天过去，水缸里每天都是空的。他们又渴又饿，经也不念，木鱼也不敲了，每天睡觉，庙里愈发冷清了。

一天夜里，一只老鼠不小心撞到了桌子上的蜡烛，庙里的幔布烧着了。火苗蔓延，眼看就要爬上房顶了，可是三个和尚还在呼呼大睡。

小和尚被烟呛醒了，连忙喊："着火了，着火了，快救火！"三个和尚这才一起奋力救火，大火扑灭了，他们也觉醒了。

从那以后，三个人再也不偷懒了，一人一天轮流挑水，再也没有争吵过。

【哲理感悟】

一个和尚挑水吃，两个和尚抬水吃，三个和尚没水吃。在一场大火之后，三个和尚才懂得合作和团结的重要性——人心齐，泰山移。

全体成员的向心力、凝聚力是从松散的个人集合走向团队的最重要的标志。在这里，有一个共同的目标并鼓励所有成员为之奋斗固然是重要的，但是，向心力、凝聚力来自团队成员自觉的内心动力，来自共同的价值观。

懂得承担责任的团队才能算是一个高效的团队。承担责任是对团队内部成员的要求，一方面要求每个成员肩负起属于自己的责任，站好自己的岗，完成自己的职责；另一方面还要求在出现问题时，团队成员能够勇于承担责任，不推脱不抱怨。

承担责任还意味着包容——包容与自己不同性格、不同工作方式、不同风格的成员。即使你有缺点，我也要包容你，因为我们是一个团队，这才是承担责任的体现。

能够共享的团队才能算是一个高效的团队。高效团队在学习中成长，同时在分享中进步。这种分享有两个内涵：其一，分享知识、技能和资讯，团队成员共同进步；其二，分享胜利成果和荣誉，实现团队内部的公平。

卓越的团队不需要领导提醒团队成员竭尽全力工作，因为他们很清楚需要做什么，他们会彼此提醒注意那些无助于成功的行为和活动。而不够优秀的团队一般对于不可接受的行为采取向领导汇报的方式，甚至更恶劣——在背后说闲话。这些行为不仅破坏团队的士气，而且让那些本来容易解决的问题迟迟得不到处理。

二、团队合作的原则

1. 平等友善

与同事相处的第一步便是平等。不管你是资深的老员工，还是刚入职的新员工，都需要丢掉不平等的关系，无论是心存自大或心存自卑都是同事相处的大忌。同事之间相处具有相近性、长期性、固定性，彼此都有较全面深刻的了解。要特别注意的是真诚相待，才可以赢得同事的信任。信任是联结同事之间友谊的纽带，真诚是同事间相处共事的基础。即使一个人各方面都很优秀，也并不一定能独自完成一切，还是要平等友善地对待对方。

2．善于交流

同在一个公司、办公室里工作，你与同事之间会存在某些差异，知识、能力、经历的不同会使你们在对待和处理工作时，产生不同的想法。交流是协调的开始，因而，要把自己的想法说出来，并且要多听对方的想法。你要经常说这样一句话："你看这事该怎么办，我想听听你的看法。"

3．谦虚谨慎

法国哲学家罗西法古曾说过："如果你要得到仇人，就表现得比你的仇人优越；如果你要得到朋友，就要让你的朋友表现得比你优越。"当我们让朋友表现得更优越时，他们就会有一种被肯定的感觉；但是当我们表现得比他们还优越时，他们就会产生一种自卑感，甚至对我们产生敌视情绪。因为谁都在自觉或不自觉地强烈维护着自己的形象和尊严。

对自己要轻描淡写，要学会谦虚谨慎，只有这样，我们才会永远受到别人的欢迎。

4．化解矛盾

一般而言，与同事有点小想法、小摩擦、小隔阂，是很正常的事。但千万不要把这种"小不快"演变成"大对立"，甚至成为敌对关系。对别人的行动和成就表示真正的关心，是一种表达尊重与欣赏的方式，也是化敌为友的方法。

5．接受批评

从批评中寻找积极成分。如果同事对你的错误大加抨击，即使带有强烈的感情色彩，也不要与之争论不休，而是从积极方面来理解他的抨击。这样，不但对你改正错误有帮助，也避免了语言敌对场面的出现。

6．创造能力

一加一大于二，但你应该让其大得更多。培养自己的创造能力，不要安于现状，试着发掘自己的潜力。一个有不凡表现的人，要能让其他人乐于与你合作，这种意愿是要真正发自内心。

总之，作为一名员工应该保持良好的思想感情、学识修养、道德品质、处世态度、举止风度，做到坦诚而不轻率，谨慎而不拘泥，活泼而不轻浮，豪爽而不粗俗，这样一定可以和其他同事融洽相处，提高自己团队的作战能力。

教学活动

活动一　相互支撑

1．分组

将全班学生分组，每组5人，并集中到指定场地。

2．活动介绍

教师："这节课我们将做一个有意义的游戏活动叫相互支撑，具体做法是，每组发一张报纸，各组将报纸铺在地上，小组的5名同学要共同站在这张报纸上十秒钟，从报纸上下来后，将报纸对折，5名同学再次站在对折后的报纸上十秒钟，然后再下来，再将报纸对折，让这5名同学再次站在对折后的报纸上保持10秒钟，依此程序，直到各组都站不上去为止，看哪个组坚持到最后即获胜！希望大家积极思考、主动参与。现在我们分组。"

这时，可以提醒学生着装问题，活动中不能恶作剧，被淘汰的学生不能恶意破坏其他组。每个同学都要动脑筋想办法坚持到最后。

3．发报纸

每组发报纸一张。

4．开始竞赛

教师组织竞赛，最后推选优胜组。

5．讨论

问题一：活动开始前你是怎么想的？是什么感觉？

问题二：活动中你是怎么做的？是什么感觉？你希望别人如何做？

问题三：怎么样才能做得更好？

各小组推荐一名同学汇报讨论结果，谈谈活动过程中体验到的内心感受、想法及讨论中的收获。

6．教师总结

内容可概括如下：① 团体协作，要首先清除彼此的隔阂，融洽人际关系；② 要克服彼此之间的沟通障碍；③ 任何工作都要求团体协作，每个成员都要积极努力，甘于奉献，相互帮助；④ 在团队中，个人要有集体的理念，遇到困难要坚持，不轻言放弃。

活动二　海上遇险

宗旨：比较个人决策与团体决策的效果。

做如下假设：

假如你们在海上遇险。

你们正随一艘游艇漂浮在太平洋的海面上。一场不明原因的大火毁掉了游艇艇身及大部分内部设备。游艇正在下沉！由于关键航海仪器被损坏，你们不知道所处的位置。你们手忙脚乱，以致忘记去控制火势。

最近的陆地大约在西偏南方向上，乐观地估计，你们距那里1500千米。下面列出15件未被大火烧毁的物品，此外，还有一个带桨的、可坐下你们和所有船员的橡胶救生筏。

所有生存者身上的东西为一包香烟和几包火柴，还有5张5元面值的人民币。

你们的任务是：把这15件物品按照你们求生过程中的重要程度进行排列。把重要的物件放在第一位，次重要的物品放在第二位，依次类推，直到排至相对最不重要的第15件。

说明：

第一步：小组中每个人都先自己为物品排定优先顺序，在每个人完成此工作前，请不要互相讨论。

第二步：然后以小组为单位为物品排定优先顺序。

物品	第一步 你个人的排列	第二步 小组的排列	第三步 救生专家的排列	第四步 第一步与第三步之差	第五步 第二步与第三步之差
1．六分仪					
2．剃须镜					
3．一桶25千克的水					
4．蚊帐					
5．1箱压缩干粮					
6．若干太平洋海区地图					
7．坐垫（漂浮设备）					
8．1桶9升油气混合物					
9．小半导体收音机					
10．驱鲨剂					
11．2.5平方米的不透明塑料布					
12．一瓶烈性酒					
13．5米尼龙绳					
14．2盒巧克力					
15．钓鱼具					

第三步：宣布专家的排列顺序，如下所示。

物品	第一步 你个人的排列	第二步 小组的排列	第三步 救生专家的排列	第四步 第一步与第三步之差	第五步 第二步与第三步之差
1．六分仪			15		
2．剃须镜			1		
3．一桶25千克的水			3		
4．蚊帐			14		
5．1箱压缩干粮			4		
6．若干太平洋海区地图			13		
7．坐垫（漂浮设备）			9		
8．1桶9升油气混合物			2		
9．小半导体收音机			12		

续表

物品	第一步 你个人的排列	第二步 小组的排列	第三步 救生专家的排列	第四步 第一步与第三步之差	第五步 第二步与第三步之差
10．驱鲨剂			10		
11．2.5 平方米的不透明塑料布			5		
12．一瓶烈性酒			11		
13．5 米尼龙绳			8		
14．2 盒巧克力			6		
15．钓鱼具			7		

第四步：计算个人排列与专家排列的差数（取绝对值，则均为正数）。

第五步：计算本组排列与专家排列的差数（规则同上）。

继续完成下列步骤，并在相关的栏目中填入分数：

	一组	二组	三组
第六步：每人平均分数（将小组中的个人分数相加后除以小组人数）			
第七步：小组分数			
第八步：实际得分（小组分数与个人平均分之差，如果小组分低于个人平均分，则得正分"+"，反之则得负分"-"）			
第九步：小组个人最低分			
第十步：小组中个人分低于小组分的人数			

注：第六步，表明小组中个人平均决策水平；第七步，表明小组整体决策水平；第八步，表明团体决策的效果；第九步，表明小组中的专家；第十步，表明小组中被埋没的人才。

讨论：只有与专家得分小于 40 分的生存者才能活下来，需要讨论如下问题。

1．最低希望的结果是什么？

2．最好的可能结果是什么？

3．采取的策略是什么？

4．每个行动选择的障碍是什么？

5．每个行动选择的负面影响是什么？

6．哪次的选择最可能达到最好结果并避免最坏影响？

7．比较个人决策与团队决策的效果。

8．团队决策中领导者的责任是什么？

活动用时：40~50 分钟。

活动三　团队角色自测问卷

答题说明：

本问卷共有七个部分，每部分有八项陈述。每部分的总分是10分。请将10分分配给你认为最准确地描述你的行为或感觉的项目上。你可以自由分配这10分，你认为哪一项越能反映你的行为或感受，就给这一项一个较高的分数，这10分既可以分别打给几项，也可以只打到一项上。

注意： 每一部分的总分必须是10分。

一、我认为我能为团队做出的贡献是：

　　A．我能很快地发现并把握住新的机遇。

　　B．我能与各种类型的人一起合作共事。

　　C．我爱出主意。

　　D．我的能力在于，一旦发现某些对实现集体目标很有价值的人，我就及时把他们推荐出来。

　　E．我能把事情办成，这主要靠我个人的实力。

　　F．如果最终能导致有益的结果，我愿面对暂时的冷遇。

　　G．我通常能意识到什么是现实的，什么是可能的。

　　H．在选择行动方案时，我能不带倾向性，也不带偏见地提出一个合理的替代方案。

二、在团队中，我可能有的弱点是：

　　A．如果会议没有得到很好的组织、控制和主持，我会感到不快。

　　B．我容易对那些有高见而又没有适当地发表出来的人表现得过于宽容。

　　C．只要集体在讨论新的观点，我总是说得太多。

　　D．我的客观看法，使我很难与同事打成一片。

　　E．在一定要把事情办成的情况下，我有时使人感到特别强硬甚至专断。

　　F．可能由于我过分重视集体的气氛，我发现自己很难与众不同。

　　G．我易于陷入突发的想象中，而忘了正在进行的事情。

　　H．我的同事认为我过分注意细节，总有不必要的担心，怕把事情搞糟。

三、当我与其他人共同进行一项工作时：

　　A．我有在不施加任何压力的情况下去影响其他人的能力。

　　B．我随时注意避免粗心和工作中的疏忽。

　　C．我愿意施加压力以换取行动，确保会议不是在浪费时间或离题太远。

　　D．在提出独到见解方面，我是数一数二的。

　　E．我总是乐于支持与大家共同利益有关的积极建议。

　　F．我热衷寻求最新的思想和新的发展。

G．我相信我的判断能力有助于做出正确的决策。

H．我能使人放心的是，对那些最基本的工作，我都能组织得井井有条。

四、我在工作团队中的特征是：

A．我有兴趣更多地了解我的同事。

B．我经常挑战别人的见解或坚持自己的意见。

C．在辩论中，我通常能找到论据去推翻那些不甚有理的主张。

D．我认为，只有计划必须开始执行，我才有推动工作运转的才能。

E．我有意避免使自己太突出或出人意料。

F．对承担的任何工作，我都能做到尽善尽美。

G．我乐于与工作团队以外的人联系。

H．尽管我对所有的观点都感兴趣，但这并不影响我在必要的时候下决心。

五、在工作中，我得到满足，因为：

A．我喜欢分析情况，权衡所有可能的选择。

B．我对寻找解决问题的可行方案感兴趣。

C．我感到，我在促进良好的工作关系。

D．我能对决策有强烈的影响。

E．我能适应那些有新意的人。

F．我能使人们在某项必要的行动上达成一致意见。

G．我感到我的身上有一种能使我全身心地投入到工作中去的气质。

H．我很高兴能找到一块可以发挥我想象力的天地。

六、如果突然给我一件困难的工作，而且时间有限，人员不熟：

A．在有新方案之前，我宁愿先躲进角落，拟定一个解脱困境的方案。

B．我比较愿意与那些表现出积极态度的人一起工作。

C．我会设想通过用人所长的方法来减轻工作负担。

D．我天生的紧迫感，将有助于我们不会落在计划后面。

E．我认为我能保持头脑冷静，富有条理地思考问题。

F．尽管困难重重，我也能保证目标始终如一。

G．如果集体工作没有进展，我会采取积极措施去加以推动。

H．我愿意展开广泛的讨论意在激发新思想，推动工作。

七、对于那些在团队工作中或与周围人共事时所遇到的问题：

A．我很容易对那些阻碍前进的人表现出不耐烦。

B．别人可能批评我太重分析而缺少直觉。

C．我有做好工作的愿望，能确保工作的持续进展。

D．我常常容易产生厌烦感，需要一两个有激情的人使我振作起来。

E. 如果目标不明确，让我起步是很困难的。

F. 对于我遇到的复杂问题，我有时不擅长解释和澄清。

G. 对于那些我不能做的事，我有意识地求助于他人。

H. 当我与真正的对立面发生冲突时，我没有把握使对方理解我的观点。

把各部分得分按照以下表格填进去后，加总得到自己的分数分布。

题号		CW		CO		SH		PL		RI		ME		TW		CF
一	G		D		F		C		A		H		B		E	
二	A		B		E		G		C		D		F		H	
三	H		A		C		D		F		G		E		B	
四	D		H		B		E		G		C		A		F	
五	B		F		D		H		E		A		C		G	
六	F		C		G		A		H		E		B		D	
七	E		G		A		F		D		B		H		C	
总计																

【分数解释】

1. 得分最高的角色，就是测试者在管理团队或项目团队中最适合扮演的团队角色。

2. 得分第二高所指示的项目是测试者的备份角色，在团队不需要主要角色时，可以扮演这些角色。

3. 最低的两个分数，指出了测试者可能存在的弱点。建议找一个能在这些方面弥补自己缺点的同事。

第三节

做有工作责任心的人

责任心犹如大海中的定海神针，人类一旦失去责任心，世界就会像大海一样波涛汹涌，失去控制。

——邱征兵

责任心是指个人对自己和他人、对家庭和集体、对国家和社会所负责任的认识、情感和信念，以及自觉地遵守规范、承担责任和履行义务的态度。它是一个人应该具备的基本素养，是健全人格的基础，是家庭和睦、社会安定的保障。

良好的责任心是每个人必须具备的品质。没有强烈的责任心，人们就会在逆境中跌倒，在各种各样的诱惑前不能自持。

案例及分析

【案例一】远涉重洋的一封来函

武汉市鄱阳街的景明大楼是一座6层楼房。在1997年也就是这座楼度过了漫漫约80个春秋的一天，突然收到当年的设计事务所从远隔重洋的英国寄来的一封函件。函件告知：景明大楼为本事务所1917年设计，设计年限为80年，现已到期，如再使用为超期服役，敬请业主注意。

80年，不要说设计者，就是施工人员也可能不在世了吧。竟然还有人在为它操心，还在守着一份责任、一份承诺。

启示

有责任心的人，敢于披荆斩棘，风雨无阻，勇于直面困难。远隔重洋的英国来函，是否让你感到了温暖？

【案例二】沉痛教训

一位高职毕业生应聘到一所渔业研究所工作，研究所正在培育一批长江水域中罕见的鱼苗。毕业生负责给鱼苗换水，工作时他拿了一本书看了起来，竟忘记了时间，没有及时给鱼苗换水，由于鱼苗对水和氧的要求很高，一池子鱼苗因缺氧而死，给国家造成了近百万元的损失。

启示

选择第一份工作可能不是由自己的意志决定的，但怎样看待第一份工作，走好人生的第一个起点，确实是靠个人努力的。以什么样的态度去工作，这将影响你的一生。

具有责任心的员工，会认识到自己的工作在组织中的重要性，把实现组织的目标当成自己的目标。

做有工作责任心的人

一、责任是什么

责任是人应主动承担的角色、义务和对其过失所造成的后果应承担的责罚，它有义务和后果两层含义。每个人一生下来就在社会中扮演着不同的角色，而这些角色都对应着相应的责任。

总之，每个人都肩负着责任，对工作、对家庭、对亲人、对朋友，我们都有一定的责任，正因为存在这样或那样的责任，才能对自己的行为有所约束。社会分工赋予了大家权利，同时也明确规定了各自的职责。每个人都是在奉献职责成果的同时，也在享受别人的职责成果。社会学家戴维斯说："放弃了自己对社会的责任，就意味着放弃了自身在这个社会中更好的生存机会。"

二、责任心是什么

责任心则是自觉地将分内之事做好的心理体验和外在行为表现。形象点说，责任是一件事，那么责任心就是对这件事的态度。有责任才有责任心；有责任心的责任才有完美的表现形式和充实的内容。

工作就意味着责任，做了这份工作就应该担负起这份责任。每个人都应该对所担负的责任充满责任心。

1. 责任心是自我能力不断超越的强大精神力量

有责任心的人面对工作挑战，不会表现出懦夫般的退缩，而是拿出百倍的勇气，排除万难，把工作完成。有责任心的人在工作中最大的表现是：总有个良好的心态，敢于面对自己的不足，积极学习，发掘自身潜能，不断地提升自己，实现真正的超越。在企业中经常会听到对员工这样表彰：××超负荷完成工作，这种把"不可能完成"的工作出色地完成，就是责任心的表现。

责任心，是在企业中被关注、被尊重的最大理由。

有些人喜欢抱怨，认为自己在公司里不被重视。其实对企业管理者而言，他们重视的并不是员工这个人，而是这个人做的事。一位有责任心的员工，能从工作中学到很多的知识，积累很多的经验，并把这些知识和经验应用到工作中，经常能给管理人员意外的惊喜。相反，一个没有责任心的员工，对工作没有兴趣，抱着得过且过的心态，工作表现庸庸碌碌，做人做事不诚实，工作质量不断下滑。这个时候，不管曾经具有多么强的能力，为企业做过多大的贡献，都将成为企业木桶的短板，最终将被企业运行的列车所淘汰。

2. 责任心是员工的长线投资

具有责任心的员工，勇于把企业的利益视为自己的利益，处处为企业着想，为企业留住忠诚的顾客，让企业有稳定的顾客群；具有责任心的员工，不会推卸责任，也不会因为一次过失而气馁，不敢承担责任。这样的人在老板眼里是一个可靠的、可以委以重任的人，也许会因为过失而进行处罚，但一旦条件成熟，机会依然会留给有责任心的员工。

三、如何做一个有责任心的员工

责任心是个体自觉地做好分内事务和履行道德义务的心理倾向，是个性心理品质中自我特征纬度上的重要内容，它有角色分内职责和角色道德义务两个方面的含义。

角色分内职责：每个人在企业中都对应着一个职位，每个职位在企业生产经营过程中都有一定的职责。而对这些职责，很多人都会产生误解，认为完成了公司管理制度上所指出的实际工作就是承担了角色分内职责。不可否认，完成了公司岗位说明的工作，是承担了角色的责任，但不是具有责任心的表现。

角色分内职责包括三个部分：① 岗位应承担的直接工作，也就是出现在岗位说明里面的工作。② 岗位能力的提升，也就是角色自我修炼的过程，使工作完成得更加出色。③ 其他岗位应完成的工作。许多企业都缺乏过程管理，企业只要结果不要过程，导致很多工作本应该是岗位的工作，而在岗位说明上没有很明确的界定，但是都需要角色自觉自发地去做这一份工作。例如，客户资料整理及客户分析属于客服人员（或客户中心）的工作范畴，有些企业没有客户中心，那么这些工作只能由业务人员来完成，而真正做这份工作的业务人员又有多少呢？

角色道德义务：道德义务是个人对社会、他人所应负的道德责任，是一定阶级或社会道德原则和道德规范对人们的要求；在企业中，角色的道德义务就是员工岗位所应遵循的道德规范总和，相应的角色有相应的道德义务。对企业而言，角色道德义务包含几个方面：① 工作互相促进。有责任心的员工不会只看到本职工作以内的事情，会对上下游的工作也有一定的关注，会想着结合自身岗位工作体会，让上游工作做得更快更好，也会把自身岗位工作做得更完美，给下游工作提供便利。② 绝不姑息、推诿。有责任心的员工把企业利益当作个人利益，绝对不会容忍伤害企业利益的行为和事件出现。一旦发现，必定勇于揭发、绝不姑息，对于因自己的过失而造成的后果也绝不推诿，做到勇于承担责任。当然，搬弄是非、拉帮结派的行为也不会出现。③ 其他岗位特定的核心道德义务。不同的岗位有不同的义务，例如，业务人员要做到对客户的诚实守信；生产人员绝不以次充优、不浪费企业资源；行政人员要管理得公平公正；财务人员要公私分明；等等。每个不同角色都有其核心的道德义务。

做一个被人尊重的人，首先应该做一个有责任心的员工，只有做到在企业中能够努力地做好角色分内的工作并能够履行角色道德义务，才能享受更多角色拥有的权利，才能更好地为家庭、为朋友尽到责任，也才能够被家庭、朋友所认可，成为一个受人尊敬的人。同时，一个人责任心的多少，决定了事业的成功与否，事业有成者无论做什么，都力求尽心尽责，丝毫不会放松；成功者无论做什么职业，都不会轻率疏忽。

小链接

负责任的人永远不嫌多

某公司要裁员，裁员名单公布了，有内勤部的小灿和小燕，规定一个月后离岗。那天，大伙看她俩都小心翼翼地，不敢多说一句话，因为她俩的眼圈都红红的，这事摊到谁头上都难以接受。

第二天上班，小灿心里憋气，情绪仍然很激动，什么也干不下去。一会儿找同事哭诉，一会儿找主任申冤。什么订盒饭、传送文件、收发信件这些她应该干的活，全扔在一边，别人只好替她干。

而小燕呢，她也哭了一个晚上，可是难过归难过，离岗还有一个月呢，工作总不能不做，于是她默默地打开电脑，拉开键盘，继续打文稿、通知。同事们知道她要离岗，不好意思再找她打字了。她特地和大家打招呼，主动揽活。她说："是福不是祸，是祸躲不过，反正也就这样了，不如好好干完这个月，以后想给你们干都没机会了。"于是，同事们又像从前一样，"小燕，把这个打出来，快点儿！""小燕，快把这个传出去！"，小燕总是连声答应，手指飞快地点击着，辛勤地复印着，随叫随到，坚守着她的岗位，坚守着她的职责。一个月后，小灿如期离岗，而小燕却被从裁员的名单中删除，留了下来。主任当众宣布了老总的话："小燕的岗位谁也无法代替，像小燕这样的员工公司永远也不会嫌多！"

对于承担责任的代价与回报，不同的人有不同的认识。是强烈的工作责任意识给了小燕机会，同样也是不负责任的表现让小灿离开了。

教学活动

活动一 工作责任心小测试

对以下问题回答"是"或"否"：

1. 与人约会，你通常准时赴约吗？
2. 你认为你这个人可靠吗？
3. 你会因未雨绸缪而储蓄吗？
4. 发现朋友犯法，你会通知警察吗？

5. 外出旅游，找不到垃圾桶时，你会把垃圾带回家吗？
6. 你经常运动保持健康吗？
7. 你忌吃垃圾食物、脂肪性过高和其他有害健康的食物吗？
8. 你永远将正事列为优先，再做其他闲事吗？
9. 你从来没有放弃过任何选举权利吗？
10. 收到别人的信你总会在一两天内就回信吗？
11. "既然决定做一件事，那么就要把它做好。"你相信这句话吗？
12. 与人相约，你从来不会耽误，即使自己生病时也不例外吗？
13. 你曾经犯过法吗？
14. 你经常拖延交作业吗？
15. 你经常帮忙做家务吗？

说明：上述问题除了13、14题答"否"加一分，答"是"不加分，其余的问题答"是"加一分，答"否"不加分。加一加，看一看，你的责任心有多少。

分数为10～15分：你是非常有责任心的人，你行事谨慎、懂礼貌、为人可靠，并且相当诚实。

分数为3～8分：大多数情况下，你都很有责任感，只是偶尔率性而为，没有考虑得很周到。

分数为2分以下：你是完全不负责任的人。

活动二 宝贝不哭

在一个省级幼儿园，一组幼教专业学生的实习就要结束了。按照要求，大家依次上楼，准备参加幼儿园园长组织的座谈会。这时，迎面一队孩子下楼，很多实习生主动避让。在转弯处，一个小女孩在哭，前面的几位实习生看了一眼继续上楼，而后面的实习生小敏走到孩子身边，蹲下来，安慰孩子："宝贝，不哭。你是哪个班的？老师送你回去好不好？"

"小敏快点，要迟到了。"前面的同学回头在催促。可小敏仍然细心呵护着孩子一起下楼到班里，才又急忙回身上楼开会。

座谈会结束后，园长留下小敏："看得出你和你的老师一样很爱孩子，你的老师说你很能干，业务不错，你愿意留在我们园工作吗？"

在故事中，你看到小敏具有哪些职业品质？小敏为什么在实习中能得到领导的认可？你从故事中还获得了哪些感悟？

你知道吗？

老板不喜欢什么样的员工？

由于缺乏责任心而不受欢迎的性格类型，表现为以下几方面。

傲慢、稚气型：明明是完全不懂，也装出一副万事通的模样。找工作时通常优先考虑薪资高低，却不重视工作内容。

将错就错型：虽向往成为优秀职员却不定目标，而且听不得别人批评。一旦做错事情，就开始找借口抱怨，最后不忘加上一句："这是没办法的事，怪不得我。"

自吹自擂型：面试时自称在学校成绩优异、评价颇高，但录用后却发现所言夸大其词，实际上并无特殊之处。

回避责任型：认为"即使工作得不好也没关系，因为我是新人"，且该做的事常会忘记去做，缺乏责任感。

恃宠敷衍型：对工作持恃宠敷衍的态度，一心一意地讨好上司，却不肯好好做事。

避免使用逃避责任的言辞

"不关我的事""我试试看吧""我想会有人处理的""又没有人问过我""没有人告诉我啊""为什么要找我""反正又没人在乎我""反正没有人会知道的""反正不太重要""反正大家都这么做"。

最近你是否用过这类语言呢？如果有的话，就要认真思考改变自己。

用人单位第一印象——责任感至上

调查表明，用人单位最看重的是责任感。

某公司的人力资源部主管在谈到这个问题时说："一个人只有充满责任感才会自觉地努力工作，为他自身也为单位而工作。那些没有责任感的学生我们是不会考虑的。没有责任感，怎么会把工作做好呢？"

用人单位对毕业生个人素质方面的看重程度（前四位）如下表所示。

素质	看重程度/分
责任感	4.56
团队协作精神	4.42
事业心	4.37
自信心	4.29

注：看重程度满分为5分，5分表示"非常看重"；4分表示"比较看重"；3分表示"一般看重"；2分表示"不太看重"；1分表示"不看重"。

负责任的人的特点

负责任的人通常有下面5个特点。

做人的准则是履行诺言，说到做到从不食言；

以自身工作的质量高而自豪，不会为速度而牺牲质量；

做事主动积极，不需要监督就能完成分配的工作；

严格遵守道德规范；

愿意承担新责任，并从中获得动力。

第四节 不以规矩，不能成方圆

法律和道德就是能够把我们自身和我们与社会联系起来的所有纽带，它能够将一群乌合之众变成一个具有凝聚力的团体。

——涂尔干

规范即明文规定或约定俗成的标准。人类社会有两大规范，即道德规范与法律规范，当不按社会规范行事时，人的正常行为就会产生偏差，甚至触犯法律。幸福的人生、成功的事业，是以社会规范为保障的，即所谓"不以规矩，不能成方圆"。

案例及分析

【案例一】不义之财取不得

小张是某实业股份公司的业务员，专门负责与某轨道交通公司和某进出口设备公司这两大重要客户进行对接。一日，小张谎称接到这两家公司的新订单，仅有口头约定且尚未签订纸质合同，因该情况此前也有发生，该公司并未生疑。随后小张以购买订单原材料为由多次从公司财务处领取支票，并用于个人消费。因订单周期较长且其他人不了解业务进展，直至两年后公司才察觉异常并报案。

根据《最高人民检察院、公安部关于公安机关管辖的刑事案件立案追诉标准的规定（二）》第七十六条的规定，公司、企业或者其他单位的工作人员，利用职务上的便利，将本单位财物非法占为己有，数额在三万元以上的，应予立案追诉。

启示

有的人奉行"一切向钱看"的原则，只要能赚到钱，不讲人格，不要良心，不择手段。这些人常常是以不端行为开始，以害己结束。

【案例二】弄虚作假反害己

华仔原是一所职业院校的计算机教师，尽管他只有中专学历，但因勤奋好学，业务水平不断提高，深受学校的器重。后来在一位南下打工朋友的影响下，也辞去了教师的工作南下打工了。

到了广东他才知道，这里并不像他想象的"遍地是黄金"，由于只有中专学历，想到外资或合资企业工作不是很容易。于是求职心切的他买了一张某名牌大学计算机专业本科毕业的假文凭。

过了不久，一家港资企业招聘面试时，看到华仔计算机水平挺高，业务熟练，聘他做软件开发工作。凭着他的勤奋努力，不久便被提拔。正当他踌躇满志地向前进取时，他的假文凭被揭穿了。最忌弄虚作假的老板非常气愤，毫不客气地辞退了华仔。

他的顶头上司遗憾地对他说："如果你不用假文凭，凭你的实力，尽管只有中专学历，也完全可以到我们企业来工作。只要干得好，工作又需要，企业也会送你去进修的。"

启示

没有规矩，不成方圆。我们无论做什么事情，都要严格遵守"游戏规则"。而自己的行为规范将直接催生职业生涯发展的种子。

【案例三】此一时，彼一时

小吕的第一份工作是在一家加拿大公司做销售，这家公司对员工的考核只看结果，不看过程，只要能完成销售目标，就是好员工。该公司的管理和激励员工主要采用的是目前国际上比较流行的目标管理体系。公司对销售人员实行的是不定时工作制，上下班时间没有严格的要求，以一定时间内完成销售任务作为考核的指标。所以，在不违法和不影响任务要求的前提下，小吕对自己的工作方法、工作方式、工作时间、销售费用开销等有充分的自主权。在这种环境下，小吕如鱼得水，他的销售任务连年超额完成，成为公司最有价值的员工。

转眼间5年过去了，由于公司的产品被市场上的新产品所替代，公司的经营状况每况愈下，销售额逐年下降，公司不得不关门。不得已他转到一家日本公司，同样也是做销售工作。对于他来讲，这项工作真是轻车熟路、游刃有余。过去的丰富经验帮了他大忙，虽然在日本公司他是新人，但头一个月他就完成了销售任务，以后的时间里销售额更是大幅上升，销售任务完成良好。

在日本公司，他的业绩是最好的，但他得到的奖励却不是最高的。他的主管多次提醒他要遵守公司的作息时间和各项规章制度，可是他一直没有把主管的话放在心上。小吕以自己在加拿大公司的习惯做事，认为销售员的任务就是完成销售任务，其他是可有可无的。直到有一天，小吕的主管把他叫到办公室，告诉他，公司决定辞退他。

> **启示**
>
> 不同的文化背景产生不同的规则、标准,不能一成不变地墨守成规。一定要先了解公司的规范和要求,要先融入公司的企业文化,才能在公司里把事情做对、做好。

遵守社会规范

一、社会规范及其分类

1. 什么是社会规范

规范是人们以交换为目的的行为准则,是人类为了满足需要而建立的,是价值观念的具体化。规范有约定俗成的风俗,也有明文规定的法律条文、群体组织的规章制度。各种规范之间互相联系、互相渗透、互为补充,共同调整着人们的各种社会关系。规范规定了人们活动的方向、方法和式样,规定了语言和符号使用的对象和方法。规范体系具有外显性,了解一个社会群体及社会文化,往往从认识规范开始。

社会规范是指调整人与人之间社会关系的行为规范,以一定的社会关系为内容,目的是维护一定的社会秩序。它一方面是对人们社会行为和社会关系普遍规律的反映,是一定社会中人们行为和相互间关系基本要求的概括。另一方面,它是通过某种习俗、传统方式固定下来,或由国家及社会组织认可的构成一定社会成员普遍遵循的行为准则。

规范的分类包括世代相传的习俗、认可或反对某种行为的奖惩戒律、认为某种行为具有必要性形成的惯例,对社会全体成员都适用的规则就构成了制度规范,如法律。社会规范系统具有多要素、多层次的内部结构。根据社会规范的控制手段和产生的历史顺序,可以将其划分为习俗规范、道德规范、宗教规范、纪律规范和法律规范。

2. 社会规范分类

(1) 习俗规范

习俗规范是社会规范系统中最原始、最悠久的部分,反映着人类社会发展初期由血缘群体和地缘群体形成的社会关系。它的产生发展经历了一个漫长的历史过程。在人类发展的最初阶段,人们在共同生活和劳动中的行为总要引起各种社会结果,这些行为经过无数次重复后,人们开始认识到它的合理性,希望在现实生活中再现它、巩固它,同时人们也认识到另一些行为的危害性,要求防止它、纠正它。人们的这些要求和愿望逐渐在世世代代的社会历史经验中凝结、积淀、巩固下来,形成一些在原始群体内相互关系的习俗规范。这些习俗规范在一定的地理环境和社会条件下,在长期适应和改造环境过程中历代延续与人们衣食住行方面的行为联系更为密切,如协调婚丧嫁娶、节日盛典、往来礼节等方面的行为。习俗规范往往以心理、习惯等稳定的内控制形式起作用，没有明显的外部控制力。

（2）道德规范

道德规范是对人们在社会实践中所形成道德关系的概括和反映。道德规范从一部分习俗规范深化而来，以信念、习惯和内心情感等内在因素为基础，以善与恶、诚实与虚伪、荣誉与耻辱等观念为评价尺度，在舆论和教育等强制力下发挥作用。人们遵守道德规范往往基于基本价值观的认同，从而表现出自觉的行为。

（3）宗教规范

宗教规范是一种与神圣象征相联系的信仰和规范体系。宗教规范以特定教仪和教规调整相应的宗教团体中的人际关系，对其成员在思想和行为上的规范性要求，更好地维护宗教和睦与社会和谐。

（4）纪律规范

纪律规范是现代社会适应社会组织化和职业分工的精细化而出现的行业规范。纪律规范是指事实上团体和部门制定的，要求其成员遵守已确定的秩序、执行命令和执行职责的一种社会规范。它随着社会组织的产生而产生，随着各种社会团体日渐增加而迅速发展起来。各社会团体、企业和单位都有其独特的纪律规范，并且是以与团体成员利益相关的精神上或物质上的奖罚来维持和实施，对人的行为有较强的外控制力。

（5）法律规范

法律规范是行为规范的最高等级，是由国家行使立法权的机关依照立法程序制定、体现统治阶级意志、通过国家强制力保证实施的社会规范。自从私有制产生以后，人类社会关系中就逐渐产生了阶级关系，原有的氏族社会规范在这时已不能有效地维持社会秩序，在国家产生的同时，体现统治阶级意志的法律规范出现了。在各类社会规范中，法律规范的特点是具有最强的外在控制力，以成文法形式表现，且条理清楚、逻辑性强、适用范围广。法律规范体系的出现和发展是人类文明发达程度的标志。

3. 社会规范的性质及其作用

（1）标准性

社会规范规定了在一定条件下，哪些行为是可取的、必不可少的和应予以鼓励的，哪些行为是不可取的、有害的和应予以禁止的，它为人们的社会行为提供了模式和标准。

（2）普适性

社会规范概括了能使社会秩序保持相对稳定的人类行为的共同特征，因此，社会规范的对象是抽象的、一般的人，具有普适性，它的内容不表明人们在特定环境下行为的具体程序，只规定人们行为的界限和模式，其效力不是偶然适用，而是在同样条件下能够反复适用。

（3）导向性

人们在从自然人向社会人转化的过程中，都会以他人遵守或违反社会规范的行为后果作为自己行动的参照，从与他人行为的比较中，估计自己行为与社会要求是否偏离，并预见社会和团体对自己行为的评价和态度，预见自己所承担的责任。由于人们总是不断地将与自己有关的社会规范内化，因而人们运用规范时，常常根据积累的关于规范的奖惩知识指导和约束自己的行为。这种变通的导向性，可以使人类在社会规范允许的范围内发挥出自己的主动性、创造性。

（4）强制性

社会规范实施机制是社会压力机制，具有强迫人们遵守的约束力，在社会化过程中，社会或团体会把既定的社会规范传授给每一位社会成员，并且根据他们履行这些规范的表现来执行奖励和制裁。社会和团体可以通过给予或拒绝个人所企求的认可来控制它的成员，从而强迫人们接受和遵守这些规范。社会规范的性质不同，其强迫的性质、范围、程度也会不同。各种规范都相应地实行各种裁判，以期使人们对自己的行为后果负责或付出代价。

（5）权变性

社会规范是统一人们行为的社会预期，约束着个人和群体的行动。但社会是发展的，人的主观因素和社会背景不同，社会规范被不同人内化的程度各异，不同群体和个人的行动能力和选择空间存在差异，人们对同一社会规范的理解也不尽相同，因此，由规范规定的一致的奖惩标准对于不同的群体和成员的约束效果是不一样的。而且人们的目标往往是根据社会进程和自己的能力而动态修正的，受个体和团体的偏爱、价值认识、习惯、思想与知识背景等因素的影响，人们的行动在规范约束下有权变的可能。

4．社会规范的功能

（1）界定人们在分工中的责任。用市场的例子来说明，就是约定哪些商品由哪些人生产。用新古典经济学的语言来说，就是给出行动目标。

（2）界定每个人可以干什么和不可以干什么的规则。因为每个人追求以最小的努力换取约定的好处的行为可能会危害他人的利益。

（3）明确界定对违规的惩罚。即约定对规则的违反要付什么样的代价。

（4）平等规则。在此基础上才能确定交换的价值量。

二、增强社会规范意识

1. 从"要我做"到"我要做"

从业人员要懂得个人的命运与企业的前途是紧密相连的，个人利益系于企业的发展，因而要自觉地学习和认同企业的职业规范，自觉自愿地严格遵守企业的职业规范，包括经济、行政管理、业务技术、道德和法纪等方面的行为规则。比如，企业的工艺规程就是企业的生产大法，违背了生产规则，轻则产品报废，重则危及人的生命。

认识提高了，还需把外在的约束力化为个体自主自愿的需要，把"要我做"变成"我要做"，养成遵纪守法的良好道德品质。

2. 把美德化为习惯

习惯造人，有什么样的习惯，就能成就什么样的人。一次，卫灵公与南子对坐闲谈，忽然听到一辆马车在外面马路上远远驶来的沉重声音。马车大约行驶到王宫门口时，他们似乎听到马车停下了。稍后，车子轻轻地走了过去。又过了一会，车子又停顿了一下。接着马车恢复了开始时较为沉重的声音……

卫灵公对南子说，车上的人一定是蘧伯玉。第二天一问，果然不错。为什么卫灵公认定是蘧伯玉呢？因为只有他才会在深夜也同样遵守"过王宫下车"的规定。有人说蘧伯玉虚伪，有人说蘧伯玉迂腐，其实，他是守法成了习惯。

这正像遵守规矩的现代人在深夜开汽车，不管街上有没有人，都能像白天一样坚持"绿灯行，红灯停"，这是守法，也是习惯。

3. 从我做起

任何一个社会都有自己的规范体系。所有社会成员都必须树立规范意识，这本质上是一种法律意识的体现。在此社会共识下，每位公民都应自觉遵循社会规范，将规范意识内化为行动的指南。规范意识是我们共同维护社会秩序、促进文明进步的不竭动力。

人生需要意义，需要神圣感，需要一种理想召唤。建立起社会规范的神圣价值并在实践中履行，是社会对每一个公民提出的基本要求。我们每一个人的努力躬行，都将为社会秩序的稳定和社会结构的完善做出实质性贡献。因此，请不要忘记这句话："从我做起。"

教学活动

活动一 规则与生命

火车往哪个方向开？

有一个火车轨道，由于道路改建，原来的铁轨不用了，但铁轨并没有拆除，成了废弃的铁轨。新的铁轨在原来的旧轨道旁开了岔口向一方弯去，不久，新轨道建好并通车。在新修建的铁轨旁，树了一块牌子，上写"严禁在此轨道玩耍"。几个中学生放学后来到了这里，有一个学生看到牌子上的警告后，他劝另外三个学生不要在新建的轨道上玩，但那三个学生不予理会。为了安全，他自己则跑到原来的旧轨道上去玩。这时一辆火车突然疾驰而来，速度太快，学生们已来不及从轨道上离开。

假定在新旧火车两个岔道口前面有个扳道装置可以决定火车往哪个方向开，即让火车沿着正在使用的新轨道或者是沿着原来的废弃的旧轨道开。

学生阅读后围绕以下问题先以小组为单位交流各自的观点，然后每个小组派代表进行全班交流。

1. 如果你是扳道工，你会把火车扳向哪个方向？为什么？此时你的感受是什么？

2. 如果你是那三个在新轨道上玩耍的学生之一，你认为扳道工应把火车扳向哪个方向？为什么？此时你的感受是什么？

3. 如果你是那个在废弃的旧轨道上玩耍的学生，你认为扳道工应把火车扳向哪个方向？为什么？此时你的感受是什么？

提示：火车应向正常行驶的轨道上走。因为：① 每个人都应该有良好的规则意识，每个人也应该有责任意识，要敢于为自己的行为负责，那些不遵守规则的人应该为自己的行为付出代价。② 若火车驶向一个人的轨道上去，让没有违反规则的人去为违反规则的人付出代价，那是十分不公平的，同时也不利于其他人规则意识和责任感的培养。③ 规则被破坏后，会导致更大的混乱，生命的安全可能更加无法得到保障。

活动二　阅读后的思索

一个震惊整个德国的动人故事

前不久，德国一家电视台出高薪征集"十秒钟惊险镜头"。

许多新闻工作者为此趋之若鹜。

一个名叫"卧倒"的镜头以绝对的优势夺得了冠军。拍摄这10秒钟镜头的作者是一位名不见经传的年轻人，几个星期后，获奖作品在电视的强档栏目中播出。10秒钟后，每一双眼睛里都是泪水。德国在那10秒钟后足足肃静了10分钟。

镜头是这样的：在一个火车站，一个正在坚守岗位的扳道工，去为一列徐徐而来的火车扳动道岔。这时在铁轨的另一头，还有一列火车从相反的方向开进车站。

假如他不及时扳道岔，两列火车必定相撞。这时，他回过头一看，发现自己的儿子正在铁轨那一端玩耍，而那列开始进站的火车就行驶在这条铁轨上。是抢救儿子，还是扳道岔避免一场灾难？他可以选择的时间太少了。那一刻，他威严地朝儿子喊了声"卧倒！"同时，冲过去扳动了道岔。一眨眼的工夫，这列火车进入了预定的轨道。那一边，火车也呼啸而过。车上的旅客丝毫不知道，他们的生命曾经千钧一发，他们也丝毫不知道，一个小生命卧倒在铁轨中间，火车轰鸣着驶过，孩子丝毫未伤。那一幕刚好被一个从此经过的记者摄入镜头中。后来，人们了解到，那个扳道工是一个普普通通的人，他唯一的优点就是忠于职守，没误工过一秒钟。而更让人意想不到的是，他的儿子是一个智力障碍儿童。他曾一遍一遍地告诉儿子说："你长大后能干的工作太少了，你必须有一样是出色的。"儿子听不懂父亲的话，但在生命攸关的那一秒钟，他却"卧倒"了。这就是他在跟父亲玩打仗游戏时，唯一听懂并做得最出色的动作。

思考：这个故事给了你什么启示？

第五节 质量是企业生存的根本

质量是维护顾客忠诚的最好保证。

——杰克·韦尔奇

"即使是万分之一的次品，对顾客来说也是百分之百的次品。"在质量问题上无论怎样"小题大做"都不过分。质量是企业的生命线，它关系着企业的生存、消费者的利益，甚至关系到你我的生命。

案例及分析

【案例一】张瑞敏"砸冰箱"

张瑞敏，前青岛电冰箱总厂厂长，海尔集团创始人。1985年，张瑞敏刚到海尔集团，有一天，他的一位好朋友想买一台冰箱，结果挑了很多台都有毛病，最后勉强拉走一台。他的朋友走后，张瑞敏派人把库房里的400多台冰箱全部检查了一遍，结果发现76台存在各种各样的缺陷。张瑞敏把职工们叫到车间，问大家怎么办，一部分人提出便宜点处理给职工，一部分人提出降价销售。张瑞敏说："我要是允许把这76台冰箱卖了，就等于允许你们明天再生产760台、7600台这样的冰箱。"他宣布，这些冰箱要全部砸掉，谁干的谁来砸，并抡起大锤亲手砸了第一锤！很多职工砸冰箱时流下了眼泪。然后，张瑞敏告诉大家——有缺陷的产品就是废品。

目前海尔已成为全球品牌，深入200多个国家与地区，为全球用户定制美好生活，海尔从创名牌到多元化、国际化，海尔成功实现了两大战略性跨越。海尔人现在已经获得了许许多多的荣誉，但在他们心里，含金量最高的依然是国家质量奖。它所代表的是海尔质量理念，是海尔站稳国内和国际市场的基石。

启示

海尔所实行的是"零缺陷"质量管理，它意味着质量是企业生存的根本，产品的质量与每一个员工息息相关。企业全体员工一旦树立这种观念，就会激发他们的责任感和使命感，"精细化，零缺陷"就会成为他们工作的动力，从而为企业的发展奠定坚实的基础。

【案例二】99+1=0 的质量理念

吉林省皓月集团专注肉牛产业发展，用工匠精神精耕细作，视产品质量为企业生命，皓月集团从"牛源品种、养殖饲料、肉牛检疫、生产加工、全程冷链"等方面，严格执行"从农场到餐桌"全过程质量监控。在全国同行业中率先采用"试剂盒"对牛源实施违禁药物百分之百检测，并按照国际高标准制定了生产加工的卫生操作程序。公司成立之初，就提出了"99+1=0"的质量理念，也就是皓月集团的产品在 100 次出厂的时候，必须达到 100 次的合格，有一次不合格，那就视为我们这一批的东西都不合格了，因此每位皓月人心中都树立了一个丰碑，质量是企业的生命。

启示

"99+1=0"形象地、通俗地表达了"零缺陷"管理思想，突出了产品中的"1"点失误对整个产品的重要影响，强调了生产经营过程中某"1"项工作的缺陷，可能给全局工作带来的严重后果，也就是所谓的"一着不慎，满盘皆输"。因此企业员工必须树立"99+1=0"的质量理念，一个小小的错误或不慎会毁掉整个企业。

【案例三】捷径不可取

我国的山野菜——蕨菜，本来出口销售得很好。它的加工工序是在最佳采摘季的 10 天内采集最嫩的蕨菜，采集来的蕨菜必须先在阳光下晾晒。经过两天晾晒，水分蒸发了，捆起来装箱。食用时用水一泡，鲜嫩爽口。但是有些人为了图利，采摘季节过了仍然采摘，采来后又免去了晾晒两天的工序，改为在炕上烘烤两小时，虽然表面看来没什么区别，但在食用时，再怎么泡也是又老又硬，结果砸了自己的买卖。

启示

满足顾客需要是占领市场的手段。只有保持高质量的产品，才会赢得顾客的赞誉并保住市场份额。质量是一项长远的工作，上面案例中的人犯了短视的毛病，不顾质量，快速出货，结果导致了失败。

质量是企业的生命线

一、产品质量是企业的生命线的原因

1. 产品质量是企业发展的基础

优质产品是企业生存和发展的根本，没有好的产品质量，就不可能赢得消费者的信任和

认可。如果一个企业的产品质量不好，即使这个企业已经建立了一定的市场占有率，也会被消费者所淘汰，所以企业的产品质量是企业发展的基石。

2. 产品质量是企业赢得消费者信任的关键

在激烈的市场竞争中，消费者追求的是质量和信任。只有企业能够提供经过质量检验的优质产品，才能赢得消费者的信任。经过质量检验的产品，才可以在不断地使用和检验中增强消费者对该品牌的认可度和信任感，从而增加企业在市场上的竞争力。

3. 产品质量是企业发展的核心战略

不同的产品质量能够决定企业的不同定位。优质产品，除了能够赢得消费者的信任，还能够增强企业的品牌形象，成为企业的核心战略。而劣质产品则会导致企业品牌形象的受损，对企业发展产生负面影响。

4. 产品质量是企业经济效益的关键

好的产品质量是企业盈利的关键之一，企业只有推出经过检验的优质产品才能赢得消费者的青睐，并给企业带来可观的经济效益。这些效益，包括销售额的增长、利润的提升、成本的降低和企业的市场影响力的扩大等。

因此，企业的管理者必须从产品质量着手，带领企业建立完善的质量管理体系，确保生产出的产品始终保持高质量。同时，企业应该注重消费者的反馈，不断改良产品，加强质量管理，不断提升产品的质量。只有做到这些方面，企业才能在激烈的市场竞争中立于不败之地。

二、提高产品质量的措施

产品质量是企业赖以生存和发展的基石之一。优质的产品能够提高企业的竞争力，吸引更多的消费者，同时也为企业赢得了良好的口碑和信誉。因此，企业应该重视产品质量，并采取相应的措施来提升产品品质。

1. 注重创新并加强研发

创新是一个民族进步的灵魂，同样创新也是一个企业进步的灵魂。创新是提升产品质量的关键，企业引入新的技术和工艺，改进现有产品的设计和功能，以满足消费者对高品质产品的需求。同时企业应该加强产品研发，不断推出新的产品。研发团队应该密切关注市场需求和消费者反馈，积极开展调研和市场分析，以了解消费需求和消费趋势。

2. 树立质量意识并提升员工素质

倡导全员增强质量意识，将质量意识融入企业的每个环节。通过提供培训和教育，激发员工对质量的认同感和责任心，切实营造注重质量的工作氛围。质量并不是一个简单的指标，它是一种精神。质量意识的形成过程，不仅是一个物质加工生产的过程，更是一个文化、思想、意识凝聚的过程。质量意识同时也是一个人的价值观、素质、气质的投入和产出过程。质量是一种精神，一种哲学，通俗地说，质量是一种态度。人是质量的关键，而不是别的，产品品质实际就是人的品格。人合格，产品绝不会是次品；人不合格，产品绝不会是正品。

3．诚信是企业立业之基

诚实守信是企业立业之基。社会主义市场经济条件下，重合同、守信用的企业因得到市场的认可而在最后的竞争中获胜；失信企业则会失去客户和市场，失去发展的机遇，最终必然在竞争中惨遭淘汰。企业要遵守市场规则，公平竞争；要按照契约和法律，公正处理各类纠纷。公平、公正、公道，有利于树立良好的企业形象，有利于抵制行业不正之风、遏制职业腐败。

新时代，很多企业非常重视诚信文化的建设，牢固树立诚信经营理念，遵纪守法、诚实守信、诚信待人；将诚信理念和诚信精神放在文化建设的核心地位；力求完善企业诚信文化；在引进人才时，将候选人的诚信品质作为一项重要考核；把诚信文化渗透、凝结于企业的精神理念中，内化为企业的行为方式和员工的自觉行动。

4．树立追求企业发展的长期利益

查理·芒格说："我们将要打造一家优秀的公司，必须为长远的利益考虑。"有人形容当今时代是一个"速度至上的时代"，人人追求成名要早、致富要快，内心变得急不可耐，随之而来的是急于求成的浮躁文化和氛围，使得短期利益常常居于首要位置。这种情形在管理层任期制和资本主导的企业里，尤其面临严重挑战。但是高质量发展要求企业不能只盯着短期利益，更要关注长期利益，强调企业长期可持续发展。有世界第一CEO称号的韦尔奇认为，企业实际上是一系列悖论，其中之一就是"管理长期，却'吃掉'短期"，强调了处理好这一关系的重要性。丰田的第一条原则是"管理决策以长期理念为基础，即使因此牺牲短期财务目标也在所不惜"，这一原则在其超越通用和福特而成为世界第一汽车制造商中扮演了重要作用，而面对重创其发展的"汽车召回门"危机，其反思的结论是因为丰田违背了精益生产，尤其是第一条原则，必须回归原点。

在树立质量意识的过程中，要认识到为了短期利益而奔忙，忘掉质量，就会失去长期利益。切记，不可只顾眼前利益而忽视质量问题。

5．倾听客户声音才能赢得市场

要在市场竞争中取胜，企业和经营者就不要被市场上一时兴起的热门所迷惑，应该经常倾听顾客的声音，从热门现象下面发现潜在市场，在更高层次上拓展企业的发展空间。要及时主动收集顾客反馈和意见，并将其作为改进的重要依据；建立顾客沟通渠道，及时响应顾客需求，提供满足顾客期望的产品。

瑞士一直被人们认为是优质手表的生产地，在石英表问世之前，瑞士一直统治着世界手表市场。石英表更好地提供了顾客所需要的：更准确的时间和更低的价格。虽然美国的德州仪器公司首先引入了石英表，但是，是日本人出色地开发了这个产品并满足了世界范围的消费者。瑞士发明了石英表，却没有生产它，是因为它没关注到客户的需要。

企业要对顾客的需要和期望有清楚的认识。无论是生产性公司还是服务性公司，高科技公司还是低科技公司，都需要关心顾客需要什么、什么时候需要。围绕客户，要千方百计地满足客户需求，绝不对客户说"不"。"你的需要，我们知道；你的追求，我们创造"，这就是现代质量意识的一个组成部分。

教学活动

活动一 "黑心棉被"的思考

寒冬来临，街上行人穿的衣服越来越厚，个体户李老板店里的棉被已经供不应求。于是，李老板即以每床"棉被"18元的价格订购了100床用香烟头和带着血迹的脏棉花做的"黑心棉被"，遂以80元的价格全部卖给了在附近工厂上班的打工者。谁知，员工盖了此被，浑身发痒，皮肤红肿发炎，于是到市场监督管理局投诉。市场监督管理局经过调查，证实李老板店里的"棉被"都属伪劣商品，依据《深圳经济特区严厉打击生产、销售假冒伪劣商品违法行为条例》相关规定，对李老板做出了处罚，没收其违法所得，并处以相当于伪劣棉被总值3倍的罚款。

像资料中李老板这样不遵守职业道德规范的人，损人利己，投机取巧，不但影响了社会公共秩序，还损害了自己的职业发展，你们是否看见过、听说过、经历过？大家一起来谈谈。

活动二 企业走访

通过参观企业，采访企业老板，结合所学知识，思考：为什么说质量是企业的生命线？

小资料

美国83家企业道德准则的变量分析

美国通过对83家企业道德准则的调查（包括埃克森公司、杜邦公司、波士顿银行和威斯康星电力公司等）发现他们的内容可分为三类：

（1）做一个可靠的组织公民；

（2）不做任何损害组织的不合法或不恰当的事情；

（3）为顾客着想。

以下按照被提到的频率的顺序列出了各种类型包含的变量。

1．做一个可靠的组织公民

（1）遵守安全、健康和保障规则

（2）表现出礼貌、尊敬、诚实和公平

（3）禁止生产非法药品和酒精

（4）管理好个人财务

（5）出勤率高和准时

（6）听从监督人员的指挥

（7）不说粗话

（8）穿工作服

（9）禁止上班携带武器

2．不做任何损害组织的不合法或不恰当的事情

（1）合法经营

（2）禁止付给非法目的的报酬

（3）禁止行贿

（4）避免有损职责的外界活动

（5）保守秘密

（6）遵守所有的反托拉斯法和贸易规则

（7）遵守会计规则和管制措施

（8）不以公司财产谋取私利

（9）雇员对公司基金负有个人责任

（10）不宣传虚假和误导信息

（11）制定决策不考虑个人利益

3．为顾客着想

（1）在产品广告中传递真实的信息

（2）以你的最大能力履行分派的职责

（3）提供最优质的产品和服务

麦道公司道德准则

为了使正直和道德成为麦道公司的特征，作为公司的成员，我们必须努力做到：

在我们所有的交往中要诚实和守信。

可靠地执行分派的任务和职责。

我们所说的和所写的一切要真实和准确。

在所从事的所有工作中要协作和富于建设性。

对待我们的同事、顾客和其他所有人都要公平和体贴。

在我们的所有活动中要守法。

始终以最好的方式完成全部任务。

经济地利用公司的资源。

为我们的公司和为提高我们所生活的世界的生活质量奉献自己的力量。

正直和高道德标准需要努力工作、勇气和面对困难的选择。雇员、高层管理和董事会之间的协商有时对决定正确的行动路径是必要的。正直和道德有时可能要求我们走在生意机会之前。从长期来看，我们做正确的事情比做权宜的事情能获得更好的结果。

第三单元

掌握打开职业之门的钥匙

本章知识框架

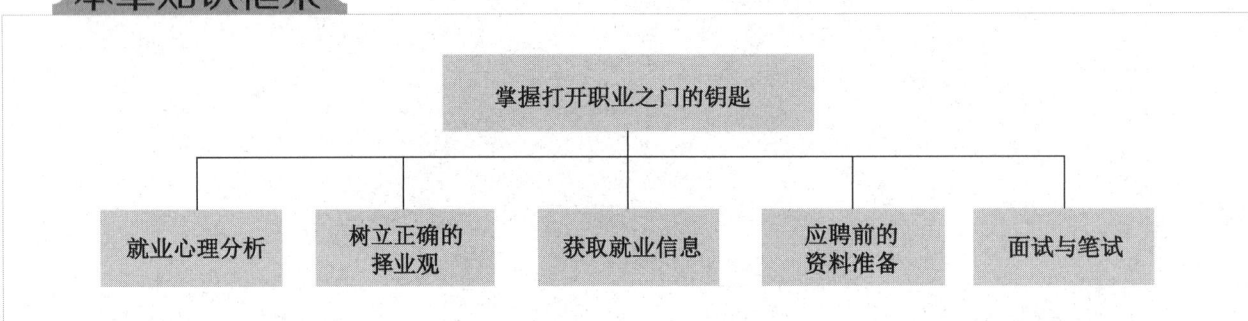

```
              掌握打开职业之门的钥匙
    ┌───────┬────────┬────────┬────────┬────────┐
  就业心理  树立正确的  获取就业   应聘前的    面试与笔试
   分析      择业观      信息     资料准备
```

学习目标

1. 掌握就业心理分析，走出择业误区。
2. 调整就业心态，树立良好的择业观。
3. 掌握获取就业信息的渠道，选择合适的求职途径。
4. 做好应聘的准备，掌握笔试和面试的技巧。

第一节

就业心理分析

选择职业就是选择未来的自己。

——罗素

职业院校学生择业的过程，是一个复杂的心理变化过程。面对新的形势，他们缺乏社会经验，不能正确认识自我，在择业过程中存在不同程度的认识误区和矛盾的心理。

一、职业院校学生择业中常见的矛盾心理

就业难已是不争的事实，职业院校学生既没有高学历，又缺乏实际工作经验，过高的期望容易与社会需求发生冲突，进而产生矛盾心理。

1. 常见的矛盾心理

（1）择业期望值过高与现实就业难的矛盾

近年来职业院校毕业生的择业目标出现了"三高"趋势，即趋向于高薪水、高地位、高层次，回避待遇低、地位低、层次低的工作，而事实却是"就业难"。

首先是人多粥少，卖方市场超载。其次是门槛抬高，买方市场岗位有限。一方面企业本身已沉积了大量冗员，"不想要的辞不掉，想要的进不来"；另一方面卖方市场的急剧膨胀使追求高学历成为一种风气，不同程度地加大了就业的难度。

（2）职业理想与客观现实的矛盾

涉世不深的职业院校学生有着丰富多彩的理想，他们对未来充满了好奇和憧憬，在择业过程中希望能找到一个既稳定，待遇又好，还能发挥自己专业特长的职业。虽然有着美好的职业理想，但客观现实和主观条件往往会使其无法实现。此时，理想与现实之间就会产生矛盾。这种矛盾越大，职业院校学生的内心越容易失衡，一些不良的择业心理和问题行为也会随之产生，不利于其顺利求职就业。造成这种矛盾心理的主要原因是职业院校的学生对当今社会和就业形势缺乏客观的认识，个人的职业理想大多是"一厢情愿"，与现实形势和自身条件严重脱离。在择业过程中，毕业生应该客观分析现实形势和自身条件，从实际出发，及时调整自己的职业理想，避免理想与现实之间产生冲突。

（3）期望成才立业与害怕艰苦的矛盾

不少职业院校学生既梦想事业成功又缺乏艰苦就业的心理准备。择业时，很多职业院校

学生都愿意根据自己的专业选择职业，实现自己的人生价值。但同时他们又缺乏艰苦就业的心理准备，想到层次高、工作条件好的单位一鸣惊人，不愿到艰苦的地方去，不愿到偏远的地方去，不愿深入基层。

（4）所学专业滞后与职业需求领先的矛盾

社会选择人才一向强调"专业对口"，然而，由于职业院校学生在报考学校时多趋向于当时的热门专业，而当时的专业知识结构又不符合毕业后社会对人才的要求；另外，专业学习不能紧跟职业需求的快速发展，在一定程度上加大了就业难度。

（5）渴望竞争与缺乏自信心的矛盾

就业制度的深化改革，为职业院校学生择业提供了公开、平等的竞争环境。大多数职业院校的学生对此渴望已久，同时也认识到，在商品意识广泛渗透到社会生活的各个方面、世界经济渐趋向一体化的情况下，如果没有强烈的竞争意识，不通过竞争，就不可能成就事业。但是，真正面对社会为其提供的竞争机会时，许多职业院校学生又顾虑重重，缺乏自信心。有的怕竞争失败，丢了面子；有的怕竞争伤了和气；有的担心竞争不公平，不愿过分投入。凡此种种，使职业院校学生在竞争面前自信不足。

（6）性别特点与社会偏见的矛盾

"职业院校学生择业难，女性职业院校学生择业更难"已成为整个社会关注的突出问题。一方面，有些用人单位因传统的"重男轻女"观念作祟，不乐意接纳女性；另一方面，毕业生本身性别的心理差异也影响着他们对职业的选择。有些女性怀有性别上的自卑感，不能勇敢面对用人单位的挑选，常常失去可以施展才华的机会，这会导致女性择业范围更窄，心理负担加重，心理压力更大。

2. 职业院校学生择业中产生心理矛盾的原因

当代职业院校学生大多都是独生子女，他们虽然有着独立的思想和较强的自我观念，但是大多数学生缺乏独立生活和解决问题的能力，导致他们在择业时希望能找到一条既能不用艰苦奋斗又能尽快成才的道路。这是造成这种矛盾心理的主要原因。

（1）毕业生自身处于矛盾期，是职业院校学生择业心理矛盾冲突的内在原因

心理学家认为，人在认识自我、剖析自我时有一种看不见、摸不着的东西——无意识的自我保护机制在无形地保护着自己，干扰对自我的全面、正确、客观和公正的认识，使自我真实形象产生变形或扭曲。相关研究还发现，理想的我与现实的我之间的差距与矛盾，随着年龄的增长而增大。

根据以上心理学理论分析，不难理解职业院校学生择业心理的矛盾冲突。首先，职业院校学生择业是在各种矛盾中的艰难选择。如自我与客我矛盾、社会需求与自身能力的矛盾等。这些矛盾是他们以前从未遇到过的，所以很容易使他们产生心理上的不平衡，甚至陷入难以自拔的境地。其次，职业院校学生正处于人生心理矛盾的突出时期。他们心理发展不稳定、不平衡、不健全，主要表现在理想与现实矛盾、开放与封闭矛盾、独立性与依赖性矛盾、情

感与理智矛盾等。最后，生理与心理发展不同步。职业院校学生有相当部分心理还不成熟，同时由于生理与心理发展不同步，加之个体生活体验不同，所以形成的个性心理特征有很大的差异，在择业中就表现出内在心理特征的复杂性与矛盾性。

此外，职业院校学生择业心理期望高和心理素质不适应就业市场的变化，传统的"找个好工作干一辈子"和"求稳"的思想，以及自身素质的不足，都是职业院校学生产生以上不同择业心理的重要原因。

（2）职业教育未得到全社会的认同，是职业院校学生择业心理矛盾冲突的直接原因

当前，职业教育并未得到社会的广泛认可，给职业院校教师和学生心中增加了无形的压力，一定程度上还增加了职业院校师生的自卑感。首先，由于高校扩招造成的"普高热"一浪高过一浪，进入职业院校学习的学生，文化和思想素质较之20世纪90年代初有了较大的差距。学生的学习积极性不高，教师的工作热情和主动性也没有得到完全的调动，教学质量难以得到保障，职业教育也就不被社会认同。其次，就业准入制度没有得到落实，使就业岗位无法完全满足职业院校毕业生的需要。由于国家推行的就业准入制度没有得到落实，社会上未经培训、没有上岗证的人能轻松地进入许多企业（特别是乡镇和私营企业）。这些人参与竞争，大大减少了职业院校学生的就业岗位，职业院校学生无法满足其就业的期望，因而产生巨大的心理矛盾冲突。这些问题已经得到了国家的高度重视，正处于逐步完善之中。因此，职业院校应有效教育和引导职业院校学生转变观念和调整心态，保证他们择业活动的顺利开展。

（3）过于强调自我价值是职业院校学生择业心理矛盾冲突的根本原因

改革开放和市场经济对职业院校学生产生深刻的影响，并使他们的思想发生急剧的变化。市场经济提供的一些新的价值要求，如自主意识、效率意识、竞争观念、平等原则等，都已渗透到职业院校学生的择业观中。职业院校学生的自我意识得到了强化，自我中心观念突出，他们注重功效和实惠。他们选择能发挥自己才干、实现自身价值的单位。这些变化使职业院校学生择业更加商品化、功利化、务实化，导致他们择业期望值居高不下。因此，过于强调自我价值是职业院校学生择业心理矛盾冲突的根本原因。

（4）职业指导和创业教育相对滞后，是职业院校学生择业心理矛盾冲突的外在原因

在择业和就业过程中，职业院校学生存在需要解决的各种心理适应问题，如何保持他们的心理健康、维持心理平衡是非常重要的。尤其是在新的就业形势下，改革步子加快、竞争激烈，人们的观念发生巨大的变化，如何解决职业院校学生心理适应问题就显得更为迫切。然而，目前大多数职业院校的职业指导或创业教育都还停留在面上，在学生认识社会、认识职业、了解自我及心理咨询方面的工作做得不多，做得不够扎实，这些工作明显滞后于学生择业和就业心态的发展变化。所以，在职业院校中全面而务实地开展职业指导和创业教育是十分有必要的。

二、职业院校学生择业中常见的认知心理误区和不良情绪

面对激烈的市场竞争,许多毕业生都能正确认识和分析就业形势,调整心态,转变观念,选择适合自己成长和工作的就业之路,在不同规模、不同性质、不同层次、不同待遇的单位发挥才智和作用。但是,也有相当一部分毕业生在择业过程中存在认识心理误区和不良情绪,这会直接影响到就业。

1. 职业院校学生择业中常见的认知心理误区

(1)自卑自弃的弱势心理。近年来,各类学校毕业生的就业竞争日益加剧,社会对人才价值评价的"重学历、轻能力",导致职业院校学生在就业前存在种种不良情绪。他们或表现出自卑自弃、焦虑、失落、恐惧等不良情绪,或脱离实际,好高骛远,造成自身能力与就业心理不同步,失去本应属于自己的就业机会。

(2)择业依赖退缩心理。虽然现在实行的是"双向选择,自主择业"的就业制度,但许多职业院校学生在择业过程中,对社会为其提供的就业机会顾虑重重,不能主动地参与就业市场的竞争,向用人单位展示自我、推销自我,依靠自身的努力去获得用人单位青睐,而是寄希望于学校或家长帮助解决自己的就业去向。对于职业院校承诺保证毕业推荐就业的那些专业,职业院校学生往往十分喜爱、情有独钟。这也说明不少职业院校学生在内心深处还是惧怕或不愿自主择业,更缺乏创业精神和能力。

(3)择业紧张焦虑心理。能不能顺利就业,成为许多职业院校学生的一大"心病"。一些职业院校学生担心自己的学历低、专业技能水平低,害怕"毕业就是下岗",有的职业院校学生甚至为此寝食不安。还有的职业院校学生对所学专业不满意、没兴趣,但又没有办法改变现状,整天心绪不宁、唉声叹气、愁眉苦脸。

(4)择业思维定势心理。有一些职业院校学生为所学的热门专业所困,希望找到有社会地位的、体面轻松的、收入高、待遇好、理想的就业岗位。一旦要放弃所学的专业,一些职业院校学生就显得无所适从,心理极度矛盾。

(5)择业嫉妒心理。择业嫉妒心理就是在求职过程中对他人的成就、特长或优越的条件等持既羡慕又敌视的情绪。嫉妒心理产生的原因是多方面的。嫉妒心是市场经济竞争中的一种不正当的以极端个人主义为核心的有害心理。这种心理的主要特征是把别人的优势视为自己的威胁,因而感到心理不平衡,甚至恐惧和愤怒,于是借助贬低、诽谤以至报复的手段来求得心理的补偿或摆脱恐惧和愤怒的困扰。在求职问题上,嫉妒心理表现在看到别人某些方面求职条件好,或找到比较理想的工作时,产生羡慕,转而痛苦,又不甘心的心态。甚至为了不让他人超越自己,而采取背后拆台等不良手段。在择业中嫉妒心会使人把朋友当对手,使朋友关系恶化,人际关系紧张,当然也影响求职的顺利进行。

(6)盲目攀比心理。职业院校学生求职择业时盲目攀比,即对主观、客观条件的估量不够准确,不能正确评价自己的素质和条件,一心追求大城市、高报酬、条件好的用人单位。

由于没有正确地认识自己，自我评价过高，学生认为自己德才兼备，所以在求职中不肯"屈就"，结果是错过机会，难以就业。或者是毕业生没有调整好自己的择业心态，只是想找待遇或工作条件最好的单位，而不顾自己的专业或自己的某些能力是否适合这一行业。

2. 职业院校学生择业时常见的不良情绪

（1）自卑

自卑是个人对自己的不当认识，是一种自己瞧不起自己的消极心理。中等职业学校学生认为自己没有考上重点高中，是无能的、失败的，上职业院校是迫不得已的选择，在学历上比不上大学生，在实践能力上比不上高等职业学校学生。因此，他们往往自责、贬低或惩罚自己，潜意识中就有自卑和压抑心理。再加上近几年来社会对人才的需求标准也不断地提高，而有些单位对职业院校学生的了解又不够客观，这使得职业院校毕业生在高薪岗位的求职过程中处处碰壁，加剧了他们的自卑情绪，使他们对前途担忧，对未来丧失信心，不敢主动向用人单位推销自己，不敢主动参与就业竞争，陷入不战而败的困境之中。

（2）自负

自负是个体对自己估价过高、不切合实际、自视清高的心理状态。由于受传统就业观念的影响，职业院校学生在择业上往往好高骛远，期望值居高不下，没有将自己位置摆正，没有清楚地认识到自己只是一名职业院校学生，从事的职业及岗位应是生产第一线，所做的工作必须从最基层做起。于是这部分毕业生对用人单位挑三拣四，就出现了"高不成低不就"的情况，从而造成就业受挫，难以找到自己满意的工作，导致心理失衡。

（3）焦虑

焦虑产生的重要因素是职业院校学生期望值过高和社会就业压力大。部分学生不顾自身条件与社会对职业院校学生的市场定位，过分看重初次就业对人一生的重要性，往往不自觉地加大心理压力，精神过于紧张，一旦自身就业条件达不到，挫折感就会导致就业焦虑。部分家长不顾学生的兴趣、爱好、特长、专业等特点，硬是把自己的职业理想强加于子女，从而将焦虑的情绪传染给了子女。当现实的求职目标与自身的理想职业不相符时，部分学生会产生悲观、失望、愤世嫉妒的心理，这对于职业院校学生的成长是很不利的。近年来，就业形势越来越严峻，加上社会各种媒体的不断渲染，在客观上加重了职业院校学生对就业前途的焦虑，社会氛围对学生思想造成的压力使学生心态发生变化，部分学生变压力为动力，积极学习知识技能，以求顺利就业；部分学生抱着得过且过的心态，随波逐流；部分学生对自身前途感到悲观失望，出现情绪低落，整日忧心忡忡、愁眉不展、唉声叹气等消极现象。

（4）不满

一些职业院校学生在择业过程中，因为社会上的某些不正之风而落聘，感到社会择业竞争不公，对社会产生不满心理。还有一些职业院校学生在求职中因输给同班同学而产生敌视心理。前者学生的认识是不正确的，我们不能以偏概全。其实，单位是从自身的长远利益出发，选择各方面条件优秀的毕业生。职业院校学生要相信自己的能力，相信社会择业中公开、公平、公正的竞争。后者学生的心理需要调适，在求职中，由于能力、知识、专业等各方面原因而落聘是正常的，输给同班同学也是正常的。因为大多岗位只能聘用一个人，有入选的，就必然有落选的。每位毕业生都有自己的优势，要相信"天涯何处无芳草"，总有单位认可自己。如果产生了不满心理，对择业、就业及今后的发展都不利，职业院校学生应注意自我调适情绪。

（5）怯懦

怯懦是一种胆小、脆弱的性格特征。有些学生在求职择业过程中过于怯懦；有的在面试中不是面红耳赤，就是语无伦次、张口结舌、支支吾吾、答非所问，辛辛苦苦准备的"台词"、腹稿，情急之下忘得一干二净；有的谨小慎微，生怕一句话说错、一个问题回答不好会影响自己在面试官心目中的形象，以致不敢表达自我。这些学生渴望公平，但在机遇到来时却手忙脚乱，局促不安。他们盼望竞争，然而在机遇面前却未能充分发挥自己的才能，在"自我推销"中退下阵来。这种怯懦心理也多见于一些性格内向和抑郁气质类型的学生。

（6）冷漠

冷漠是一种对周围的人或事无动于衷、漠不关心、置之不理的情绪，是个体对挫折的退缩式反应。一般而言，多数职业院校学生血气方刚，情感丰富，富于激情，但也有少数职业院校学生对就业表现出冷漠情绪。引起职业院校学生情绪冷漠的主要原因是对战胜挫折、克服困难感到无能为力，从而失去信心和勇气，对原先追求的目标失去兴趣以至于甘心退让，表现为漠不关心、麻木冷漠。此外，缺乏家庭的温暖，缺乏安全、信任、尊重的社会环境，也会造成学生性格孤僻、态度冷漠。在择业过程中，经受不住挫折的打击而态度冷漠的学生不关心社会，不关心他人，对自己的人生价值、前途漠然处之；意志衰退，心灰意冷，缺乏进取精神；逃避现实，随波逐流。

三、职业院校学生求职择业中心理问题的自我调适

解决职业院校学生求职过程中心理问题的根本对策，是帮助学生学会自我调适。自我调适是指个体运用一定的原理和方法，主要是心理学的原理和方法，促使自己的心理和行为获得积极改变的过程。自我调适的作用，就在于帮助学生在遇到挫折和冲突时，能客观地分析自我与现实，有效地排除心理障碍，从而使自己保持一种稳定而积极的心态，达到如愿择业的目的。因此，引导学生有效地进行心理调适是十分必要的。

1. 常见的自我调适的方法

（1）自我激励法

职业院校学生可以用生活中的哲理、榜样的事迹或明智的思想观念来激励自己，同各种不良情绪进行斗争。职业院校学生在择业过程中，要相信自己的实力，通过自我激励增强自信心，保持良好的情绪和心态。

（2）注意力转移法

职业院校学生可以把注意力从消极情绪转移到积极情绪上。有些时候，不良情绪是不易控制的。这时，可以采取迂回的办法，把自己的情感和精力转移到其他活动中去，如新知识、新技能的学习，参加有兴趣的活动，听听音乐，利用假日郊游接受大自然的熏陶等，防止自己沉浸在不良情绪中，以求得心理平衡，保护自己。

（3）适度宣泄法

因挫折而焦虑和紧张时，消除不良情绪的最简单的方法莫过于宣泄。切忌把不良情绪强压于心底。宣泄的较好方法是向你的挚友、师长倾诉你的忧愁、苦闷，使不良情绪得到疏导。在倾诉烦恼的过程中，可以获得更多的情感支持和理解，增强克服困难的信心，也可以参加体育活动来宣泄情绪。但是，宣泄情绪一定要注意场合、身份、气氛，注意适度，应是无破坏性的。

（4）自我安慰法

自我安慰就是自我慰藉，实质是自我辩解。人不可能事事皆顺心、处处是英雄。择业中遇到困难和挫折，已做了努力仍无法改变时，可以说服自己适当让步，不必苛求，找一个可以接受的理由让自己保持内心的安宁，承认并接受现实。自我安慰的关键是自我忍耐，在择业中学生常常会遇到挫折，可适当地进行自我安慰，以缓解矛盾冲突，解除焦虑、抑郁、烦恼和失望情绪。

（5）合理情绪疗法

人的情绪困扰是由于不正确的认知即非理性信念所造成的。因此，应当进行认知纠正，以合理的思维方式代替不合理的思维方式。

人有理性与非理性两种信念，这些信念指引下的认识方式会左右人的情绪。人的不良情绪的产生来自人的非理性观念。要消除人的不良情绪，就要设法将人的非理性观念转化为理性观念。例如，有的学生在择业中受了挫折便消沉苦闷或怨天尤人，其原因在于他们原本认为"学生就业应当是顺利的""我的择业应该很理想""我过去事事顺利，这次也不应例外"，等等。正是由于这些观念，才导致或加剧他们的不良情绪。如果将这些想法加以纠正，则不良情绪一定能得到克服。学生在运用合理情绪疗法时，应首先分析自己有哪些消极情绪，从中分析、综合、抽象、概括出相应的非理性观念，并对其进行挑战、质疑和论辩，同时对比两种观念状态下个人的内心感受，鼓励自己转向理性观念方面，从而有助于排解不良情绪。

职业院校毕业生应当认识到，人生是一个不断发展变化的过程，也是个人对环境不断适应的过程。面临毕业，在考虑社会给自己提供了哪些职业位置，有多少选择的机会与可能的同时，也应想到如何认识自己、调整自己，使个人做出最佳选择并尽快适应职业活动。

因此，职业院校学生应当充分认识心理调适的作用，提高自我调适的自觉性，通过努力使自己保持一种良好的心态，以利于合理择业、顺利就业和健康成长。

2. 职业院校学生应具备的择业心态

（1）正视现实

正视现实是职业院校学生择业必备的健康心态之一，它主要包括两个方面的内容，即正视社会、正视自身。

① 正视社会。社会为学生提供的工作岗位不可能使人人满意，偏远地区、艰苦行业、基层急需人才。同时，我国的毕业生就业市场还不规范，还需进一步完善。但随着社会主义市场经济的发展，社会越来越尊重知识、尊重人才。社会尽可能地为学生求职择业提供健康的环境，为学生施展自己的才能提供广阔的天地。对此，职业院校学生应面对社会现实，一切从实际出发，处理好理想与现实的关系。

② 正视自身。俗话说：知人者智，自知者明。一个不能正确认识自己的人，就不能把主观愿望和客观条件有机地结合起来，从而选定实际的目标。正视自身，就要对自己有充分的认识，如专业学习状况、各种能力、身心素质等。对自己有充分的认识，有助于将主观愿望与客观实际结合起来。而对自身个性心理特征，如气质、兴趣、性格、能力等的充分客观的认识有更重要的参考作用。

（2）不怕挫折

挫折是指个人在从事有目的的活动的过程中，遇到干扰和障碍，致使动机不能实现时的情绪状态。崇高的职业与现实总会有差距，而现实中理想或热门的职业存在着激烈的竞争，挫折更是不可避免的。但毕业生也应该清醒地认识到，生活中的挫折是造就强者的必由之路，同时也是锻炼意志、增强能力的好机会。因此，在择业过程中，遇到挫折，一要认真分析失败的原因，是主观努力不够，还是客观要求太高；是客观条件苛刻，还是主观条件不具备。二要保持健康的心理。挫折是试金石，心理不健康的人，知难而退，甚至精神崩溃、行为失常；心理健康的人，勇于向挫折挑战，百折不挠。

（3）放眼未来

对于将来的看法，不少毕业生仍存在着"一次就业定终身"的落后观念，以至于择业过程中患得患失。因此，毕业生应把目光放远一些，把第一份工作看成是聚集实力和竞争资本的好机会，把目标从求轻松、求享受转到重视拼搏精神、报效祖国，重视自我创业、实现自我价值上。从大处着眼、从长远着眼，才是改变择业难的关键所在。只有这样，毕业生才能做到充满自信、从容就业！

教学活动

活动目的：了解职业院校学生在择业中的心理状态，使学生学会自我调适，走出择业误区。

活动要求：以小组为单位，3~5人为一组，通过访谈应届毕业生，了解他们在择业时的心理状态及如何进行自我调适，克服困难心理，从而找到适合自己的工作。

第二节 树立正确的择业观

积极者相信只有推动自己才能推动世界，只要推动自己就能推动世界。

——佚名

如果就业观念不转变，职业院校学生就业难的问题就很难有根本的改善。因此，正确认识自我，及时调整就业心态，树立良好的择业观是职业院校学生择业的一个关键。

一、了解职业

我国管理专家程杜明认为，职业是参与社会分工，利用专门的知识和技能，为社会创造物质财富和精神财富，获取合理报酬作为物质生活来源，并满足精神需求的工作。

职业的种类与一个国家一定时期的社会政治、经济制度及国家的政策密切相关。还与一个国家的科技发展、经济繁荣、社会进步密不可分。因此，不同的国家对职业有不同的划分。

1. 按脑力劳动和体力劳动的性质和层次分类

（1）白领工作人员——专业性和技术性的工作人员；农场以外的经理和行政管理人员；销售人员；办公室工作人员。

（2）蓝领工作人员——手工艺及类似的工人；非运输性的技工；运输装置机工人；农场以外的工人；服务性行业工人。

2. 按心理的个体差异分为六大类

现实型（手工工作、技术工作）。

研究型（科学研究、实验工作）。

艺术型（艺术创作）。

社会型（教育、社会福利）。

企业型（管理、销售）。

传统型（办公室办事员、会计、审计、收发、秘书、统计、档案管理等）。

3. 按贡献范围分为四大类

物品产业（农林业、制造业、土木建筑业中直接从事物品生产加工的行业）。

位置产业（运输、仓库保管、金融、流通等）。

时间产业（人寿保险、医疗、服务、社会治安、娱乐及旅游业等）。

知识产业（教育、新闻、设计、广告宣传、技术开发等）。

二、对待工作的态度

1. 工作决定生活质量

你想过怎样的生活？这是一个很现实的问题。你的生活质量取决于你的职业选择，与你对自己的期望有关，也与你的生涯规划有关。在同等环境条件下，生活质量的差别就是你个人拼搏的结果。财富是劳动的成果。有了物质的保证，你才能过自己想要的生活，买房、买车、接受继续教育、旅游等，你所追求的这些都需要收入做保障。当你不再为生存的支出而犯愁时，你才会进一步追求精神的满足。这说明工作不仅仅是谋生的手段，还能带给我们更多美好的东西，给每个人以实现自身价值的机会，一个发展自己、实现人生梦想的机会。

2. 工作决定活动范围与时间分配

不同的职业会有不同的交际圈子，如果你在企业做销售管理，可能天南海北地奔波，那么你的交际圈自然扩大；如果你在政府机关做档案管理，那你的交际圈可能会窄一些，因为你所接触的外部世界的范围较小。物以类聚，人以群分。你想与自己志同道合的人共同做事，就要通过自己的努力去寻找这个机缘。你向往某个群体，就要让自己具备与这个群体相适应的个性条件。当你进入自己想要的交际圈，你会如鱼得水，能充分享受人际交往带来的愉悦，给自己编织多彩的生活情景。

同时，工作赋予时间意义，为你的生活筑造起理想的架构、次序。你的时间如何运用，都与你的工作联系在一起。

3. 工作使你获得生活满足感

你在工作中的期望是否能达成将直接影响你的幸福感。前面谈到的那些期望，你是否能实现？你是否对自己满意？是否对周围环境满意？这些都需要通过工作来检验，通过工作去实现。在生活过程中，你能否保持积极心态和快乐情绪，达到一定的满足，都是你体会生活意义的重要依据。

4. 工作实现你的价值观

生活中你最看重什么，追求什么，选择做什么事，成为怎样的人等，这些就形成了你的价值观。每个人都有自己独特的价值观。通过工作，你才可能逐步实现自己的愿望，做自己最值得做的事，在职业发展中寻求生活的乐趣。

三、择业观选择

1. 先立志，后立业

【案例】李小霞的故事

在平常人眼里，殡仪馆总有几分恐惧色彩，迷信者更有诸多忌讳。可是，据惠州日报报道，李小霞同学中专毕业后选择当殡仪工，她一边工作，一边通过自考学习拿到经济管理的大专文凭，但她仍选择到惠东县殡仪馆工作。她说："只要能减轻死者亲人的悲痛，再难也要做好。"

> **启示**
>
> 对一名女同学来说，择业时选择殡仪工这一行业是需要一定勇气的。从李小霞身上，我们看到了一种可贵的品质，那就是：立志从大处着眼，就业从小处开始。假如李小霞中专毕业后选择当殡仪工，那是因为她学的是这个专业，人们似乎可以理解。但当她通过勤工俭学拿到经济管理的大专文凭后仍选择到惠东县殡仪馆工作，这就让人钦佩了。殡仪工作难做，难就难在需要一定的勇气，难就难在世人对殡仪工作存有偏见。可李小霞却说："只要能减轻死者亲人的悲痛，再难也要做好。"在这个岗位上，她感到能够发挥自己的专长，实现自身的价值。希望即将毕业的同学和面临再就业的人们能从李小霞的故事中得到启示。

在新的形势下，随着人事制度的改革和就业市场供求关系的变化，确立正确的择业观，对拓宽就业领域、实现自我价值、促进社会发展具有积极意义。只要我们树立正确的世界观、人生观、价值观，把胸怀祖国、服务人民作为自己的座右铭，坚持理论联系实际，走与人民群众相结合的成长道路，积极响应党的号召，把祖国的需要作为无悔的选择，我们就会转变就业观念，树立行行建功、处处立业的新型择业观，自觉到基层、到西部、到祖国和人民最需要的地方去建功立业。

2. 先就业，再择业

【案例】张辉的心里话

某校04届毕业生张辉同学在与该校应届毕业生谈论就业问题时说："每一位同学在择业时必会根据个人需求层次的不同而做出不同的选择。我为什么要选择去永乐家电工作呢？诚然，首先是通过就业，永乐家电给我提供一定的收入保障，是个人生活保障之所需。在满足了这一首要层次需求后，我会走向不断提升个人价值的阶段。对于个人的发展，作为一名有理想、有抱负的员工，我会更注重个人能力的不断提升，使得个人随着企业的发展处于共同前进的过程中。这时，当我所具备的个人素质符合了企业飞速发展的需求时，在永乐家电规模与效益不断扩大与提升的前提下，我必然会实现自我价值。一分耕耘，必有一分收获，在永乐家电的强者地位日趋巩固，拥有的基础日趋雄厚，我的个人价值实现有了载体后，对应的必然是个人价值的提升。"

启示

美国心理学家马斯洛曾提出人的五个需求层次理论（生理需求、安全需求、情感和归属的需求、尊重需求、自我实现需求），这种理论的构成根据3个基本假设：① 生存；② 需求按重要性和层次性排成一定的次序；③ 当某一级的需求得到最低限度满足后，才会追求高一级的需求，如此逐级上升，成为推动人继续努力的内在动力。

同学们，听了张辉的心里话，理解了马斯洛的人的五个需求层次理论，你得到什么启示？也向老师、同学说说你有关择业的心里话。

的确，要找一份称心如意的工作确实有难度，但更重要的是要树立正确的择业观。正确的择业观首先基于对自己的充分认识，包括自身的能力特长、兴趣爱好、知识水平。既不能盲目清高，也不能妄自菲薄。不能一味地追求"我想干什么"，而要知道"我能干什么"。

人生面临许多重要选择，择业便是其中之一。职业生涯在人的生命周期中所占的时间最长，职业对人意义重大。职业与事业紧密相连，职业是生存的保证，而事业则意味着生存的意义。离开职业谈事业，只能是想入非非。人的价值是靠劳动体现的，因而工作与职业便是个人实现自我价值的基本途径。

职业期望伴随着人生的职业生涯，不同的人会有不同的选择。职业理想人人都有，期望高低因人而异。理想与现实之间总有距离，及时调整自己的职业期望是明智之举，最好不要去做让现实适应自己的徒劳之事。

选择职业不是一厢情愿的事情，制约它的因素有很多。"双向选择"在给你自由选择的同时，也把这个权利赋予了对方。

了解形势、政策、用人单位和自己，这是每一个毕业生在选择职业时都应做的准备。任何职业都有利弊，热门职业不见得适合你，盲从和趋众除了会增加竞争的激烈程度，还有可能使你忽略了自己的能力、特长和兴趣并丧失其他好机会。何况，自主择业并不意味着自由择业，就业政策和户籍制度等将对你的择业行为进行必要的限制。乐观者常认为别人的"葡萄"没有自己的甜，这种心态在择业时会使你认定自己选择的职业是最好的。相反，"这山望着那山高"的择业者却始终怀有一种无法摆脱的遗憾和痛苦。初次就业不等于终身坚守，一个人的职业生涯充满着变化，今后变换工作的机会还很多。

3. "自负盈亏"求发展

【案例】李宁的成长

李宁同学2014年毕业于某职校的电气技术专业,当时作为一名手机生产线操作工,她被招聘到深圳一家电气公司,她爱岗敬业,不嫌工作单调,经过三个月实践,她就成为生产线上的操作能手。同时,她围绕生产线存在的管理问题,认真学习生产管理的有关知识,并结合车间实际情况,向主管部门提出许多有效建议,为该车间节资增效近万元。她的突出表现使她被提拔为生产线线长。

启示

李宁同学的经历告诉我们,要从小事做起,才能成就大事。不要拒绝做小事,注意每一个细节,这对一个人的一生都很重要。对于一个人、一个企业,成功不是偶然的,正是对一些小事的处理方式昭示了成功的必然。这就告诉我们必须具备一种锲而不舍的精神,一种坚持到底的信念,一种脚踏实地的务实态度,一种自动自发的责任心。把应该做好的扎扎实实做好,凡事从小处着眼,做细做实才能做强做大。小事如此,大事亦然。"海不择细流,固能成其大,山不拒细壤,方能就其高",认真对待身边的每一件小事,从小事做起,才能成就大事,从而取得成功。

由此可见,良好的择业理念是择业应具备的核心价值观。先进的理念会带动正确的行为,正确的行为会产生良好的结果。据调查,目前约60%的毕业生就业理念较为模糊。而就业市场的实践告诉我们,先进的理念就是当前知识型社会就业的引擎。掌握好以下几点原则,有助于树立良好的择业理念。

（1）多消费智力,少消费资本

在知识经济时代,知识是有时效的,知识不消费就会过时。毕业生应把握好时机,在就业竞争中适时将所学知识应用在市场中、营销中,实现知识的最佳卖点,这样才能使自己在择业市场中增值。情商理论告诉我们,当一个人的兴趣和爱好集中在一个问题上的时候,人就会达到忘我的程度。热爱一种工作,就会把工作当学问研究、当事业去奋斗。快乐工作是人生最大的乐趣,也是工作的最高境界。应届毕业生初选工作,要把自己的兴趣放在重要的位置,做自己感兴趣、愿意做的事,工作带给你的便是阳光,在未来的工作中才会越做越出色。

（2）适合你的就是最好的

在自主择业和自由流动中,择业标准是多元化的,双向选择中的成功定律是:最适合的就是最好的。成千上万的成功择业案例说明了这一点。选择适合自己的方法是:关注自己与企业能否同步成长,研究自己的潜力在企业可持续发展中能否有所为,注意力应放在自身性格、价值取向及企业文化是否相容上。

（3）精致的模仿不如简单的创造

创造，作为中华民族生生不息的精神内核，其核心在于不断求变与超越。毕业生应当积极培育创新精神，强化创业意识，努力提升个人在创新创业方面的综合能力，并树立这样的理念：将传统的择业观念转变为自主创业，从寻找工作转变为创造就业机会。在知识经济迅猛发展的今天，职业版图日新月异，新兴职业层出不穷。面对挑战与机遇，勇于担当，在知识型就业的新浪潮中乘风破浪，开创属于自己的精彩篇章！

第三节 获取就业信息

毕业生就业信息是一种特殊的信息。获取及收集就业信息并进行分析、整理是每一个毕业生在进入职场前必不可少的重要工作。它具有很强的目的性、价值性、时效性和可控性。

案例及分析

【案例导入】

职业院校毕业生小王学的是非热门专业，他知道自己的专业不太好找工作，于是采取了"漫天撒网"的办法，自以为网撒得越大，捕到鱼的希望也越大。所以，他把自己精心设计、制作的求职信和个人简历等材料，复印了两百多张。然后在招聘会上投递了多份简历，在招聘网站上给多家单位投递了求职信，课余时间忙得不亦乐乎。当最后一批求职信投进邮箱时，他心里好像踏实多了，心想这下可以安心地等待好消息了。

然而，一个多月之后，A 单位回复了："对不起，本单位没有用人计划，你是一位优秀的职业院校毕业生，相信你一定会找到满意的工作。材料退回，请查收。"B 单位打来电话说："欢迎你来本单位应聘，不过我们单位解决不了户口指标，你能否将自己的户口转回家庭所在地之后，再到我们单位来……" C 单位则明确答复："你的专业我们单位已不需要，你能胜任的岗位我们没有空缺。"小王这下心里凉了半截。不久，D 单位的下属单位给他发来了热情洋溢的邀请函，欢迎他到基层立业，可他对该单位提供的工作环境、待遇又不满意。再往后，则什么消息都没有了，投递的简历、求职信如石沉大海，一无所获。

> **思 考**
>
> 小王求职失败的主要原因是什么?

获取就业信息

一、获取就业信息

有专家建议：在当今社会发展中，每个毕业生除了学好自己的专业，还要具备"找工作"的能力。要想为自己选择理想的工作，首先要了解获取就业信息的方法。

1. 我们应该了解哪些信息

首先，必须了解、掌握、正确运用国家有关部门发布的就业指导政策，以及地方政府、学校及各用人单位贯彻国家就业政策的具体规定。国家关于毕业生就业的方针政策是根据社会和经济发展形势而确定的，与当年的社会经济发展有着密切的关系。毕业生在收集就业信息时，要特别注意了解学校就业指导部门关于毕业生就业工作的具体规定，在就业政策上有哪些调整和变化。在此基础上，联系自身实际情况，制订自己的择业计划。

其次，要了解当年就业市场的需求变化。毕业生是社会上的一种人力资源，必须要进入市场参与竞争与流通。所以，国家社会经济发展战略、经济体系改革措施等因素，都会影响到劳务市场在人才供求上发生的变化。这些变化有专业方面、地域方面、社会职业冷热方面、工资待遇方面等多种因素。毕业生要学会审时度势，及时调整好就业心态，求职时牢记三个"先"，即"先培训、后就业""先就业、后择业""先生存、后发展"。正确地给自己定位，恰当地去收集信息，把握好就业机会。

最后，要收集一些相关法律、法规信息。如关于毕业生就业工作程序，政府、学校和中介机构的职责，用工单位、毕业生的权利义务。要学会在职场生涯中运用法律武器保护自己。例如，《中华人民共和国劳动合同法》《中华人民共和国劳动法》等。

2. 获取就业信息的渠道、方法

获取就业信息的方法很多，可以从多种渠道来进行搜集。

（1）学校就业主管机构

各学校设立有从事毕业生就业指导工作的部门，有着丰富的就业指导工作经验，并和用人单位保持广泛、长期的合作关系。学校就业指导部门提供的就业信息数量多、可靠性强，并且经常组织校园内的招聘会。因此，毕业生应和学校就业指导部门保持密切联系，以此作为求职的一

条重要途径。

（2）新闻媒体

随着国家对人才市场化建设的加快，各类报纸、杂志、电视、广播等媒体都在加大人才供求的报道。很多报纸设立人才招聘专版，并且对毕业生就业进行政策上、方法上的指导。毕业生应随时注意人才资源市场上供求关系的动向及变化。这些新闻媒体发布的消息具有信息量大、时效性强、涉及行业面广的特点。据调查统计，通过报刊广告成功求职的人约为48%。在当今社会，通过各类媒体的招聘广告应征求职是一种重要的就业手段和途径。毕业生要及时收集、整理这些信息资料，并充分加以利用。

（3）人才交流机构

各地政府劳动部门、人事部门都设立人才交流中心及劳动力市场。

毕业生可以到这些机构去登记，并填表留下联系方式；也可以带上毕业证书及职业资格证书参加人才市场的供需见面会，直接和用人单位进行交谈面试，签订劳动合同协议。

（4）充分利用社会关系

可以通过家人、朋友及同学等各种社会关系寻找用工单位，使用这种方法必须准备好个人自荐书、求职信并将其交给委托人，并且告诉他们自己的专业、特长，对单位的待遇要求等基本条件。

（5）网上搜寻

在当前社会中，科学技术飞速发展，各类网站有数量众多的人才招聘信息。毕业生可以经常利用互联网搜寻信息，把自己的基本情况发送到用人单位邮箱中，以供用人单位选择所需人才。

二、就业信息的处理

由于就业信息的来源和获取的渠道不同，毕业生掌握了大量信息，其中内容有虚有实，有的互有矛盾，有的虚假不真实。因此，对收集到的信息进行整理和筛选，成为毕业生使用就业信息前的必经阶段。

（1）就业信息的筛选。进行科学的分析和取舍，要鉴别真伪，进行可信度分析。

（2）要进行效度分析。即对信息的可用性进行鉴别，看这条招聘信息是否与自己的兴趣特长、专业、爱好甚至收入、工作环境、地域等相符，更要注意用人单位对生源地、性别、学习成绩、个人素质的要求，以及当地户籍政策是否适合自己去求职应聘等。

（3）信息的内涵分析。包括用人单位的性质、要求及限定条件等方面的分析。通过分析，对就业信息进行去粗取精，剔除过时无用的信息，保留与自己的兴趣或专长有关的内容。

（4）要分清主次。在对就业信息进行取舍的同时，还要把信息按与自己相关的程度进行排序，重点信息选出、标明，并注意保存，一般信息标注仅供参考。

（5）要进行深入的了解。对于重要信息，要寻根究底，搜集相关资料，仔细了解信息的具体内容，如某一职业岗位的历史、现状、前景、要求条件等。对进修培训、待遇福利、晋级晋升等信息要通过合适的方式侧面了解。了解得越深，分析得越透，就越能准确找到适合自己的目标。

三、就业信息的运用

这是收集信息、分析筛选信息的目的所在。对就业信息的运用包括自己运用信息和相互交流信息两个方面。

1. 自己运用信息

对信息筛选的主要依据是找寻适合自己的信息，无论信息的准确性、及时性、有效性多么高，只要不适合自己，那么它对自己来说就失去了价值。作为职业院校毕业生，在择业时，要将自己的情况与就业信息进行认真的对比衡量，不能好高骛远、人云亦云、迷失自我，更不能图虚荣、爱面子，而要量力而行、量能择业、量才定位。一旦自己决定使用这条就业信息，就应该及时地调整自己的知识结构，尽量弥补自己的不足，以适应所选就业岗位的要求。

2. 相互交流信息

有些信息对自己不一定有用，但对他人可能十分有用，遇到这种情况，千万不要封锁信息，而应主动输出，这对他人是一种帮助，同时也增加了与他人交流信息的机会。从这种真诚的交流中，你也许会从别人那里获得对自己有益的信息。

四、做好心理准备

1. 树立正确的择业观念

（1）树立"从基层做起"的观念

职业院校学生应正确地认识自我、认识社会，择业时不要好高骛远，要摆正心态，从基层做起，在工作中积累经验，使自己逐步成长起来。

（2）淡化"专业对口"的观念

每一种职业和工作对从业人员都有核心能力的要求，但用人单位往往更看重求职者的综合素质。他们比较注重应聘者的人品，希望自己未来的员工踏实肯干、吃苦耐劳，对周围环境有较强的适应性，还要具有团队合作精神等。因此，职业院校学生在择业时不要太强调"专业对口"，应注重自己综合素质的提高。

（3）转变"一步到位"的观念

改变"一步到位"的思想，先就业再择业。随着社会的进步和发展，人们很难一下子就找到合适的、理想的工作，因此，要树立找工作"逐步到位"的观念，做好多次择业的思想准备。

（4）确立"期望值要适当"的观念

就业期望值是毕业生对职业薪水、工作环境、职位晋升、福利待遇、发展空间等方面数量化的估计值，包括最佳值和最低极限值。比如，职业院校学生希望月薪在2000～5000元之间，2000元是最低极限值，5000元是最佳值。职业院校学生最好根据自身情况确定适合自己的期望值。

2．培养健康的心理素质

（1）建立自信

自信是求职成功的心理基础，建立自信心的前提要看到自己的长处、优势，要认识到别人也不一定什么都好，你也有自己的长处。不要把招聘者看得过于神秘。从心理学上讲，求职者在面试时心理上处于劣势，往往把招聘者看得过高，好像他们能洞悉自己内心似的。他们同你一样，都是普普通通的人。不要总想着自己的缺点，每个人都有自己的缺点和不足，也有自己的优点和特长。多想想自己的优点、优势和特长，即使有缺点，对某一项工作来说也可能是优点。这样的心理暗示，可以增加自信，消除紧张。

（2）克服怯懦，消除紧张

一是学会自我调整。不要把面试看得过于神秘、可怕，不要计较别人对你的看法和评论。

二是加强自我训练。面试前可请老师和同学充当招聘者，进行模拟面试，训练胆量，掌握面试技巧。平时要注意扩大知识面，积极参加各种活动，多与他人交往，提高沟通能力。

三是注意临场心理调适。面试时要尽可能地提前到达考场，以便有足够的时间来稳定情绪，同时还可以用深呼吸法、激励法来调整紧张和羞怯心理，并不断暗示自己"我一定能行"。

（3）不怕挫折

生活中的挫折是造就强者的必由之路，挫折是锻炼意志、增强能力的好机会。职业院校学生在择业时，应该保持健康、稳定的心理，采取积极的态度，遇到挫折时，不要消极退缩。平日不断地增强自身修养，学会科学地认识、分析事物。

3．调整自己的求职心态

一是正视现实。即正视社会和正视自身。现实是客观的。常言道：知人为聪，知己为明；知人不易，知己更难。对自己有充分的认识，有助于明确自身定位，从容应对挫折和挑战。

二是敢于竞争。要有竞争意识，应该有青年人的朝气和锐气，要敢想、敢说、敢干，从实际出发，充分考虑到自己的专业、性格、气质、爱好等，扬长避短，发挥特长。要靠真才实学，而不能靠纸上谈兵，更不能互相嫉妒甚至互相拆台，应在互学、互勉中共同进步。

三是善于竞争。要克服情绪上的紧张和焦虑，做到仪表端庄，举止得体，表述清晰，采用适当的方式推荐自己，给用人单位留下良好的第一印象。

4．勇敢面对困难，培养抗挫折能力

人生不可能一帆风顺，总会遭遇挫折，经受磨难。职业院校学生在求职路上，不可避免地会遭遇困难和挫折。这时候，有的人会内心极度烦恼、焦虑、苦闷，甚至与人吵架、动武；有的人态度积极，能较快走出迷茫，将痛苦、愤怒等情绪转化为奋发向上的积极情绪，化解困境。往往后者更能够取得最后的成功。

五、求职途径

毕业生求职主要通过以下途径。

（1）参加招聘会和用工单位直接交流。

（2）应聘在各类报刊上登载招聘广告的用人单位。

（3）在当地政府人才交流中心登记信息、寻找机会。

（4）利用社会关系，请他人帮忙提供就业机会。

（5）通过官方网站，查找企业联系方式，找那些适合自己专业的岗位，打电话去了解其是否招聘。

（6）利用互联网来查找招聘信息，或者把自己的简历贴在网站供用人单位浏览。

几点建议

1．在求职过程中要提前准备足够的简历等求职材料，整理好个人学历证书、职业资格证书等。

2．在着装上要整洁大方，语言谈吐要谦虚礼貌。

3．求职失败时应该冷静思考，找对自己的求职方向。

4．利用假期进行针对性"充电"。

5．要把求职过程变成发掘自我和展示自我的过程。

6．面对挑战，充满信心，把握机会，拓宽视野，一步步升华自我，完成自己的奋斗目标。

小资料

谨防求职陷阱 缓解紧张情绪

1．谨防求职"陷阱"

在应聘求职的过程中，很多不法企业利用求职者缺乏应有的防范意识和急于找工作的迫切心情，设置了各式各样的就业陷阱，给求职人员带来了巨大的危害。刚刚毕业的学生由于缺乏社会阅历与经验，同时，又受到多方面就业的压力，特别是缺乏相应的防范心理，很容易上当受骗。以下是几种常见的求职"陷阱"。

（1）应聘职位与实际不符

一些单位在人才市场上"挂羊头、卖狗肉"，比如，招聘时说招编辑、记者，实则是招广告业务员。单位招收员工后，除了电话费，几乎不支付任何成本，业务员没有任何底薪，全靠广告提成。广告上承诺提供的薪水，往往都比较高，许多求职者很容易为之所动，但到了月底，招聘单位常常挑出应聘者的种种"不是"，然后以此为理由来压低薪水。

（2）巧立名目收取费用

用人单位变相收取各种费用，如报名费、培训费、服装费和保证金等，其实是一些企业变相敛财的手段和方法。

（3）熟人介绍入传销

经熟悉的同学、朋友介绍，说在某些城市有一个非常不错的工作，薪水很高，不需通过正规的招聘过程。过去之后发现是传销，并且被限制人身自由，不能离开。

（4）试用期无过失被解雇

一些行业企业如酒店、中介公司等，往往开出很高的工资引诱求职者，但为了降低企业管理成本（人员工资、福利和保险），就不断地在试用期内以各种借口解雇员工（试用期内员工工资最低）。

（5）收取费用，提供虚假招聘信息

"黑职介"利用学生缺少社会经验，同时又就业心切的心理，收取信息费后提供虚假信息，找几家用人单位来回"忽悠"学生，面试时要么称"已招到人"，要么称"不合适"，甚至有些中介在收费后便人间蒸发，让学生投诉无门。

2．缓解紧张情绪的方法

（1）深呼吸调节放松法

此方法可以依下列步骤进行，调节自己的情绪。

① 坐端正，身体放松。

② 默念"我现在很放松"。

③ 尽量缓慢地吸气。

④ 轻轻地屏住呼吸约10秒钟。

⑤ 尽量缓慢地呼气。

⑥ 暂停一会儿。

⑦ 重复三次以上深呼吸过程。

放松练习有四个注意事项：

第一，确定有一个地方，你可以有20~30分钟的时间不会被打扰。这个地方越安静越舒适越好。在放松前将灯光调暗，将衣扣解开。

第二，找一个很舒服的位置，坐在舒适的沙发上或椅子上都可以，选择一个尽可能舒适的姿势。躺在地板上或床上也可以，但平躺容易让人昏昏欲睡。

第三，将一句简短的话或一个简单的词作为"口令"，任何时间、任何地点只要默念放松的"口令"，就可以条件反射似的很快集中精神，心平气和。例如，默念"我很放松""放松""我感觉很平静""平静""我很稳定""稳定"，等等。

第四，精神要专一，态度要顺其自然，要毫不费力地让紧张、烦恼飘到体外，并细心体会这种感觉。

（2）肌肉放松法

放松与紧张是两种对立的状态。肌肉放松了，心理也能得到一定程度的放松。放松肌肉的方法如下。

① 自己给自己下达放松的指令。

② 从手—肩—头—颈—胸—腹—腿—脚，依次让身体每块肌肉先体验紧张，然后渐次达到放松。

第四节 应聘前的资料准备

机遇只偏爱那些有准备的头脑。

——贝弗里奇

在前一节中我们反复提到应聘前要做好资料准备，那么，应聘前应做好哪些资料准备呢？

案例及分析

【案例一】小王去应聘

清晨6时整，一阵急促的闹铃声把正在沉睡中的小王叫醒。"今天上午参加面试"的念头刚刚闪过，小王就马上从床上爬起来。更衣、洗漱，十几分钟后，小王就坐在了桌子前。

为了迎接上午10时"世纪公司"的面试，小王已精心准备了一个星期。招聘单位的背景材料、招聘简章、面试礼仪常识、面试中的疑难问题、公司招聘主管的姓氏及个人资料等都已制成了卡片，可以随时拿出来查阅。身份证、毕业证书、职业资格证书、计算机三级证书、在校获奖证书的原件、复印件也按目录装在文件袋中。

上午8时整，查看了交通路线图，把所有资料及钢笔装在包内，整装待发的小王走到镜子前，进行最后检查。眼前的小王服装整洁、合体、大方，脸上充满着自信的微笑。迎着初升的太阳，小王走出了家门。

> **思考**
>
> 小王在面试前做了充分的准备，你来分析一下，他都做了哪些准备？特别是做了哪些资料准备？

【案例二】应聘资料显示实力

张某是陕西省某工业学校家电专业的学生，自身条件不是很好，个子仅有1.52米，毕业时，家长及学校都替他担心，怕他难以找到合适的工作。但他非常自信，脸上总是挂着笑容，走路抬头挺胸，还哼着欢快的歌曲，这又使就业指导中心的老师稍微有点放心。但随着一次次面试，一次次失败，就业指导中心的老师放下的心又悬了起来。因为企业一见他1.52米的身高就摇头，有些甚至不给他面试的机会，就这样一连十多次，尽管张某还是一脸轻松，可就业指导中心的老师却坐不住了，怕他的自尊受到伤害，于是就把他找来谈话，了解他的思想动态。这一谈，就业指导中心的老师有了主意，因为表面看张某其貌不扬，普通话中夹杂着方言，然而他的思路特别清晰，反应也很快，专业基础也很扎实，更重要的是自小练就一手漂亮的毛笔字，蝇头小楷写得清秀隽永，于是就让他把自荐书、毕业生登记表通通换为毛笔小楷，当企业来招人时就把这份资料送到招聘者手里。功夫不负有心人，当上海某电子有限公司的招聘人员看到这些资料后，立即约张某面谈，并通过请示公司领导破例录用张某。张某进公司后立即被推荐到公司工会，从事企业文化宣传工作。

> **启示**
>
> 出身不能选择，自身的外在条件也不容易改变，能选择和改变的只有自己的气质、知识和人生态度，要知道花香自有爱花人，是金子总会发光的。
> 在用你的容貌和言谈打动面试人之前，先让你的书面资料打动他吧。

应聘前资料准备

一、应聘前个人资料准备

1. 自荐书

自荐书的内容是以最佳候选人的形象去应聘一个具体的职位。自荐书与个人简历起着不同的作用，简历告诉对方你的经历和你的学习、培训及掌握的技能。而自荐书告诉对方你能为招聘单位做哪些工作，你是用人单位的最佳选择。

（1）自荐书要点

① 自我介绍和自荐理由。开始要引起对方的充分注意，说明你为什么来应聘及谋求某职。要在自荐动机上谈及你对应聘单位的了解情况。

② 自我推荐部分。要简短地叙述自己受到的专业培训及实习经历，重点是介绍你的个人能力与招聘单位岗位需求的匹配程度。这部分你应强调通过自己的努力，将会有益于应聘单位的发展，你能给予对方的远大于对方所需要的。

③ 联系方式。要告诉应聘单位怎样与你联络，给出你的联系电话或电子邮箱。最好不要等电话，要表明三四天后你会打电话确认招聘者的意见，语气要诚恳、礼貌。

（2）自荐书技巧

成功的自荐书应该重点突出自己优于他人的能力，表明自己具有强烈的团队合作精神，能在最短时间内认同企业文化，能表现出自己愿意为事业奉献自己的聪明才智。写好一封令人满意的自荐书需注意以下几点。

① 富有个性，突出重点。要在描绘自己时不拘泥于通俗写法，立意新颖，以独特的语言给对方留下强烈的印象。要使对方认为你是最适合的岗位人选。要突出那些引起对方兴趣、有助于获得工作岗位的内容，主要包括专业知识、自身特长和个性特点等。

② 简明扼要，充满自信。要用简练的语言把个人特点表达出来，切忌堆砌辞藻。自荐书不在于长，而在于精，精在内容集中明确、语言凝练明快、篇幅短小精悍。要做到深思熟虑，充满自信。

③ 字迹整洁，层次分明。在写自荐书时一定要书写工整，让人一目了然，赏心悦目。段落层次意思分明，能够清楚地把你的工作态度、精神状况、性格特征介绍给对方，使你在众多求职者中胜出。

范例

求职自荐信

尊敬的××先生：

您好！

我是××职业技术学院的应届毕业生。在这个非常注重学历文凭的社会大环境中，我也许没有本科生的知识渊博，但我勤奋好学，积极上进，经过三年的学习，已比较系统地掌握从事商业会计的知识与技能，各门课程均取得了好成绩。而且我和其他许多优秀的高职生一样，也具有很多优秀的素质，如对自己能正确估价和定位，热爱会计工作，做事细致认真，务实肯干，有敬业勤业精神，动手能力比较强，能胜任财务会计、出纳、收银、电脑操作、公关接待等工作。请给我一个施展才能的机会，我将爱岗敬业，不负所望。

诚恳地希望给我一次面谈的机会，不胜感激！

通信地址：××××××××××

邮编：××××××

电话：××××××××

此致

敬礼

×××敬上

××××年××月

2．个人简历

个人简历是毕业生择业求职过程中的重要工具。一份精美的、令人赏心悦目的个人简历就像一副面孔，能给用人单位留下良好的第一印象，它会为求职提供更多的机会。

（1）个人简历的格式

个人简历按其外表形式来分，可分为表格式和半文章式两类。表格式的简历，虽然制作上复杂一些，但外观形式看上去要比文字叙述简洁明了、通俗易懂。一些大型的招聘网站都有一些较为规范、被广为接受的个人简历模板，可以下载，也可以使用招聘单位统一下发的模板。

（2）个人简历的主要内容

为了获得求职效果，不同的应聘者会撰写出不同风格和形式的简历。但在个人简历的主要内容方面，应包括"个人基本情况""受教育经历""实习、工作经历""个人成绩"等四个方面的客观内容，以及"自我评价""求职意向"等主观内容。

① 个人基本情况一般应写出自己的姓名、性别、年龄、籍贯、民族、学历、政治面貌、毕业学校、毕业时间及专业，个人的身高、体重、视力、有无重大疾病等身体健康状况，婚姻状况，以及家庭成员、社会关系等家庭背景资料。

② 受教育经历主要是个人从中学阶段至就业前所获最高学历阶段之间的学习经历和培训经历及取得的资格证书。应该前后年月相接，清晰明了，不得含糊。

③ 实习、工作经历应主要体现与你谋求的职位有关的专业经历。对于职业院校学生来说，应把自己在各种实习、实践活动中的经历作为重点。

④ 个人成绩包括你在学校、实习、工作中获得的各种奖励。描述要合理、符合逻辑，不得弄虚作假。

⑤ 自我评价要恰如其分、真实可信。避免因人事追问细节而露馅，给对方留下不诚实的印象，从而被淘汰。在学校担任的社会工作、个人兴趣爱好与所谋求岗位最好能相结合。

⑥ 求职意向用于表达求职者的愿望，（目的与动机）应力求简短明了，应表明对哪些岗位感兴趣，有无其他相关要求。

最后一定要清楚、准确地留下联系方式，如手机号、通信地址、电子邮箱地址等。最好留下固定电话号码，这样在手机号变更后，应聘单位也能迅速联系到你。

(3) 书写个人简历的技巧

个人简历使用纸张应选用 A4 纸，纸的质量要好一些。

个人简历的排版打印要精心设计，四周必须留下足够的空白。要做到清楚、整洁、美观，不要留下污垢，不要涂改。

个人简历用字尽可能精练，描述要简洁明了、通俗易懂，形式可以用表格，显得更加简练，整体篇幅尽量不超过一张 A4 纸。

个人简历的内容一定要真实。行文上要用事实说话，要坚持实事求是，既不虚构，也不夸张。务必以诚实之心写出一个真实的自我，给对方留下美好的印象。否则面试可能会露馅，给招聘者留下不诚实的印象而被淘汰。即使暂时被录用，一旦被应聘单位发现，也逃脱不掉被辞退的命运。

毕业生在写个人简历时，要突出自己的特点：年轻，身体素质好，既有一定的理论基础，又有较强的实际动手能力，受到较规范的专业技能培训，各类证件齐全。

国企简历和外企简历遴选标准

简历内容	国企	外企
个人信息	个人信息须丰富，除了基本的联系方式，可能需要提供性别、民族、籍贯、婚否、身高、体重、照片、政治面貌等	简历的个人信息，包括姓名、地址、E-mail、手机或固定电话等
求职目标	基本不需要，国企职位信息相对明确	一般需要在简历中陈述
教育经历	一般从高中开始，学校、专业，有的需要罗列主修课程，提供成绩单	学校、专业、研究方向、学分成绩、班级排名
工作实习经历	与申请职位相关度较高，不相关的工作实习经历可能不会被重视	根据应聘者过去的经历判断其是否具备需要的素质和能力，并判断其个性特征是否符合企业文化。要求用详细的文字或数字来描述在工作中取得的具体成就
学生工作	非常看重在校期间参与的校园活动，从事的学生工作等，比如是否做过学生干部	对于应届生来说，校园活动作为加分项，但仅仅只有校园活动的简历很难让外企满意
奖励情况	看重奖励的数量和含金量（国家级、省级受青睐）；另外，对于政治要求比较高的国企，会比较看重学生干部、优秀团员之类的奖励	相对来说更关注获得奖励的难易程度。例如，在一个班级里多少人可以获得，评奖的标准是什么
职业技能	比较看重各类证书，职业技能等级证书、职业资格证书、技能大赛获奖证书	相对证书而言，更看重软性职业技能。例如，计算机类要求熟练掌握 Office 软件等；语言类要求能适应办公语言为英语的工作环境

训练活动

个人简历

个人基本信息	姓　　名		性　　别		照片
	民　　族		出生年月		
	籍　　贯		政治面貌		
	身　　高		体　　重		
	学　　历		专　　业		
	联系电话		电子邮箱		

核心课程	
实习实践	
所获荣誉	
技能证书	
求职意向	
自我评价	

3．其他资料

（1）求职信：在有些招聘广告中要求应聘者先寄个人资料进行初审，然后再通知进行面试。

求职信基本内容和自荐书相同，格式和普通信件一样，应结合求职单位的生产及工作岗位来谈你的成就和专长。

（2）应聘登记表：在面试前要求应聘者填写的一种登记表。这类表格在填写中要做到字迹工整、准确翔实。所有项目都要填写，不要有空格。"期望薪资"栏可参照招聘单位基本工资待遇填写，不要随意地写一个数字。最后要认真检查，进行签名后交表。

4. 各类证书资料

参加应聘前应将自己的各类证书进行整理。在参加应聘单位面试时需带齐所有证件的原件及复印件。投递自荐书、个人简历、求职信时只需把复印件作为附加材料寄出。不要用原件，以免丢失。

需准备的各类证书资料有："毕业证书"（未拿到毕业证书，可出具学校盖章的"在读证明"）"职业资格证书""身份证"，特殊工种"上岗证"，参加其他专业培训的证书。例如，"全国计算机等级考试证书""英语四级、六级证书""毕业生推荐表""个人自荐书""个人简历"及在校期间各类奖励、表彰证书等。

5. 准备好自我介绍

在参加应聘面试时一般要求进行自我介绍，主要内容为：姓名、出生年月、毕业学校、毕业日期、所学专业，在校学习、培训的主要经历，个人特长、爱好，家庭主要成员，求职岗位及求职动机，等等。

自我介绍可按3～5分钟时间准备。注意在进行自我介绍时，一定要做到声音响亮，目光平视对方。

二、聘方资料准备

1. 分析招聘简章

拿到招聘单位的招聘简章，首先要了解招聘方对应聘者的基本条件要求。例如，年龄、身高、视力条件及健康状况，看自己是否符合条件。

其次，要了解招聘岗位及工资福利待遇，在月薪上要了解是否含有加班工资，是否符合国家相关政策要求。对外地企业要了解地理位置、交通情况及当地气候、饮食，能否适应长期工作。最后要搞清楚试用期时间，是否办理各类社会保险，是否签订符合劳动部门规定的"劳动合同"。

2. 准备招聘单位背景资料

孙子兵法中有一句名言"知彼知己，百战不殆"，讲的是作战中明了敌我情势，虽经百战，也不致陷入危险中。

在参加应聘活动时，必须事先尽可能地多了解应聘单位的情况，它是撰写自荐信的基础，是防范就业陷阱的途径之一，可避免因不了解情况、不满意就业单位而频繁跳槽，减少因频繁跳槽带来的麻烦和损失。

应该从这几个方面来调查了解应聘单位。

① 应聘单位的成立日期、规模、主要领导人及资产情况。

② 应聘单位的地理位置、主要产品、在同行业中的地位。

③ 应聘单位的体制及发展前景。

④ 应聘单位的工资及福利待遇。

了解上述资料的方法上可以是网上搜索，可以是实地考察，如有可能，尽量找内部人员或了解情况的人员进行核实。

教学活动

信息大比拼

组织应届毕业生开展一次"信息大比拼"竞赛活动。

活动具体要求如下：每人在一周内收集就业信息 1 条。要求：信息来源真实可靠，不得杜撰及虚构夸大。

用 A4 纸按以下顺序格式打印出来：信息来源，招聘单位及招聘岗位、工资及福利待遇、公司地址及相关负责人、应聘结果，信息收集人的姓名、班级。

竞赛活动组织机构：聘请就业指导老师及部分同学组成 3 个工作小组。第一组为"信息资料审核组"，任务是逐一落实信息来源及真实性；第二组为"综合评定组"，任务是进行实用性分析，并且要对信息搜集难易程度、可行性程度等做出点评（实行五星级打分）；第三组为"资料公布组"，任务是将符合星级的信息加点评并进行张榜公布。

小链接

聘方经理如是说

某职业院校就业指导中心对毕业班学生组织了一次"就业指导讲座"。在会上，学校请了几位公司总经理、人力资源部经理谈了看法。

有着 6 年工作经验、1 万人次面试经历的人力资源部经理告诉大家："在资料方面我不喜欢花里胡哨的简历，简洁一点，但不是简单。不要对我说太多的自我介绍，不要一副'只要你招聘我，我什么都肯做'的姿态。不是你'求'职，而是我'请'你来参加面试，因为你会为公司创造价值。"

"不要不敢用眼睛看着我，你不敢瞧我的时候，我也瞧不起你。我永远坚持：你的信心就是我的希望。你的岗位机会不是我给的，而是你自己争取的。"

"不要对我拒绝收你的自荐书或简历时感到失望，在情绪上显得很低落。我不收你的资料，不是你不行，而是不适合我公司。"

在国内投资近10年的一家合资公司总经理说:"我们公司招聘员工的标准之一,是看员工对企业的忠诚。表现在不管老板在不在场,都能认真地工作,踏踏实实地做事。"

"我们不苛求名校学生或成绩非常优秀的学生,只要学生综合素质好,有敬业精神,能吃苦耐劳,适应能力强,同样受到欢迎。"

"我们公司希望学生能够与企业文化、团队氛围相融洽。这样的员工能够很快适应企业环境,与企业共同发展。"

第五节 面试与笔试

企业的招聘流程分为准备阶段、实施阶段、总结评估阶段三个阶段。其中企业招聘的实施阶段包括招募、甄选、录用三个环节。在招募环节,企业的主要工作是发布招聘信息,收集招聘简历。在甄选环节,企业的主要工作是运用各种方法对求职者进行鉴别,从中选拔出与岗位需求最匹配的员工。常见的鉴别方法有:简历筛选、笔试、面试、情景模拟、心理测验、体检、个人资料核实(背景调查)等。甄选环节是企业招聘过程中最为关键的一个环节。

在招聘中,笔试与面试是最基本、最常见的鉴别方法。在应聘中,对求职者而言,笔试、面试也是非常重要的环节,如果把握不好,满盘皆输。笔试、面试成功的关键在于求职者是否具有真材实料、是否具有良好的个人素养,所谓"真金不怕火炼",它也是求职者自信心的源泉。当然,求职者在笔试、面试前除了充分的书面资料准备和心理准备,再掌握一些面试、笔试技巧对应聘成功也有很大的帮助。

案例及分析

【案例一】面试在进行

三星集团在全世界都享有很高的声誉,企业效益很好,这些年在招聘人时也是奇招多多。一次他们集团到某职业院校招人,看到应聘者云集,就提出先进行笔试。主考把应聘者集中到考场门口,对大家说:"我现在开始发卷,发卷按名册顺序,叫到谁,谁请举手应答,得到许可后方可进入考场领取试卷。"点名开始,有些同学按要求举手应答,领到了试卷,而有的同学过于紧张,听到点自己的名,一边举手应答一边跑进考场,结果被请出考场取消考试资格。接着,答卷开始,试卷上的问题都很简单。领到考题的同学非常高兴,埋下头认真地答了起来。突然主考说:"停止答卷。"有的同学按要求停下笔来,端坐在座位上，有的同学则没有答完，继续埋头答题。结果停下笔的同学进入下一轮考试，继续答题的同学被淘汰。

💡 启示

"三星"作为世界500强企业，在企业管理方面有他们的独到之处，在他们看来，员工要具备好的心理素质及严格的组织纪律观念，一切行动听指挥的精神，外加精干的外表。这样的员工才是企业立于不败的关键。

【案例二】失败的小刘

小刘去参加一个外企的招聘，她衣着整洁，对自己的自荐材料也很满意。考官问了一个又一个问题，小刘都对答如流，考官非常满意。面试结束后，考官说："麻烦把椅子放到一边。"小刘顺手提起椅子，向外一甩，重重地放在了一边，打了个响指，潇洒地对考官一笑，离开了。面试结果是小刘落选了，原因是小刘过于轻狂。

💡 启示

小刘落选的原因看上去很偶然，好像是招聘者在小题大做，但事情虽小，内涵很深刻，像小刘这样的人往往事事以自己为中心而不顾及别人的感受。就这件事来看，表面上是小刘不拘小节，实际上却反映了一个人的行为修养和公共道德。

【案例三】别样面试

这是全市最忙的一部电梯，上下班高峰时期和公共汽车差不多，人挨着人。

我在上电梯前和公司的人力资源总监相遇，说笑间，电梯来了，我们随人群一拥而进。每个人转转身子，做一个小小的调整，找到一种相对融洽的感觉。

这时，一只胳臂从人缝中穿过来，出现在我的鼻子前头。我扭头望去，一个小伙子隔着好几个人，伸手企图按电梯按钮。他够得很辛苦，好几个人刚刚站踏实的身子不由得前挺后撅，引发了一阵小小的骚动。

那个人力资源总监问道："你要去哪一层？""九层。"有人抬起一个手指头立刻帮他按好了。没有谢谢。

下午在楼道里又碰见那个总监。"还记得早上电梯上要去九层的那个小伙子吗？"她问我。

"记得呀，是来应聘的吧？"九层，人力资源部所在地。

"没错。挺好的小伙子，可我没要他。""为什么？"

"缺少合作精神。"她露出了一副专业HR神情，"开口请求正当的帮助对他来说是件很困难的事情，得到帮助也不懂得感谢。这种人很难让别人与他合作。"我点头称是。追求独立是件好事，但太过了，就成了缺乏合作精神，独立的意志就不再受到尊重。

如果那个小伙子大方而自信地说一句"请按一下九层，谢谢"，结果会怎么样呢？大家不但不会反感他的打扰，而且帮助他的人还会心生助人的快乐，最后他也能得到想要的工作。

面试与笔试技巧

一、面试技巧

1. 面试前，精心准备

（1）了解招聘方基本情况

招聘的形式一般分三种，一是企业来到学校招聘，二是学校组织学生到企业应聘，三是学生参加社会组织的各种招聘会。对于职业院校来说，考虑到学生的安全及减轻学生的经济负担，一般请企业来校招聘，这就为学生就业提供了最大的便利。因此，当有企业来招聘时，学生认为专业对口，又能有自己足够的发展空间，有意应聘，就一定要了解招聘单位的各种情况，不要拘泥于他们发布的招聘信息，还应该通过老师、网络等途径更多地了解招聘单位的位置、性质、规模、业务范围、产值、待遇、产品、发展前景，应聘岗位及所需人才的专业知识和技能等情况，以便应对面试中招聘者有可能提出的一些问题。

（2）熟记自己求职资料的全部内容

招聘者提出的问题除了提前设计的，就是临场发挥和针对被招聘者的资料内容提问，这就要求被招聘者熟悉自己资料中的各项内容，包括特长、实习经历、学习经历等，尤其是自己的一些爱好、各科成绩，招聘者容易在这些方面提问。

（3）衣着得体、整洁大方

职业院校学生参加招聘时不需要穿得过于花哨，以朴素大方为主。如果确实没有得体的衣服，穿校服也行，但要干净整洁，同时要注意养成良好的卫生习惯，勤洗澡。男生不留长发，不戴耳饰，不留胡子，不佩戴首饰。手机要静音，总之要给对方留下一个干练、利落的印象。

（4）做好心理及知识准备

面试是学生走向社会、结束学生生涯的最后一个关卡，也是人生的一个十字路口，其选择方向对人的一生都有重大影响。在就业形势日趋严峻的今天，职业院校学生能顺利找到一份好工作，与家庭、学校、社会都有很大的关联。因此，面试前的毕业生要有充分的心理和知识准备。心理准备主要是精神准备，招聘者并非过于神秘的存在，他们的职责是挑选一些适合为企业服务的人才，因此精神上无须胆怯。换句话说，在面试时，双方的人格是平等的，有了平常心态，就会消除紧张情绪，使面试成功一半。同时，也要做好知识的准备，这里所提到的知识并非自己几年来所学的专业知识，而是指一些最基础的知识和一些社会知识，如国家的重要会议、行业政策、新闻热点等，以测试应聘者的社会知识面。

2．面试中，微笑到底

前面说过，面试双方在面试中人格意义上是平等的，但并不是说你觉得满意的企业就一定能进去，因为面试的标准由招聘者说了算，作为应聘的一方只有去适应这一标准，这就需要参加面试的应聘者保持良好的心态，微笑到底。

（1）满怀信心，不卑不亢

罗斯福曾说过："除非你自己看不起自己，否则任何人都无法使你感到自卑。"在面试时不可让亲友或同学陪同，避免给人留下不成熟的印象。进入面试时不要紧张，要保持自信和自然的微笑，这一方面可以帮助你放松心情，令面试的气氛变得更融洽愉快；另一方面，可令面试者认为你充满自信，能面对压力。同时，今天的面试者也许就是你明天的同事。

（2）面带微笑，细心听取考官提问

听考官的提问，一定要集中精力，细心听完对方的问题，不可中途插嘴或抢答，这样容易弄错问题，同时也有失礼貌。也不可表现为在听问题时唯唯诺诺，似乎都听进去了，但等考官说完，却又问道"很抱歉，你刚才说些什么？"对应聘者来说，也许只是一时的心不在焉，听漏了重点，对考官来说却是感到很失礼的事。除了集中精神，细心倾听对方说话，观察对方说话的神情也很重要。听考官说话时，有的人眼睛望着地下，或呆呆地听，甚至重复发问好几次，就会给人留下不好的印象。有人常会轻率地说："我不太明白刚才这个问题的意思。"这对面试者都是很不利的。你可以聪明一点表示："据我听到的，您的意思是否是这样？"即使你真的没听懂，或听漏了一两句，也千万别在对方说话途中突然提出问题，必须等他把话说完。有些面试者喜欢三五人一组地进行面试，这样就会有比较地测试你的注意力和理解能力。有的面试者待大家坐定，会提出一个非常简单的问题，然后让举手作答，有的应聘者会迫不及待地站起身来抢答，很显然这就违背了面试者让举手答题的意愿，尽管你答得天衣无缝，也可能在这一轮被淘汰。

（3）声音清晰，巧妙作答

听懂了主考的问题，下面就要认真对答。主考也许来自天南海北，本身普通话可能不会很标准，但应聘者应尽可能地使用普通话回答问题。回答问题时态度要诚恳，不宜过分客套和谦卑。陈述自己长处时，要诚实而不宜过分夸张，但也不宜过分实话实说。有考官问面试者有什么爱好，有学生就实说"爱打球、唱歌、上网"，问有没有男（女）朋友时，又肯定地回答"有"，这种坦诚给人的印象是大大咧咧，没有上进心。因此在回答问题时要实话实说，但别直说，招聘者中不乏刁钻之人，可能故意为难，令人难堪，但这不是"不怀好意"，而是一种问话技巧，让人不明其意。故意提出不礼貌或令人难以回答的问题，其意在于"考验"应聘者，考验其适应性和应变力。应聘者若反唇相讥，恶语相对，就大错特错了。某校有学生小王参加面试，主考突然问他："你说你爱好写作，可在你的自荐书中有两处语法错误，你怎么解释？"小王吃了一惊，填表写自荐书他字斟句酌，怎么可能出现这样的错误呢？时间不容他多想，他当机立断，边想边回答："为了弥补失误，我将在表格后附一张'更正说明'，上面写'某某地方出现两处错误，实属填表人的粗心大意，特此更正，并向各位致歉'"，他顿了顿，又说："在我发出这份更正说明之前，想知道是哪些错误，我不愿错误地发份'更正说明'。"主考善意地笑了，原来这是故意设置的一个圈套，来测试小王的应变能力。

在回答问题时，语调要肯定，表现得有信心，可以有一定的幽默，但切记不可油腔滑调。同时尽量少用语气助词，避免给主考一种用语不清、不认真及缺乏自信的感觉。

讲错话时也要想法补救，不可轻言放弃，必须重新振作，继续回答其他问题。也不要因主考不赞同你的意见而惊慌失措。部分主考也会故意反对应聘者的正确观点，以观察他们的反应。

（4）站有站相，坐有坐相

对前来面试的人而言，面试的环境和场景有许多不确定和不可知的因素。有时单独进行，有时几个人一同进行；有时人多，有时人少；有时有座位，有时没座位，这就需要应聘者根据现场情况，随时调整自己的身体语言。面试现场有椅子时，需等主考说"请坐"，道声"谢谢"，方可落座。坐下后不要背靠椅子，来回乱晃，也不可弓着腰，双臂交叠胸前，单手或双手托腮，更有甚者，跷起二郎腿，左摇右摆，给人感觉很不舒服，也要避免手无处放而揉搓手指或舞弄笔杆、眼镜。女同学说话时避免用手掩嘴，坐时也不可把腰挺得太直，这样反倒会给人留下死板的印象，应该很自然地将腰挺直。

如果面试场所没有座位，也不可四处张望，眼睛左躲右闪。站立时不可太直，显得拘束；也不可斜着身子，踮着一只脚，显得吊儿郎当。更不能为了贴近主考而双手挂着面前的桌子。同时男生要避免用手把弄衣衫、领带以及将手插入裤袋内，女生不宜过多地拨弄头发、手搓衣角、低头看脚尖。

（5）礼貌进入，适时离开

进入面试场所不可随意推门乱闯，要敲门获准后再进入。敲门时不可过分用力，也不可过于急促，要注意节奏，以敲三下为宜。进门后不要用后手将门关上，应转过身去正对着门，用手轻轻将门合上，然后再转过身来，快步走向主考席，微笑问完"您好"后等待主考的提问。如果面试室有几个人，其中一个人介绍其他人时，你应点头致意或主动问候，并努力记住每个人的姓名、职务。在对方伸手时，你要及时与之握手，切忌主动伸手。

面试结束后，主考一般会说"很感谢你能参加我们公司的招聘活动，今天就到这里"或"你的情况我们已经了解，等通知吧"等话语，很显然是在启发你离开，你万万不可追问"您看我怎么样？""我有录用的希望吗？"而应适时站起身来对主考表示感谢，顺便说声"打扰了"或"感谢能给我这次面试的机会"。在走出面试场所时先打开门，然后转过身来向考官鞠一躬并再次表示感谢,然后轻轻将门合上。

如果应聘者进出面试场所的动作得体到位,在某种程度上会弥补面试中回答问题的不足,有些考官甚至以应聘者出入面试场所的动作来作为面试的标准。因为多数主考觉得学生毕竟年轻,社会阅历浅,可塑性强。只要个人修养、文明习惯、行为规范等方面符合要求,便可能是可造之才。

3. 面试后,拾漏补缺

面试的结果有两种,录用或不录用。而录用与否往往从考官的眼神、表情即可看出,因而要求面试者认真总结得失。面试结束后,在未接到录用通知前都不可过分得意或沮丧,而要及时地总结得失,静静地等候面试结果。某职业院校毕业生张某,身高 1.78 米,帅气、精干,面试时简洁的语言、礼貌的举止让所有考官折服,考官也按捺不住喜悦,暗示他已被录用。张某离开面试场所后非常得意,立刻追打外面等候的同学,并用很粗鲁的语言和同学笑骂,而这一切恰恰被出来上洗手间的考官看到,其结果可想而知。而同时面试的女同学孙某,则因陪同学看病而来得匆忙,面试结果并不理想,出面试场后,认真总结经验,静等其他同学面试完后,向考官讲明原因,考官重新给了一次机会,这次她静下心来集中精力听问题,大方作答,赢得考官的赞许,最终被录用。

由此可见,面试结束,并不等于有确切的结果,还需认真总结得失。失误了,也别气馁,和老师、同学一起分析失误的原因,为下次面试做准备;成功了,要进一步研究该企业的产品、市场定位、生产流程等。因为进入企业后还有一个岗位的安排问题,前来面试者多为企业人力资源部的负责人,某种程度上也决定你进入企业后的前途和发展。因此,面试结果好或坏,都应有一个平常的心态,有一颗平常之心。人生的道路就是这样,一直走下去,才能到达成功的彼岸。

4. 面试注意事项

(1) 了解单位

面试中考官的提问和谈话往往和本企业或行业紧密相关,应聘者的回应对考官的选择判断影响非常大。因此,应聘者面试前要尽可能多掌握一些用人单位的情况,如单位的性质、地址、主营、业绩、发展目标、行业前景、人事管理和培训流动、薪资福利、劳动保险、企业文化和招聘岗位的具体条件要求等,做好"知彼"的准备。

(2) 审视自我

应聘者本人的情况和问题是面试的另一个主要内容。毕业生要正确认识自身的优势和不足,自信地应对面试;拟订面试的计划策略也很重要,具体包括简短的自我介绍、应聘的目的、具备的素质能力、成功的经历、性格特点、人际关系、兴趣爱好特长、学业成绩、获奖情况、对学校和专业的评价等。

(3) 礼仪形象

面试前礼仪形象训练必不可少。应聘者要根据应聘单位性质和职业岗位特点结合自己性格气质,适当进行形象设计。表现出整洁、大方、自信、进取的个体形象。如称呼、介绍、握手、致意、交谈、站姿、坐姿、行走姿态、面部表情、手脚动作等细节方面的日常交际礼仪要特别注意，因为它们往往成为直接影响面试官的第一印象的重要因素。

（4）调适心理

紧张是人在遇到陌生环境或重大事态时的一种本能情绪反应。毕业生参加面试前出现紧张心理并不奇怪，但是如果紧张到患得患失，难以入睡，则会对面试造成较大影响。严重的会在面试现场讲话结巴、声音颤抖或身体会不自主地发抖，眼神游离或呆滞，给面试造成不良影响。

导致面试紧张的主观因素主要有两个：一是面试前了解到招聘单位或岗位"太好"，应聘毕业生众多，从而过分看重自己的缺陷和不足，产生自卑心理，害怕用人单位看不上自己，担心失去理想的就业机会；二是事先对单位或岗位并不了解，在等待面试时受到其他应聘者的感染或暗示，得到"很好机会"的刺激，心理期望发生变化，以致产生从众心理效应，怀疑自己的就业目标而惶恐不安。因此，毕业生在面试前，有针对性地进行一定的心理调适，保持轻松自信的心态十分必要。在具体进行心理调适时，可以考虑以下因素：明确就业定位，熟悉面试环境，保持竞争心态等。

5．面试礼仪及原则

（1）把握赴会时间

面试时间的把握非常重要。过早或过晚到达面试地点都是不受欢迎的表现；过早显得唐突，面试官很有可能尚未做好准备；迟到更糟糕，不但会被认为不守信，而且很有可能让面试官的时间浪费在等待上。因此，面试千万要守时。一般来说，离约定时间还有 5 分钟到达指定地点最合适。

（2）注意礼貌修养

从到达面试地点到面试正式开始之前的这一小段时间，许多面试从这个时候就已经开始了——一些面试官喜欢把面试前应聘者的表现作为录取与否的重要参考依据，因为在面试开始之前，很多人还处于最放松的状态，没有面试时的高度紧张，这种状态面试官其实也是非常注意的。因此，请遵循以下建议。

① 一定要敲门或通报

不可贸然进入任何一个房间，如果门是虚掩或关着的，要先敲门，征求对方同意方可进入。敲门以三声为一次，如无人应答可再敲两次。三次过后不宜再敲。敲门的力度要掌握好，太重不礼貌，太轻听不见。需要注意的是：即使门是开着的，进去之前也应该在门上轻叩三声，以示礼貌。

现在许多单位都设有前台，在进入房间之前应该请其代为通报。如果前台人员暂时走开，也不应该擅自往里闯，而应稍等一会，等其回来再做通报。

② 服从安排

进入招聘单位后，要服从工作人员的安排。如果安排你在某处等候，不可进入其他地方或来回溜达。在等待面试官的时候，不要东张西望、左顾右盼，更不要走到该单位职员旁边观看其工作。

③ 主动、热情、微笑

在碰到该单位职员的时候，给他们一个微笑。也可以主动打招呼。一句"您好"会获得意想不到的效果。一个值得重视的问题是，要尊重面试单位里的秘书或助理。这类人往往手里掌握着实权，如果说上一句对你评价不高的话，那么这次面试大概率是失败了。

④ 不可贸然聊天

除非必要，不要跟面试单位的职员聊天。那样会打扰他们的工作，即使很多时候你并不认为他们是在工作。还有值得注意的是，不要认为和你一样待在会议室里等待的都是被面试者，很可能还有该单位的职员或秘密面试者。

⑤ 注意细节

多在细节上展示你的个人修养。例如，洁净的会议室地板上有一个废纸团，可以主动捡起扔进纸篓里。

⑥ 关掉手机

面试时应聘者手机响会使面试官反感。因此，应手机关机或设置静音状态。

⑦ 主动打招呼

在进门后，应该向面试官主动打招呼，例如，"您好，我是×××，来参加面试的"或"老师好，我叫×××，我今天来面试"。

如果是公务员录用面试，通常说"各位考官好"或"老师好"。主动打招呼能给面试官留下一个会交际的好印象。

⑧ 不要主动就座

不要径直走到面试官面前就一屁股坐下，这是没有礼貌的表现。在面试官没有让你就座之前，请先站着说话。对方是不会让你长时间站着的，除非想故意激怒你以观察你的反应或者对你特别不满。

⑨ 多用礼貌用语

进门说"您好"，坐下说"谢谢"，被夸时说"过奖"，面试结束说"辛苦"和"感谢"。诸如此类的礼貌用语，多说了不会吃亏。有礼貌的人到哪里都是受欢迎的。

（3）用好肢体语言

① 学会握手

握手是最重要的社交礼仪之一，手与手的礼貌接触是建立良好人际关系的开端。如果面试考官是一个人，就有握手的机会，专业化的握手能体现你成熟的交际技巧，因此要学会握手。

讲究伸手的次序。一般说来，如果握手的双方是同性，伸手的次序是地位高者、职务高者和年长者先伸手，地位低者、职务低者和年少者响应；如果握手的是异性，一般应当由女性一方先伸手，男性一方响应；如果握手双方有主客之分，一般就由主方先伸手，客方响应。对于面试的场合，由于应聘者都是"客场作战"，而且无论地位、职务、年龄一般都不及对方，因此一定不能贸然伸手，而应等对方先伸手，否则会非常尴尬。

讲究握手的姿势。在对方的手伸过来之后就伸出你的右手。握手时要态度诚恳，面带笑容，双眼直视对方，身体略微前倾。不宜握得太紧，也不要握得太快，更不要用两只手握手。因为这种握手方式只适用于熟悉的亲友和老客户之间。

② 学会站立

站姿最能体现一个人的精神状态和性格。站立时，头微抬，目光平视，挺胸、收腹，双手自然下垂，给人以自信、谦恭、有礼貌的良好印象。如果面试官为多人，应面向中间座次的面试官或主考官站立。不要站得离面试官太近，那样会让人不适，面试官有可能会感到个人空间被侵犯的不快；也不要离面试官太远，以免交流起来不方便。要注意纠正双眼看天，哈腰弯背，双手插兜或背在身后，腿脚抖动等不良站姿，要表现出自信、诚恳、认真。

③ 学会就座

面试时可坐在指定的位置。坐着的时候，上身要挺直，双脚着地，膝盖冲前，身体要稍微前倾。要坐在椅子的前部。注意不要正襟危坐，以免看起来紧张而拘束；也不要瘫坐或斜靠在椅子或沙发上，否则会被认为没有教养。就座后，不要交叠双腿或双腿乱晃乱抖，不要让脚前伸、高翘，更不要用翘起的脚尖对着面试官。更要注意双手应放在膝盖上，而不要交叉抱于胸前。如果面前有桌子，双手可自然放在桌子上，不要让自己有过多的小动作，如抚头、挖鼻孔、掰指关节等。

④ 学会用眼睛交流

眼睛是心灵的窗口，眼神有传情达意的作用。有经验的面试官经常会从应聘者的眼神里捕捉信息。因此，面试中，要利用好眼睛这扇"窗户"。不要直勾勾地盯着别人的眼睛，这会让人感觉十分不舒服，如果对方是女士，这一做法更为不妥。也不要盯着对方的身体部位看。妥当的做法是，你应该把目光放在对方的鼻子尖上。这样做的效果，是让对方觉得你确实在认真倾听，而又不产生正面冲突。如果你的目光碰上面试官的目光，不要慌忙移开。正确的做法是，面带微笑地与之对视2~3秒之后再慢慢移到他的鼻子尖上，这样能显得你成熟且胸怀坦荡。切忌左顾右盼，目光游移不定，那样会给人留下胆怯心虚、躲躲闪闪的不良印象，更让人对你的诚恳产生怀疑。

⑤ 要正确调度面部表情

表情是无声的语言，用好面部表情会让你收到意想不到的表达效果。微笑是最具有感染力的表达方式。因此，请不要吝惜你的微笑，哪怕是在受到对方刁难、挖苦和讽刺的时候，也要保持一脸阳光。另外，表情要真实。表情应该与语言所表达的情感一致，表情还要有变化，不要从头到尾只有一个表情。在进行表述的时候，你要根据不同的情况在脸上表现出不同的反应。

（4）面试问题回答原则

① 诚实坦率

不诚实是做人做事的大忌。对于面试官的所有提问，都应该如实作答。在回答问题时，不要吞吞吐吐，不要闪烁其词，更不要欺骗面试官。若面试官提出的问题你实在不知道，老老实实地答一句"实在抱歉，对这个问题我了解不多，请多多指教"是最合适的。

② 谦恭有礼

人人都希望被尊重，面试官更是这样，他拥有决定你未来工作的权力。因此，你必须表现出礼貌，这是一个求职者应具备的基本素质。面试中的"谦虚"问题则值得我们注意。如果过于谦虚会不利于自我推销，甚至可能会让面试官觉得你的成绩是假的。

③ 积极热情

无论所面对的面试官是一脸冷漠，还是面无表情，你在交谈中都应该展示自己的热情，表现出自己对工作将会付出的努力。热情是成功的重要前提。拥有热情并且对目标展开行动的人才会获得成功。

④ 扬长避短

与所求职业相关的特长越多，成功的机会就越大。这是非常显而易见的道理。每个人的特长并不一定都是什么惊天动地的大本事，但也许正是小的特长就是用人单位所需要的，但一定要注意尽量展示与职位匹配的长处。因此，要把你的长处发挥得淋漓尽致，把短处带来的负面影响减少到最低。

⑤ 不卑不亢

求职，即指对职业的"追求"，而非"央求""恳求"。职业目标应当通过正常的途径去实现，靠自己的实力去争取。在面试过程中，不可卑躬屈膝，忍气吞声；不可一脸谄媚，阿谀逢迎；不可唯唯诺诺，毫无主见；更不可没有原则。但要注意不要与面试官抬杠。

⑥ 学会听题

会听是指听时要注意听关键词，要表现得非常认真，要看着主考官，用眼神、微笑、点头等表达对对方所谈内容的理解和认同，不要打断主考官的提问，不要急于回答，也不宜在提问结束后迟疑作答。

（5）面试问题回答技巧

① 简简单单

对于面试官提出的问题，回答最好是简单明了，切中要害。不要长篇大论地分 5 大点、10 小点，啰啰唆唆答一大堆到最后自己都不知道说了些什么。无论多复杂的问题，答案不要超过三点，回答时间不要太长。紧扣题目，思路清晰地回答才是聪明的做法。

② 以实力取胜

要展示实力，实事求是地介绍自己，实事求是地分析自己的优势与不足，以实事求是的作风回答问题。不要赶时髦地用"新新人类"网络语言与面试官进行交流，如"晕、东东、有事 Q 我"等；不要中英混杂，卖弄英语。

③ 突显个性

面试问题的回答要取准角度，有创意。要注意把自己的独到见解表达出来。不要受问题内容本身的约束，要拓展思维领域，多层次、多角度进行考虑，发掘题目中是否有值得展开阐述的论点。对回答问题的方式、列举的方式、表达的方式都要有创意，以达到与众不同的效果。

④ 仔细斟酌

在回答问题时，最好先判断一下面试官的意图，仔细分析对方想通过这个题目了解你哪个方面的品质？例如，面试官问你："请谈谈你最要好的朋友。"其关心的肯定不是你朋友的情况，而是在考查你的交际能力和价值取向，因为物以类聚，人以群分，明白面试官的意向你就可以做有针对性的回答。你可以说你的朋友热情开朗、善解人意而且才能出众，适当的夸张也是允许的。在夸你朋友的时候，也向面试官传达这样一种信息：我对朋友的选择标准是这样的，我自己当然也是如此。

⑤ 巧妙回答

面试问题是否应该直接回答，应视情况而定。一般来说，对于自己的优势和成绩应该直接说明，但对于自己的缺点和不足应该做婉转回答。例如，对方问："是否通过了英语六级考试？"如果没有就不宜直接回答"没有"，最好这么说："我通过英语四级考试了。"这样回答可避免直接承认自己的不足。

⑥ 察言观色

所谓察言观色主要是指在应试中要时刻注意面试官的反应，根据对方的不同反应调整自己的表现。身体语言往往更能反映一个人的内心感受，读懂面试官的身体语言有利于把握面试的主动权。

当面试官面带微笑，并且其身体向你的方向前倾时，这是个好征兆，表明他对你的陈述很感兴趣，应该再接再厉。

当面试官面无表情，双手的小动作不断，如不断挠头、抚脸、玩弄小物品，或用手支着下巴的时候，要注意了，他对你所说的没有兴趣，应该及时调整话题，争取谈话能够继续。

当面试官眉头紧锁，身体后仰，眼睛出神地盯着别处或双手交叉放在胸前，他可能有些不愉快，赶紧想想刚才有什么不当的表述，以便及时挽回败局。

当面试官左顾右盼，身体左右晃动，或不断看手表，一副坐立不安的样子，他可能是想离开了，你所说的话他都听不进去，赶紧结束面试或许还能给他留个善解人意的好印象。

⑦ 机智幽默

幽默表达是语言应用的高级境界。在面试这样的正规场合，幽默也大有益处。但幽默表达的时候一定要注意别人的感受。

⑧ 随机应变

面试的具体情况千差万别，因此要随机应变、沉着冷静，针对面试中所碰到的各种问题和情况采取妥善的解决方法。

⑨ 适时提问

面试不只是倾听与回答的艺术，同样也是提问的艺术。当面试官示意你可以提问时，最好要提问，不可一言不发，否则对方会觉得你对该单位没兴趣，没什么好问的。如果你提问了但没有提出好问题，对方就会认为你没有能力，反应又慢。所以说，面试中的提问是艺术。因此，要把握提问的时机，不要在面试官正在讲话时进行提问。

还要注意提问方法，提问的内容要与职位相关。不要提一些与求职无关的问题，不能想什么就问什么。你所提出的问题应该能反映你对公司的关注和对所求职位的重视。提问要有深度，一忌肤浅，如果问题过于简单，面试官会觉得你这人没什么水平；二忌幼稚，不要在提问上表现你的不成熟，也不要提敏感问题，如不利于该单位的新闻报道，涉及该单位的商业秘密等。不要过早地询问一些超越求职状态的问题，例如，"我将来会更换什么样的工作岗位？"这种问题是不适宜的。

⑩ 致谢告别

面试结束后要适时告别。如果面试官明确表示面试到此为止，你即可致谢并告别离开。如果在面试进行中，面试官十分不耐烦或一再暗示你应离开，此时就应立即结束谈话，表示感谢并提出告别。

另外要进行必要的咨询。面试后，有的面试官会告诉你面试结果大约什么时候通知，但如果没有告诉你，应该进行必要的咨询，询问知道结果的大概时间，如果面试不通过是否会得到通知等情况，做到心中有数，同时也表明你对此事的关心。

面试案例 A

在一个小型会议室里，某公司正在对前来应聘并通过初选的大学毕业生进行面试。以下是毕业生小李与主考官的对话实录。

小　　李：各位领导、老师好！

主考官：请坐！介绍一下自己，好吗？

小　　李：非常高兴你们到我们学校来招聘毕业生。我叫李华，是本校计算机系的应届毕业生。我对软件开发很有兴趣，在这方面投入了不少精力。同时作为班委、团委主要干部也参与、组织了不少社会活动，应该说大学期间我在这两个方面都有不少的收获。这是我的成绩单和个人简历，请您过目。

主考官：你了解我们公司吗？

小　　李：贵公司是国内著名的电信公司，我从上大学起就十分向往毕业后到贵公司工作。我认为到贵公司工作能最大限度地展示我的才华，我不怕吃苦，就怕无事可做。

主考官：上大学时你为什么报考计算机专业？

小　李：说实话当时报考计算机专业是老师和家长的主意。但我在学习了计算机方面的知识后就深深地爱上了我的专业。特别是随着信息时代的到来，我对自己的专业发展前景非常有信心。

主考官：你学过的课程与我们的工作有什么关系？

小　李：我想，计算机技术的广泛采用是电信业的特点和发展趋势。我们计算机专业的课程设置几乎涵盖了硬件和软件技术的主要方面，这为我们打下了坚实的理论基础，同时也使我们有较强的适应能力。前面我已说过我对软件开发更有兴趣，我想这方面的知识和能力也许是将来工作需要的。

主考官：你喜欢你的学校吗？你的老师怎么样？

小　李：我非常喜爱我的母校，我也非常尊敬我的老师，因为我在母校学到了知识，我从老师身上学会了做人。

主考官：你还有哪些特长和爱好？

小　李：我具有一定的组织管理能力，喜欢美术和流行音乐，也喜欢背起行囊去游历名山大川。

主考官：你有哪些缺点？

小　李：我得承认我还缺乏实际工作经验，这方面的不足还需要在今后的工作实践中不断学习和弥补；再就是外语学得不够好，还需要继续努力学习。

主考官：你对加班、出差怎么看？

小　李：我近几年内不会考虑结婚，没有家庭负担和拖累，加班应该没有问题；至于出差更是我所高兴的。

主考官：你是否打算将来继续深造？

小　李：我想先工作几年，积累一些经验，发现自身的一些不足，然后再进一步"充电"。

主考官：你还有什么疑问？

小　李：不知贵公司什么时候能给我一个明确的结果？

主考官：一个星期内我们将公布此次招聘的毕业生名单。

小　李：谢谢你们，我可以走了吗？

主考官：再见！

点评：应该说这个案例展现的是一个典型的面试过程，主考官所提的问题是面试时常常涉及的问题，毕业生小李的回答也称得上圆满。下面我们就面试中所涉及的有关问题逐个加以分析。

（1）"介绍一下自己，好吗？"这是一个看起来比较随便的提问，主考官为了消除你的紧张情绪，通常把它作为第一个问题提出。这个问题看似随便，但回答时千万不可从你出生平铺直叙介绍到大学毕业。因为主考官并不想了解你的生平经历，况且这些东西一翻简历就会搞清楚。对他们来说，重要的是通过你的回答来判断你的概括能力和表达能力。一般来说，回答这个问题应把重点放在你的优势及主要成绩上。

（2）"你了解我们公司吗？"提这个问题的人是想了解你对其单位的关注程度。有的可能是在暗示你，本单位福利待遇不高，工作比较辛苦，想试探你是否有思想准备。对这个问题的回答应坦率，知之为知之，不知为不知，免得左拉右扯，胡乱猜测。因为对用人单位来说，这不是最重要的。重要的是直接回答这个问题之后，应表明你对单位的福利待遇并没那么看重。

（3）"上大学时你为什么报考计算机专业？"这个问题主要是考查你对专业的热爱程度，以及将来你从事该项工作的态度。有的人可能入学时就向往并热爱所学专业，而有的人则是通过大学学习逐渐爱上这一专业的。这两种情况都可据实回答，无须加工修饰。因为用人单位想要知道你现在的态度，并不关心你高考时的志愿。

（4）"你学过的课程与我们的工作有什么关系？"回答时，要简明扼要地把你学过的重点课程，特别是与用人单位所需人才的关系讲清楚。在介绍自己专业成绩的同时，说明到单位后可以利用学过的哪些知识来为单位服务。这时要避免拔高、吹嘘，要承认你存在实践经验不足的弱点，还需要进一步在工作中锻炼。

（5）"你喜欢你的学校吗？你的老师怎么样？"一般而言，对这个问题要持积极肯定的态度。一个不爱母校、不尊敬老师的求职者不会受欢迎。

（6）"你还有哪些特长和爱好？"对这个问题要据实回答，不可无中生有，也不可过分谦虚。因为一个爱好广泛、多才多艺的毕业生备受用人单位的青睐。

（7）回答到本单位工作的原因问题时，应多从工作性质、工作环境如何有利于自己专业发展，从立志干一番事业、为单位多做贡献的角度来叙述。但不要讲"工资高""福利好"等，那样用人单位会感到你择业的动机不纯。

（8）讲述自己的优点、缺点是一个常常被问及并且较难回答的问题。难就难在一般人难以对自己有一个客观的评价。即使能客观评价自己，回答时也很困难，往往谈优点多了怕用人单位觉得你自傲，缺点说多了怕用人单位舍你而去。其实这些担心都是多余的。如实讲述自己的优点、缺点，并不会影响录用。假如你有致命的弱点，即使你不讲，用人单位也会慢慢了解。对你来说，回答问题时的态度比回答的内容更重要。这个问题可以从为人处世、学习成绩、工作及社会活动能力等方面来回答。最后别忘了说一句："由于客观原因，我的自我评价可能不是很完备准确，若有可能，您可再通过学校组织了解。"

（9）"你对加班、出差怎么看？"回答这个问题的主题是：我能够全力以赴地工作。现在还未打算结婚，以及家庭没有拖累、负担等都可作为陈述的理由。

（10）"你是否打算将来继续深造？"有的用人单位希望你将来继续深造，而另一些用人单位则希望你坚守工作岗位。无论如何，回答这一问题时，可以表明你愿意进一步深造的愿望。但同时说明，如果工作需要，也愿意放弃进一步深造的机会。

(11)"你还有什么疑问？"这暗示着面试将要结束，面试者告诉你，他已达到目的，正给你一个自由的机会来阐述或提出没有提及的重要的事情。这时，不要简单地说"没有"，而应把握住机会，通过提问或表态等方式强化主考官对你的印象。需要指出的是：不要离题，更不能长篇大论，"点到为止"就行了。答完这个问题应主动称谢告辞。

面试案例 B

以下是一个到咨询公司应聘的毕业生所经历的面试对答。

面试官：你为什么想进本公司？

毕业生：咨询业在国内是一个比较新的行业，发展前景很是广阔。而且贵公司早在10年前就独具慧眼，在上海建立了分公司，现在已经是最著名的咨询公司之一。如果我有幸加入贵公司，将是对我个人能力的一种肯定。另外，我曾经听一位前辈介绍说现在上海咨询业竞争很激烈，我是一个喜欢接受挑战的人，所以很想进贵公司工作。

面试官：那么你具体对哪一个工作最感兴趣？

毕业生：我最想进的是咨询服务部。这个部门很有挑战性，也可以学到很多知识。现在国内很多企业都不是很景气，如果能帮助它们走出困境，将是一件很好的事情。

（点评：以上是面试中最常见的两个问题。该同学明确地表达了对公司以及具体岗位的兴趣。没有详细了解公司情况是无法从容回答这样问题的。）

面试官：如果其他公司和本公司都录用你，你怎么办？

毕业生：对我而言，能同时被几家公司录用，是一件让我高兴的事。我想，对公司而言，希望招聘到优秀且合适的学生；同样，对我而言，也希望自己能做出一个正确的选择。我会仔细比较各公司的特点包括公司的待遇、工作环境等，并结合我的兴趣和专业，努力找到一个最佳结合点，做出最优化的选择。但说实话，这确实是一件比较难办的事情，不知道您能不能给我一点建议。

（点评：这个问题是公司在试探你加入的意愿是否强烈，一定要给出明确的回答。该同学的回答显得玲珑有余而主见不够。）

面试官：你觉得你哪些方面潜能可以在本公司得到发挥？

毕业生：我想每一个求职者都希望能发挥自己的所有潜能，而并不仅仅是使用学校里所学到的专业知识。如果我的潜能得不到发挥的话，对公司而言是一种损失，对我个人也是损失。我个人理解潜能包括对工作的热情、自信，对公司理念的理解和实践，人际关系能力，处理危机的能力，等等。就我来讲，如果有幸加入贵公司，我会努力争取锻炼自己，发展自己，为公司发展做出贡献；另外，也希望公司能提供这样一个环境。我在大学里曾担任校团委宣传部部长，负责过一些大型活动的宣传工作，在公共关系方面积累了一些经验。

面试官：请具体谈一谈。

毕业生：去年我参加了第八届全运会组委会与校团委举办的八运志愿者校园招募活动。

我们首先利用海报、校园广播做宣传，然后组织了一个情况介绍会，邀请组委会领导和学校领导出席，由以前的志愿者介绍经验，效果很好，出色地完成了任务。

（点评：以上两个问题是了解你的能力和工作兴趣的问题，应实事求是地回答，注意充分表现自己的信心和能力，但千万不要夸大其词。）

面试官：你对大学学习的知识如何应用到工作中怎么看？

毕业生：大学里学到的知识主要是书本知识，包括课堂讲述的知识及自学的知识。这些要用到工作中去，一定要结合公司的实际。每个公司都有它自己的特点，譬如说会计，我相信每个公司都有自己的内部会计制度，所以在工作中需要不断学习。事实上我认为我在大学里学到的书本知识并不是我最大的收获，而是自学能力的培养和分析问题的方法，这个对我很重要，我想在工作中也是如此。

（点评：这是个可以自由发挥的问题，阐述自己的看法并以令人信服的理由说明就可以。注意言简意赅，条理清楚。）

面试官：一个人工作和团体合作，你喜欢哪一种？

毕业生：这个问题我没有固定的答案，要看工作的具体内容而定。如果是简单的、一个人可以做的工作，大家一起做的话，反而会增加工作的复杂性。在这种情况下，我倾向于一个人工作。反之，在大多数情况下，我愿意团体合作。这个世界很复杂，而一个人的工作能力有限，团体合作将更有助于有效地实现一个目标。

（点评：无论用什么样的方法回答这个问题，一定要记住一点：缺乏团体合作及集体精神的人是不能被企业或公司接受的。）

面试官：你以前在学校里有没有团体合作的经历？

毕业生：我曾经在学校戏剧节里负责一个戏剧节目的协调。一个节目首先要有创意，同时也要由校方提供条件，这就有个协调和合作的过程。我的具体职务就是协调人。创意要由编剧转化为剧本，然后有一个挑选演员的过程，进而是角色的分配。这里往往也有矛盾，譬如谁演主角，谁演配角。只有大家一起团结协作，才能使角色之间达到平衡。编剧和演员之间更要合作，因为每一个人对剧本都有自己的理解，只有当大家对剧本有统一的理解，才能把戏真正演好。

面试官：如果分配你到其他部门工作，你愿意吗？

毕业生：可以，因为我喜欢的是贵公司所从事的咨询行业，在其他部门工作，对自己熟悉整个行业的过程应该很有帮助。

面试官：好，今天就谈到这里，公司3日内给你通知。

毕业生：谢谢！非常感谢您给我这次面试机会。

点评：面试成功与否，归根结底还是取决于一个人的综合素质。面试技巧只能帮助同学少走弯路，更好地展现自己的优势，以便更顺利地找到适合自己的工作。面试技巧的成功运用是建立在对自己的充分了解和合理定位基础上的。

面试问话提纲

面试项目	评价要点	提问要点
仪表与风度	体格外貌，穿着举止，礼节风度，精神状态	
工作动机与愿望	过去和现在对工作的态度，更换工作与求职原因，对未来的追求与抱负，本公司所提供的岗位和工作条件能否满足其工作要求和期望	请谈谈你现在的工作情况，包括待遇、工作性质、工作满意程度。 你为何来本公司工作？ 你在工作中追求什么？个人有什么打算？ 你曾想怎样实现你的理想和抱负
工作经验	从事所聘职位的工作经验丰富程度，职位的升迁状况和变化情况，从其所述工作经历中判断其工作责任心、组织领导力、创新意识	你从学校毕业后的第一份工作是什么？ 在这家企业里你担任什么职务？ 你在这家企业里做出了哪些你认为是值得骄傲的事？ 你在工作中，遇到过什么困难？你是怎样处理和应对的？ 请你谈谈职务的升迁和工资变化的情况
经营意识	判断应聘者是否具有商品概念、效率观念、竞争意识，以及是否具备基本的商品知识	通过经营小案例来判断其是否有这方面的观念和意识
知识水平与专业特长	应聘者是否具有应聘岗位所需要的专业知识和专业技能	你在学校学的什么专业或接受过哪些特殊培训？ 你在学校里对哪些课程感兴趣？哪些课程学得最好？ 询问专业术语和有关专业领域的问题。 询问一些专业领域里的案例，要求其进行分析判断
精力、活力、兴趣、爱好	应聘者是否精力充沛、充满活力，其兴趣和爱好是否符合应聘岗位的要求	你喜欢什么运动？你会跳舞吗？ 你怎样消磨闲暇时间？ 你经常参加体育锻炼吗
思维力、分析力、区别能力、语言表达能力	对面试所提问题是否能够通过分析判断，抓住事物本质，并且说明透彻、分析全面、条理清晰，是否能顺畅地将你自己的思想、观点、意见用语言表达出来	你认为成功和失败有什么区别？ 你认为富和贫、美和丑有什么区别
反应力与应变力	头脑的机敏程度，对突发事件的应急处理能力，对面试提出的问题能否迅速、准确地理解，并尽快做出相应的回答	如果让你筹建一个部门，你将从何入手？ 提一些小案例要求其分析判断。 提出某些问题要求其回答
工作态度、诚实性、纪律性	工作态度如何，谈吐是否实在、诚实，是否热爱工作、奋发向上	你目前所在单位管理严格吗？在工作中看到别人违反制度和规定，你怎么办？ 你经常向领导提出合理化建议吗？ 除了本职工作，你还在其他单位兼职吗？ 你在处理各类问题时经常向领导汇报吗？ 你在领导与被领导之间喜欢哪种关系

续表

面试项目	评价要点	提问要点
自知力与自控力	应聘者是否能够通过经常性的自我检查，发现自己的优点、缺点，同时在遇到批评、挫折及有压力时，能够克服，并理智地对待	你认为你自己的长处在哪里？ 你觉得你个性上最大的优点是什么？ 领导和同事批评你时，你如何对待？ 你准备如何改正自己的缺点？ 你认为你对本公司会做出什么贡献？ 你认为你有何缺点？ 别人批评你时，你一般会如何应对？ 你喜欢和哪些人交往？同学？同事？邻居
一般性问题		为何要应聘本公司？ 你以往做过哪些工作？ 为何要离开原单位？ 你认为原单位有哪些缺点

求职面试也需要 AIMA 法则

所谓 AIMA 法则，是美国对市场营销员制定的推销法则之一。AIMA 分别代表 Attention（引起注意）、Interest（产生兴趣）、Memory（留下记忆）、Action（促成行动）。它告诉人们，一个成功的推销员必须设法让自己的产品引起顾客的注意，产生兴趣，从而留下记忆，并促成购买行动。

求职，是人生历程中的另一种推销，它推销的不是产品而是自我，即自己的知识、才华、职业理念。对于求职者来说，同样需要 AIMA 法则。

二、笔试技巧

严格地说，招聘主要为面试，一般不涉及笔试，但由于职业院校相同专业的学生较多，所应聘的岗位往往较少，要在众多的应聘者中找到适合自己企业的人才，全部面试费时费力。因此，首先利用笔试的方法进行筛选，笔试合格后再进行下一步的面试，这就要求应聘者要掌握一定的笔试技巧。

1．以积极的态度迎接笔试

笔试是参加应聘的第一道关卡，这对每个报名的应聘者都至关重要，应聘者要把笔试和面试放在同等位置看待，万万不可掉以轻心，因为笔试过不了关，就无法参加下一轮的面试。

（1）知识准备

前面说过，笔试大多是面试的前奏，笔试的考题有时是招聘者提前准备的，有些则是因招聘者太多而临时想出来的，但不管是哪一种，题目都不会有太多的专业知识，也不会太深太难。招聘者一般想从应聘者中了解其基础知识、文化素养、心理素质及文字功底等情况。

（2）心理准备

笔试前要保持良好的心理状态，减少不必要的心理压力和思想负担。笔试前要注意休息，以保证有旺盛的精力，避免考试时精神不振，影响正常思考。同时要适当参加一些文体活动，使高度紧张的大脑得到放松休息，以充沛的精力去参加笔试。

2. 笔试的注意事项

（1）不要将笔试题想得太难

进行充分的知识准备、心理准备，笔试就有了一半的胜算。笔试时要按时进入考场，按要求坐到自己的座位上，静等考官发放试卷。拿到试卷后，一定要认真审题，考官说"请开始答题"后再开始答题，也许这一刻，应聘活动已在进行。

笔试和面试一样，不要看题过于简单而有意识往复杂考虑。一般笔试的内容大致分三个方面。

① 专业基础知识题。这类题一般是招聘者提前准备好的，考题大多与所招工种的专业相关。比如，机械专业的考题中识图方面的题可能就多一些，但也是最基本的，有些甚至让你讲游标卡尺的作用，以测试你专业知识掌握的程度。

② 基础知识题。职业教育主要是专业知识和专业技能教育，其文化基础课学得较少，因而在基础知识测试时，更多考查初中阶段的语文、历史、地理知识，以测验其基本功是否扎实。这种考题更多以填空、判断和选择的形式出现。

③ 智商心理测试题。在招聘者看来专业能力可以通过公司的培训获得，而毕业生是否具有不断接受新知识的能力是至关重要的。智商测试通常以一种图形识别的方式进行，比如一组有四种图形的题目，让应聘者指出其相似点和不同点；另一种是算数题，主要测试毕业生对数字的敏感程度及基本的计算能力，比如给定一组资料，让应聘者根据不同的要求求出平均值等。以此来测试求职者的兴趣、动机、智力、个性等心理素质。

（2）卷面一定要整洁，给阅卷老师留下好的印象

答题时要专心致志，不可交头接耳，相互商量或照抄。不管字写得好坏，卷面一定要整洁。答不好也许是题目过难或过偏，而卷面则反映一个人的生活习惯和作风。前者可以经过学习而改变，而后者要改变就很难。

（3）不会答的题也不要乱涂乱抹

笔试和面试一样，会则答，不会不能乱答，不能乱说一些不着边际的话语，也许有的考题就在测验你的诚实，不要不懂装懂，不是什么考卷都是答得越多越好，要始终保持一个坦坦荡荡的自我。

三、情景模拟

情景模拟是现代人才测评中心中最具特色、最复杂的一项技术。它是根据被测试者可能

担任的职位，编制一套与该职位实际情况相似的测试题目，将被测试者安排在模拟的、逼真的工作环境中，要求被测试者处理可能出现的各种问题，来测试出其心理素质、实际工作能力及潜能的方法。

情景模拟又称评价中心。所采用的情景性测验的方法主要有：公文处理（文件框测验）、无领导小组讨论、管理游戏、演讲辩论、案例分析等。

(1) 公文处理（文件框测验）

公文处理是对管理人员的潜在能力进行测定的有效方法。在测验中，应聘者扮演企业中某一领导者角色，面对一堆待处理的公文（来自上、下级的信函，文件，电话等），在规定的时间内采取措施或做出决定。这个测验不仅可以较好地反映被测者在管理方面的组织、计划、协调、领导能力，而且还可以反映出被测者对事物的主动性、对环境的敏感性、对信息的收集和利用能力。

(2) 无领导小组讨论

无领导小组讨论指数名应聘者（一般是5～7人）在一起就某一问题进行讨论，事前并不指定讨论会的主持人，评价者在一旁观察评价对象的行为表现并对被测试者做出评价。

无领导小组讨论的目的是考查被评价者的组织协调能力、领导能力、人际交往能力、想象能力、资料利用能力、辩论说服能力及非语言沟通能力等。同时也考查被评价者的自信心、进取心、责任感、灵活性及团队精神等个性方面的特点及风格。

评价者观察的问题有：

每个被评价者提出了哪些观点？

当别人的观点与自己的观点不符时是怎样处理的？

被评价者是否坚持自己认为正确的提议？

被评价者提出的观点是否有新意？

怎样说服别人接受自己观点？

怎样处理与他人的关系，是否善于赢得他人的支持？

是否善于倾听别人的意见？是否一味只顾自己讲话或常常打断别人的讲话？

是否尊重别人，是否侵犯别人的发言权？

当个人利益与小组利益发生冲突时，是如何处理的？

是谁在引导着讨论的进程？

是谁经常进行阶段性总结？

每个人在陈述自己观点时，语言组织得如何？语调、语速及手势是否得体？

(3) 管理游戏（企业决策模拟竞赛法）

被测试者每4～7人组成一个小组，每人在本"企业"中分工承担的责任或职务由每人自报或协商解决。各组按照竞赛组织者所提供的案例材料，讨论出一个解决方案。通过讨论过程及结果的阐述，对应聘者的进取心、主动性、组织计划能力、沟通能力、团队合作能力进行评定。由各组选派代表组成"评委会",优胜者给予象征性奖励,使游戏具有竞赛的特色。

教学活动

活动一 模拟面试

角色:主考官、应聘人(均由同学扮演)。

活动准备:双方都要做充分的资料准备。

活动规则:五个同学一组,提前做好角色分配,进行模拟面试(从敲门到最后告别)。

评价:小组同学之间互评,教师总评。评价内容包括资料准备、仪容仪表、临场发挥等。

活动二 模拟笔试

向往届毕业生搜集应聘笔试题目,组织同学试答。

需要告诉同学的是,笔试和面试并不都是分开的,有时,企业在笔试的同时就进行了面试。

小资料

繁荣后时代的求职规则

20世纪90年代,当经济处于繁荣时,就业机会供大于求。现在,雇主掌握着主动权,求职者必须学会下列一些新规则。

(1)广交朋友。所有在任经理都有至少10个失业朋友。如果出现高级职位空缺,他们往往会先给名片夹上的朋友打电话。因此,如果你需要什么东西来提醒你建立和维持职业关系网的重要性,那就是名片夹。尽可能使自己加入更多的"10人名单"。

(2)提高素质。在人力紧缺时期,公司常会雇一些几乎没有相关经验的人担任某项工作。那时,他们没有太多选择。现在,在任经理可以从应聘者中挑出职业经历与应聘职位100%相符的人选。

(3)经受考验。有一句老话叫作"迈进公司的门,就是公司的人",但现在即使连这一点都很难做到了,因为公司在聘用雇员之前,可以从容地对应聘者进行长时间的严格考察。有一个解决方案:同这个公司建立某种业务联系,比如签一个对他们来说低风险、高回报的合同。

(4)能伸能屈。一位求职者在面试时大为沮丧,因为坐在他对面的经理竟然是他以前的下属。现在这种情况很常见。毕竟,在经济繁荣期,许多企业家从公司跳槽,那些没有变动的人得到晋升。这时你必须放下架子,摆正自己的位置。日后你可能超过他们,但若想重新参加角逐，你必须首先加入其中。

（5）积极开始。如果你现在失业，最好找个人帮你认真审视一下自己，评估你的技术和经历，给你定位在一个适合你的职位上——即使这可能意味着薪水和职级的降低。

如何增加求职胜算

找工作时怎样做才能减少被拒绝的概率、增加成功的机会呢？

（1）重新检查你提供的资料，如简历和求职信。

（2）了解做好个人简历的重要性，无论简历内容还是外观形式。

（3）充分评估自己。你应该知道对方不是在拒绝你这个人，而是你提供的材料，或你的言谈举止。

（4）多途径、多渠道地努力寻找机会。

（5）在适合自己的范围内找工作。所有人都一样，在某些方面自我感觉是胜利者，在另一些方面则感觉不行。

（6）充分认识自己，确定自己到底能够向就业市场提供些什么。

求职者须知

（1）永远不要听天由命，要对自己提出要求，并成为最好的自我批评者。

（2）合理安排时间，为干好一项工作而利用好每一分钟，还要清楚哪些事情自己做，哪些事情可以委托别人干。

（3）要记住，取得的成绩越大，继续学习的愿望就应该越强烈。因为世界变化越来越快，跟不上时代的人就会落后。

（4）如果一种外语讲得非常好，还应掌握第二种或第三种外语。请记住，语言是跟上时代进程的基本组成部分。

（5）一个人真正的资本是他的知识，而创造力是进行实践的最好工具。大家都有思想，问题是要使之具有价值。

（6）焦虑和抑郁是造成工作停滞不前的主要障碍。一个抑郁的人不可能具有创造力。

（7）寻求支持并非一件羞耻的事。向可以信任的人征求建议，会对需要解决的问题有所帮助。承认弱点是完善进程的一部分，善于听取意见是一件好事。

（8）清楚地了解未来各个方面的情况非常重要。必须确定长期目标和短期目标，变换职业或独立开拓一项事业的决定是很可贵的。最根本的是要清楚将在什么环境下、与谁一起和为什么要那样做。

（9）有些人天生具有当领导的条件。如果你具有这种才能，应很好地加以利用。

（10）将履历中最重要的部分抽出来，放在介绍材料的最前面。

（11）重视集体工作的重要性，企业都非常看重这一点。一个不肯与同事共同努力的人，可能不能当前的工作环境，甚至会引发损害企业利益的冲突。

觅职12法

德国罗兰·贝格咨询公司向求职者提供寻找理想工作岗位的12条建议。

（1）阅读报纸、杂志和互联网上的招工栏目，了解招工情况。

（2）在寄送求职材料之前给可能的雇主打个电话，并与企业主管部门的负责人建立联系。

（3）先申请尽可能合适的岗位。填写个人简历时，重要的经历写得详细一些，不重要的一笔带过。在求职信中应具体说明工作日期、理想薪水等。最好提一下事先已打过电话，并把材料直接寄给对方。

（4）面试前准备一些问题，如公司的任务、文化、战略、竞争优势和团队情况等，带上这些问题参加面试。

（5）面试时满怀信心地介绍自己的经历，并表示愿意详细回答相关问题。

（6）注意倾听对方的提问，回答简明扼要，尤其要显得友好和彬彬有礼。不要回避问题。

（7）你也可以提问，审查这家企业和分配的工作是否适合自己。

（8）举出你成功解决矛盾的例子。

（9）客观对待批评，想方设法驳倒对方的论点。

（10）谋求现实的初始工资。工资的提高取决于初始工资。此外公司对你的要求也会随着工资的提高而明显提高。

（11）如果在工资问题上必须妥协，而你完全相信自己的工作能力，那么应在合同中写明，工资在试用期结束后会明显提高。

（12）只有在涉及标准合同的情况下，你可以当场签字。否则每一位雇主都会理解，你打算在签合同前仔细审查一遍，然后再签字。

良好形象增加求职机会

衣着得体

你的着装和总体形象会给潜在的雇主产生直接印象。选择正确的"面试服装"将是好的做法。

无论是男士还是女士，服装都应裁剪合身。女士不应穿任何透明服装，也不应穿过分紧身的衣服。

女士不应穿袒胸露背的服装，也不能穿无袖衫。

男士的头发要修剪好，长头发应梳理好，而且，头发要保持干净。

女士化妆不要过分夸张。

尽量少戴首饰，首饰应不会发出声响。

男士的饰物应干净和适当。会见时不宜打花哨的领带。

指甲要干净和光洁。

应穿有跟、干净和光亮的鞋子。男士、女士都不应穿凉鞋。

袜子不能有破洞。男士的袜筒要足够长，以免坐下时裤腿上升露出腿部。

经常带着手帕以便应付紧急情况。

举止大方

准时到，不要让会见者等你。

不要随便坐下，直到人家请你坐下，并要注意坐姿。

与会见者保持目光接触，不管是你讲话还是听对方讲话。

不要吸烟。

如果携带文件，那就应该整理好，以便随时找到所需的文件。

讲话语气要肯定。不要害怕回答问题。请记住较聪明的提问方式是"这个职位能够提供什么机会？"而不是"什么时候休假？"

不要评论家庭生活，如果涉及这个问题，简单提一下即可。

不要提及你认识的重要的或有影响力的人物。

不要调情，不管是女士还是男士。

不要触摸和玩耍办公桌上的物品或会见者的文件。

不要阅读办公桌上的文件。

应知道何时该离开。那就是当会见者站起来，或者他说"感谢你的来访"时。告别时应伸出手，并对安排会见表示感谢。

在会见之后，写一封感谢信寄去。这不仅是一种良好的举止，而且会让会见者记住你，以便给你现有或将来的岗位。

择业的几个误区

1．找职业还是找企业

在择业时应选择一个长期稳定的、有发展前途的职业，而不是企业。

2．找职业还是找工作

若每一次重新择业都是在原来职业基础上的发展和延续，那么这属于缺乏长期眼光的肤浅的找工作行为。

3．找工作还是求头衔

求职者在择业时应当非常清醒地分析企业究竟所需什么样的人才，千万不能被所谓的"主任"或"经理"的头衔所吸引而忘乎所以。

4．谋高薪还是求发展

不要为暂时的薪资不尽人意而放弃一个自身成长和发展的机会，只要你所谋求的职业有着光明的前景，即使目前工资低一些，只要能够学到本领，就能有所发展。

第四单元

做合格的职业人

通过本单元的学习，旨在帮助刚刚步入职场和将要步入职场的毕业生合理定位。

本章知识框架

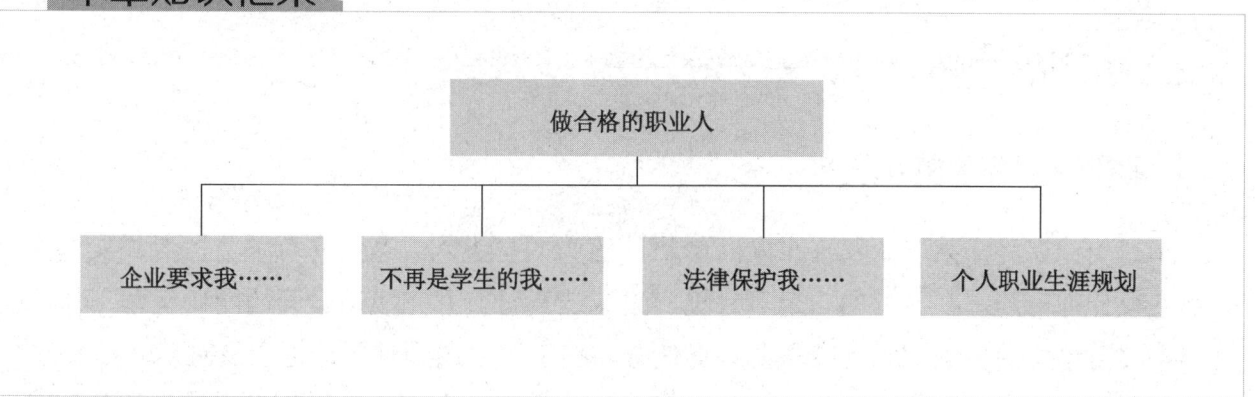

```
                        做合格的职业人
          ┌──────────────┬──────────────┬──────────────┐
     企业要求我……    不再是学生的我……   法律保护我……   个人职业生涯规划
```

学习目标

1. 了解企业对毕业生素质的要求，提高自身素质。
2. 认识并掌握角色转换的意义和方法。
3. 学会运用法律武器保护自己在求职中的合法权益。
4. 掌握个人职业生涯开发的途径并进行激励和调试。

第一节 企业要求我……

胸怀凌云志，莫负少年时。作为一名职业院校学生，我们要严格要求自己，苦练本领技能，才能在职场中占有一席之地，从而实现自己的人生抱负。

在我们求职的时候，可能会去选择企业，但你是否想过，企业也在评估你的价值，对你也有要求。如果我们不具备良好的素质和技能，即便找到一份工作，也难做得长久、做出成绩。

案例及分析

【案例一】实习的小王

2023年10月，某职业院校计算机1班的王政同学进入一家贸易有限公司参加实习并担任网店设计师一职。在实习的一个多月里，王政认真对待并完成每一天的网店运营工作，自觉遵守实习单位的各项规章制度，富有责任心，在工作中遇到难题，也会及时请教前辈。

在实习期间，王政用心学习怎么使用后台、怎么查询商品并尽快熟悉店铺中的各种商品及其属性。当客户问到诸如商品的质地、种类、款式、颜色、流行指数等问题时，王政能有针对性地向客户介绍并推荐满足他们需要的商品。刚开始工作的时候，王政遇到很多的困难。客户提出的问题多，有时王政的回复客户看不懂，他也会经常被客户骂，即使受了委屈还在不停地给客户道歉和解释，王政拿出自己的耐心和态度为每一位客户解答，心里时刻谨记"客户至上"的原则，态度诚恳，语气恰当。在同事和主管领导的耐心帮助和指导下，王政得到了客户的认同和肯定。

【案例二】奋斗的小李

某职业院校学生小李毕业后在发动机配件厂实习，那里工种比较多，有数控、车床、包装、维修等。刚进企业的时候，他被分配在维修车间，各种新鲜感扑面而来，这个想摸摸，那个也想动动，这时候师傅提醒他要注意安全，哪个地方能动，哪个地方不能动，每个流程该注意哪些问题，都要做到心中有数。从那以后，小李下定决心坚持多看、多问，做到眼勤、手快，跟随师傅学技术的同时也要做好师傅的帮手。干了一段时间的维修工作，他发现看似简单的一个事情有时候蕴藏着很深的道理，比如一个简单的上螺丝钉工作也跟我们想象的不一样，掌握好技巧和方法就可以达到事半功倍的效果。由此他悟出一个道理：不管做什么事情都要用心去做，而不是单纯用手去做，用手去做只是把这个工作完成，只有用心去做才能把这个工作做到尽善尽美。最后，小李凭借自己的坚持、勤奋、好学，很快就掌握核心维修技术，成为配件厂中不可或缺的技术人员。正因为如此，小李在实习结束后被工厂录用，与他签订了劳动合同，小李成为一名正式的技术师傅。

启示

企业对员工的要求首先是优良的道德品质，吃苦耐劳，勤学苦练。同时，企业的生命是产品的质量和产量，而这些靠的是员工的技术本领。有好的品质，又有好的技能的员工，是企业渴望得到的。小李，正是企业想拥有的员工。

【案例三】失业的小赵

某职业院校会计电算化专业毕业生小赵工作了半年，马上就要通过试用期。在他本人递交了《转正申请书》后，公司人力资源部的马副部长找他谈话，问："如果我是总经理，而你是我的财务部长，我要求你给我一年内逃税1000万元，你会怎么做？"小李当场抓耳挠腮地思考逃税计谋，好不容易胸有成竹地准备开口作答，但还未等他开口，马副部长便说："好了，这个问题你不用回答了，你去吧！"结果，小李在即将转正时却被通知试用期不合格。

启示

马副部长其实是在考查小赵在试用期内是否已经将自己融入诚实守信的企业文化，不管小赵当时是苦思良策，还是对答如流，立即列举出一大堆方案，那都证明他进了马副部长设下的"圈套"。实际上，在几乎所有的大中型现代企业中，守法是员工行为的最基本要求，同时也反映员工本人的思想素质。

企业对毕业生素质要求

目前毕业生就业市场形成了"买方市场"，就业竞争激烈，用人单位对毕业生的素质要求标准越来越高，选择毕业生更加注重毕业生的综合素质。众多的用人单位已将综合素质作为评价毕业生"实力"的主要依据和用人标准。例如，在毕业生就业市场上出现了即便是同一学校、同一专业，也会由于综合素质不同而导致就业差别较大的现象。综合素质高的毕业生容易受到青睐，他们就业面宽、就业机会多、选择余地大，常常是供不应求。今天的学生，明天的员工，企业总是利用招聘、试用期等短暂的一段时间想尽办法来考查应聘者是否为他们想要的人才。那么，企业究竟想要什么样的人才呢？

1．道德品质

一个成熟的企业考虑的往往是道德品质方面的素质，尤其是诚信意识、奉献精神和责任感。一些外企在团队面试前都会要求应聘者签下保密协议或做出口头承诺，防止案例外泄，但尽管如此，还是会有一些毕业生将面试内容以"笔经""面经"等形式公布在网上，给公司的招聘工作带来损失。著名外企玛氏公司曾在招聘的第一轮面试后，发表了致应聘者的一封信，表明会在充分调查的基础上对分享面试题目的同学做出取消面试资格的处理，并表示"无论事情是大是小，原则问题不可以马虎，希望我们都能从小事做起，一起为创造健康、公平的就业环境而努力！"

2．文化认同

目前越来越多的企业在笔试阶段引入性格测验或心理测验，凸显出企业对于毕业生性格和心理素质的重视，而这归根到底，都是企业衡量毕业生是否认同企业文化、能否顺利融入公司文化的标尺。企业所期待的员工，不仅要能力出众，更要认同企业文化。

3．知识水平

在就业市场上，学习成绩优良、知识面宽且综合能力较强的毕业生普遍受到欢迎。写作、书法等能力及外语水平、计算机操作水平、职业技能等级等是用人单位接受毕业生的普遍要求。例如，当过学生干部的毕业生普遍"走俏"，因为他们大多学习好，知识面较宽，适应能力强。在校期间有论文、书画作品发表的学生也很"抢手"，因为他们用自己的"成果"证明了自己具备某种能力和潜质。

4．敬业精神

优秀的企业，尤其是世界 500 强企业非常注重实效、注重结果，因此敬业精神是不可或缺的。有了敬业精神，其他素质就相对容易培养。毕业生要想适应当今的职场环境，就必须具备明确的工作目标和强烈的责任心，带着激情去工作，踏实、有效率地完成自己的本职工作。工作态度在很大程度上能够决定一个人的工作成果，有良好的态度才有可能塑造一个值得信赖的形象，获得同事、上司及客户的信任。

5．团队意识

如今优秀的企业都很注重团队协作精神，将之视为公司文化价值之一，希望员工能将个人努力与实现团队目标结合起来，成为可信任的团队成员。许多刚走上职场的毕业生，往往满怀抱负，血气方刚，在团队中常常流露出个人英雄主义。在一些企业常常可以见到这样的员工：在市场上敢拼敢打，是一名虎将，但自恃学历高、工作能力强、销售业绩好，在同事和领导面前狂傲不羁，不愿遵守劳动纪律，还经常在公开场合反对领导的意见。而这样的员工业绩再出色，能力再强，最终也会被企业淘汰。

6. 创新思想

企业需要那种具有创新能力的人。企业招聘人员在面试中常常会问："在以前的工作中，你有没有成功做过一件其他同事从来没做过或者根本没想过的事情？或者你是否对一些新鲜的事物感兴趣？"李开复在给中国高校学生的一封信中也曾这样描述："仅仅勤奋好学，在今天已经远远不够了。因为最好的企业需要的人才都是那些既掌握丰富的知识，又具备独立思考和解决问题的能力的人，他们善于自学和自修，并可以将学到的知识灵活运用于生活和工作实践，时时不忘创新，以创新推动实践，以创新引导实践。只有这样，我们才能不断研发出卓越的产品。"

7. 应变能力

企业需要那种具有高度灵活应变能力的人。听得认真，写得明白，看得仔细，说得清楚，叙述准确将具有无可估量的价值。反映在面试中，最大的可能性就是考官给你一个模拟的场景，让你做出一些判断和决策，以考查应聘者的灵活应变能力。西门子（中国）有限公司人力资源部招聘顾问认为，考官有时也会故意用一些很诡异的问题来刁难应聘者，这个时候，最重要的就是保持一颗平常心，不要慌乱，停顿 5 到 10 秒钟整理一下思路，然后大胆地说出自己的观点。其实，答案是其次的，考官主要考查的还是应聘者的应变能力和逻辑思维能力。

8. 终身学习

新知识、新技术、新工艺不断涌现，不学习就会被淘汰。为了应对工作需要和人生挑战，学生应该树立终身学习的意识和决心，养成以各种方式学习业务和新知识的习惯。善于学习的人，才是企业喜欢的人，才可能使自己立于不败之地。

小资料

职场必备技能

职场必备技能分为三类：技术技能、人际关系技能、解决问题技能。

技术技能。既包括最基本的技能——阅读、写作和进行数学计算的能力，也包括与特定职务相关的能力。

人际关系技能。几乎每一个员工都从属于某个工作单位。从一定程度上讲，员工的工作绩效取决于他与同事、老板有效相处的能力，包括学会如何做个好听众，如何更清晰地表达自己的思想，以及如何减少摩擦冲突，等等。

解决问题技能。工作中需要解决一系列问题，特别是那些非常规的、富于变化的工作更是如此。通过参加一些活动，强化其逻辑、推理和确定问题的能力；对因果关系做出评价；制定解决问题的可行方案，并分析方案和选定最终的解决办法。

教学活动

活动一　座谈会

组织一次座谈会，请一位从母校毕业并已成功创业的校友现身说法，或请企业人事部门的管理人员给同学们谈一谈当代企业需要什么样素质的员工。

思考题：毕业生顺利实现就业应具备哪些素质？

活动二　情景演练

我们的生活中、职场上，充满着各式各样的诱惑。在诱惑面前该如何遵守行业的道德规范或规则？你的约束力如何？面对那些情景你会怎么做？

情景一：你和小卢一起长大，是形影不离的好朋友，毕业后两人在同一个单位从事客房服务工作。有一天小卢告诉你，她在一次打扫客房的过程中捡到了客人的一百元人民币，但是客人一直没有察觉，于是她就据为己有。后来她又说，其实每次捡到客人遗留的东西并不一定都要上交……

当你听到这些的时候，你会怎样做？

情景二：你和小刘是很要好的同学，毕业后分别在两家公司做营销员。最近你的单位正在为了一个大客户夜以继日地策划营销方案，下班后小刘找到你，一直哭诉自己在工作上的困境和生活上的难处，想要向你打听你们公司营销方案的进展情况，这个信息对他很重要，说不定他会因此得到提升……

这时，你会如何去做？

第二节　不再是学生的我……

纸上得来终觉浅，绝知此事要躬行。从学校到社会是人生的一个重要转折点，意味着我们到了立业的时期。职业既是谋生的手段，又是成就事业的载体。走出校门，走进职场，我不再是学生了，我该怎样做一名好员工呢？

案例及分析

【案例一】前程似锦的小杨

某职业院校毕业生小杨学的是幼儿保育专业，在校期间小杨和同学相处融洽，课堂上表现积极认真，深受老师的喜爱。2021年10月，当地教育局向学校下发了幼教外出实习指标，三年级的小杨因在校期间表现良好，获取了外出实习的名额。当小杨得知外出实习的地方在偏远山村，她没有退缩，意志坚定地选择了外出实习。实习期间，她每天坚持早起备课，虚心向老教师请教幼教方法，同时能够耐心地和家长沟通幼儿在校的表现情况。每天教学任务结束后，她能够细心地记录当日幼教中存在的问题及今后改正的措施。通过她6个多月的努力，赢得了所有老师和家长的认可。2022年7月，小杨毕业后被很多幼儿园争先恐后地聘请，最后她顺利地与一家幼儿园签订了劳动合同，成为一名光荣的幼师。

启示

小杨的成功在于她能够给自己正确定位，在基层扎实肯干，又勤于学习；此外她的成功还得益于自己从业的技巧，她团结同事，爱护幼儿，尊重家长，使自己处于一种和谐的人际关系中。

【案例二】信口开河的小王

毕业生小王口才不错，刚到用人单位不久便与公司上上下下混个脸熟，自我感觉良好。有一天，单位领导找他谈话，一番高谈阔论之后，当领导最后问他："你个人的爱好是什么？"他竟得意扬扬宣称是"游山玩水"。结果，试用期还未结束，小王便被用人单位辞退。

启示

小王的失败是典型的自负心理造成的，自负在心理学上指过高地估计个人的能力，从而失去自知之明。在这种心理的支配下，不少毕业生在试用期仍然不能及时完成从校园人到职场人的角色转换，总是像在学校时那么单纯，自以为是，孤芳自赏，骄傲不驯，自以为什么都懂、什么都会，夸夸其谈，胡吹乱侃，结果给用人单位的领导和同事留下了不踏实的印象。

小故事

机遇为谁准备

　　子贡是孔子的一个学生,是孔门72门生之一。他善于设辞巧辩。有一年,齐国的执政大夫田常,因为国内不服他的人很多,决定攻伐鲁国以树立威信。孔子听到后,对学生们说:"鲁国是我们的父母之邦,祖先的坟墓都在那里,你们为什么不去解除它的危难?"勇敢的子路首先要求去抵抗齐国的军队,孔子不许;子张也提出要去,孔子不同意;子贡请行,孔子同意了。子贡请教此行该注意什么,孔子说:"仁!""请问,在异国他乡,怎样达到仁的要求呢?""工欲善其事,必先利其器。"孔子先打了比方,说工人要做好他的工作,一定要先有锐利的工具。接着又说,"住在那个国家,恭敬地对待贤德当权者,和有道德的人交友。人的关系和谐了,等于工人有了好的工具,就能够按你的心意办事了。"子贡按老师的教导,先到齐国去说服田常,告诉他攻鲁无利可图,而攻吴则对齐国、对他本人大有好处,田常同意了。接着子贡又到吴国去劝说吴王,请他联合越国去对抗齐国。最后,子贡再到越国,叫越王只以兵器粮食支援吴国抗齐而不出军队……几个大国都卷入了一场混战,而鲁国却避免了被入侵的危险。子贡凭着他的口才和对列国形势了如指掌,顺利完成任务,而齐国、吴国、越国实际上都成了他完成任务的棋子。

　　这个故事告诉了我们"工欲善其事,必先利其器",意思是机会永远是给那些有准备的人准备的。一个人要想成就一番事业,首先必须磨炼自己的基本功,这样才能在社会中游刃有余、得心应手。

从学生到职员

　　人的社会任务或职业生涯不断变化,角色也随之变化,从一个角色进入另一个角色,这个过程称为角色转换。角色转换的根本变化是社会权利和社会义务的变化。学生走向工作岗位是一个角色转换的过程。学生从走向社会,开始新的工作,承担新的任务的这一时刻起,他们由原来的学生角色变为另外一个新的社会角色——职业人。

　　要实现从学生角色到社会角色的转换并不是瞬间可以完成的,而是需要一个过程,主要包括取得角色和进入角色两个环节。

　　第一,取得角色。毕业生通过学校推荐、市场角逐、与单位双向选择,最后双方达成就业协议,并完善就业协议的各项手续,这时角色转换正式开始。

　　第二,进入角色。毕业生到单位报到后,获得承担某个角色的认可,并开始熟悉单位的工作制度,了解本职工作的业务程序,逐步表现出扮演这一角色必须具备的品质和才能,从精神上和行动上完全投入到这一角色，称之为进入角色。

每个人的适应能力不同，有的人角色转变快速且顺利，有的人则会经过一个较长的过程，并在角色转变的过程中出现许多问题。

一、克服不良心态

学生由于受到自身因素和客观环境因素的双重影响，往往在角色转换的过程中会出现一些心理障碍。分析职业院校学生角色转换过程中常出现的心理障碍，有的放矢地采取心理调适措施，对帮助毕业生顺利实现角色转换，有着非常重要的指导意义。在角色转换中常见的心理障碍有以下几个方面。

1．不满意工作单位，产生失落感

由于各种原因，部分毕业生认为自己所选择的工作岗位不够理想，与原来设想中的岗位相差甚远，特别是看到平日在学校里学习比自己差的同学反而找到比自己更好的工作岗位时，总觉得不公平，心理上极不平衡，容易产生失落的心理。

2．不适应新的工作岗位而产生急躁畏难的心理

由于毕业生缺乏从事实际工作的技能和经验，有的毕业生一踏上工作岗位便觉得很难进入状态，总觉得不适应。因为在学校里学习时，理论性偏多，实践环节较少，导致实际动手能力不行。遇到这种情况时，毕业生容易产生急躁畏难心理。

3．不熟悉新的工作环境而产生苦闷心理

职业院校学生从校园走向陌生的工作环境，常常会自觉或不自觉地将自己置身于学生角色的位置。比如，有些职业院校学生在校园里喜欢高谈阔论，对身边的人和发生的事随意评头论足，人际关系以自我为中心，在生活上不拘小节。参加工作后发现自己的种种行为习惯并不受同事或领导的欢迎，有些人非常敏感，不知原因何在，容易消极悲观，陷入苦恼之中。

4．自以为是，过高估计自己而表现出自傲的心理

有的毕业生以为自己寒窗苦读十余载，接受了高等教育并学到了不少的知识，已经算是人才了。在工作上经常对一些管理方式随意发表评价，认为单位这也不对那也不妥，一副评论家的架子，或者是轻视实践，不愿意到基层去锻炼，看不上基层干部和基层工作人员，甚至认为职业院校学生不应该做一些鸡毛蒜皮的小事，有失身份。这实质上是眼高手低的表现。大事做不来，小事又不做，这样是很难进入职业角色的。

二、争做优秀职员

职业院校学生在进行角色转换的过程中，表现出来的种种心理上的不适应，应当及时注

意调整、控制和改善。这种心理上的不适应需要社会、同事和单位领导的帮助，但最为关键的还是要靠学生自身的努力。学生要积极主动地进行自我调适，以实际行动完成角色的转换。职业院校学生在角色转换的过程中应注意以下几点。

1. 准确定位

各位同学一定要对自己的各项条件有一个系统的评估，包括技能水平、工作能力、学习水平、交际能力、性格喜好、自身条件等。孔子曰："吾日三省吾身"，就是要时刻评估自己、定位自己。只有对自己有一个准确的定位，才能锁定自己的目标，从而坚定信念，以自信、自强、自立的形象迎接挑战，实现自己的目标。

2. 思想转换

即将步入社会，有的人会有一种茫然、无助的感觉，会感到无比的彷徨。从一个学生到一个职业人，需要摆脱对待生活幼稚的态度，明白自己不再是依靠父母的孩子，依赖老师的学生；需要改掉平时懒散的习惯和等靠的心理，明确自己对于事业的追求方向；需要明白所有问题都将需要自己独立去面对，独立去解决。

3. 做好发展规划

根据自己的技能水平、交际能力、适应能力、性格喜好等判断自己的发展方向，规划好自己要选择的行业与岗位。工作不仅仅是完成任务，而是要在工作中学到更加专业的知识，提升自己的专业能力和工作能力，以得到职位上的提升，成为行业里的翘楚，实现自己的职业规划目标。自我优化，自我提升，脚踏实地地走好每一步，才能走得更高、走得更远。

4. 树立正确择业观

大部分同学一直在父母的呵护之下，平时生活费多，消费可能比许多劳动者的收入还高。许多同学在择业初期，把经济收入放在首位，等到碰壁后才发现该岗位竞争激烈，只能被动地改变求职方向，另谋他职。却不知没有任何人刚步入社会就能拿到高工资，一个人能获得的财富从来都是和个人价值成正比的，你能为企业、单位做出多大的贡献，你才能获得多大的财富。职业没有贵贱之分，三百六十行，行行出状元，平凡的岗位也会有不平凡的成就，适合自己的才是最好的。

5. 关注社会动态

社会发展和市场产业结构在不断发生变化，走上社会要时刻关注热点新闻，了解行业动态，了解社会、行业需要什么样的人才，这样才能准确自省提升自身，做到随机应变，适应社会和行业发展。

6. 善观察，勤思考

要进入角色，就必须开动脑筋、善于观察。只有观察才会发现问题，才能掌握职业的内部规律。勤于思考，才能在工作中有自己独到的见解，逐步具备独立开展工作的能力，更好地承担职业角色的责任，从而顺利完成角色转换。

> **小资料**

提高 AQ，迈向成功

当工作出现困难时，你会有怎样的反应？是责怪别人，一整天都想着工作的苦恼，还是继续埋头工作，甚至因此更加兴奋，然后回到家里与家人共享天伦之乐？

培训咨询专家保罗·斯托茨博士说："逆境是成功的加油站。与普通人相比，那一部分成功的人最大的不同在于，他们不仅能从生活的逆境中站起来，还能在此基础上获得持续前进的动力。"

对困难的适应力取决于一个人的 AQ（Adversity Quotient），也就是逆境情商。

目前已经进行了多项 AQ 的研究。结果显示，AQ 高的人手术后康复快，销售业绩也是 AQ 低的人的 3 倍，在公司中升职的速度也快得多。

我们遇到问题时的自然反应就像我们的笑容一样属于天性。斯托茨博士说："从 15 岁起，你面对困境的态度就根深蒂固了。"

遇到困难时，我们的脑海马上会出现一连串问题——后果是什么，谁造成的，对我的生活会有什么影响？AQ 低的人很容易被这些问题吓倒，而 AQ 高的人则会以一种平静、积极，甚至乐观的态度去迎接困难，找到补救的办法。

还好，天生的弱者也可以像英雄那样思考。斯托茨博士说，关键是态度的转变。学着将麻烦的问题在脑子里系统地理顺，AQ 高的人一般都会这么做——可以将惊慌减少到最低程度。

斯托茨博士说："应对逆境的能力可以分解为四个关键因素——控制、归属、延伸和忍耐。"控制就是认清自己改变局面的能力；归属是指承担后果的能力；延伸是对问题大小及其对工作生活其他方面影响的评估；忍耐是认识问题的持久性，以及它对你的影响会持续多长时间。

要调整好这 4 个关键因素，就要对每个问题进行这样的思考：这个问题导致今后两天必然发生的结果是什么？对于这些必然结果，你最有可能改变的（即使部分改变）是哪些？怎样做能防止问题的扩散？有什么迹象表明问题的后果会持续很长时间？

斯托茨博士说，这样一份在脑中形成的清单，可以使我们在问题发生后减少恐慌，并帮助我们确定事情的轻重缓急。

> **教学活动**

活动一　讨论

讨论：职场人和校园人有什么不同？

思考：1．在完成转换角色中经常会遇到哪些难以克服的困难？

2．如何实现角色的转换？

活动二　职场对白

职场中的挫折有很多。比如，加薪未果、晋升失败、业绩指标未完成等。有些是我们可以想象到的，有些是我们无法预知的。职场人对挫折的态度也不一样，心胸狭窄、性格内向、缺乏勇气的人，往往怕挫折；心胸开阔、意志坚定、充满必胜信念的人能够向挫折挑战，百折不挠，直至取得胜利。看看职场挫折情境中不同人的不同表现：

1．医生：每天病人一个接一个，昨天一个病人突然心脏……

甲：幸好我医术和心理素质都还好，要不然真不能应对。

乙：病人多说明大家信得过我，医疗过程中有突发事件很正常。

丙：唉，做医生太累了。真想改行！

2．厨师：我今天在厨房忙了一整天，但老板因为生意火爆，还让我加班……

甲：饭店生意火爆，是因为顾客都喜欢吃我炒的菜。

乙：老板让我加班，是不是因为我炒菜的速度太慢了。

丙：我上班已经完成了我该做的事情，还想让我加班，不可能！

3．教师：上课叫学生不要睡觉，学生骂骂咧咧。不管吧，校长又……

甲：校长还挺关心我呢，看来我得好好表现。

乙：是不是我的课太无聊，学生才睡觉的呢？我得重新审视我的课。

丙：我哪里像老师啊，被这个骂，被那个骂。如果有其他选择，我才不想做老师呢！

4．求职者：今天是第21次面试了，一心希望可以成功，但谁知道……

甲：虽然工作没找到，可是面试的经验却丰富了很多。

乙：我到底失败在哪里呢？我该好好反思一下。

丙：真不想去面试了，都是些没人性的家伙！

5．销售经理：通过打折促销，公司的商品一上午就全部卖光了……

甲：商品卖得快，证明我们采取的促销手段是正确的、有效的。

乙：只有通过打折才能促销商品，是不是我们的商品质量有问题。

丙：商品虽然卖完了，但今天的盈利不太理想，真倒霉！

如果是你，你会怎样表现呢？

第三节 法律保护我……

法律是行使权力的依据，只有把这个依据掌握住了，才能正确开展工作。如果一味跟着感觉走，难免偏离法治轨道。

——习近平

我们希望能进入一家好企业，有好的效益，对员工的利益有很好的保障。但事实有违背我们意愿的时候，有些企业并不能够很好地履行自己的责任。如果我们遭遇这样一家企业，要善于拿起法律武器来保护自己的合法权益。

案例及分析

【案例一】签订合同事关重大

中专毕业生小赵被某工厂录用后从事技术工作，当试用期满厂方要求签订劳动合同时，小赵接过劳动合同看也没有看就签上了自己的名字，一个月后小赵去领工资，劳资科说依合同约定扣本月工资400元，作为从事技术工作的职工的风险抵押金。同时，小赵进厂后工厂要求每天加班3小时以上，而且从来不给加班费，因为合同中没有约定这项内容。而且，由于小赵连续加班，身体疲劳，有一天不小心被机器轧伤双手，不得不休息。十天后，厂里依据合同约定，认为小赵受伤与厂方无关，遂做出对小赵开除的决定。

【案例二】用劳动法保护

某职业院校化工专业毕业生小李毕业后与某电子科研所电器厂签订了劳动合同。由于是本专业的学生，小李深知这个工作会与有害化学物质接触，危害身体健康，所以小李要求厂方提供符合国家规定的劳动条件，并将此写进劳动合同中。

但是，小李上班后，发现她工作的电子元件处理室不到20平方米，房间没有良好的通风设备，工作间的操作台和原材料堆放在一起，使用的电气设备无保护装置，存在多种不安全因素。

小李立即向厂方反映，她拿出合同指着明明白白的条款给厂长看。厂长拿过来，对着看了半天，说道："当然，劳动条件是要保证的，但是要加以改善是需要时间的……慢慢一切都会好的，由于一些客观原因，一步到位目前还存在困难……不论怎么样，你反映的这个问题很好也很重要，我们会重视的，你先回去，好好工作……"

一个星期过去了，厂里仍然对自己反映的问题无动于衷。小李以为是厂长太忙忘了，于是又反映了一次，可是结果仍和第一次一样，没有什么实质性进展，最终小李申请了劳动争议仲裁。

启示

当今市场经济条件下遵循"双向选择，自主择业"的就业机制，尽管如此，劳资双方矛盾和摩擦时有发生，劳动者因为在就业市场中处于弱势地位，常常会遭遇权益受侵害。案例一中小赵本人不懂得用劳动法保护自己，没有认真对待劳动合同，以致屡屡受到企业伤害。案例二中的企业对劳动法漠视，不能为劳动者提供应有的劳动保护，最终被诉诸法律。《中华人民共和国劳动法》是为了保护劳动关系而制定的，它为保障劳动者的合法权益提供了法律保证。了解法律知识、学习法律知识、掌握法律知识必将为我们的从业生涯保驾护航。

容易遇到的法律问题

一、毕业生就业求职活动中的政策、法律依据

为切实保障毕业生就业工作的顺利进行，保障毕业生就业活动的有序开展，近年来我国政府和有关部门制定了一系列的就业政策和法规。主要可以分为以下几类：一是教育部及有关部委关于毕业生就业的规范，如《普通高等学校毕业生就业工作暂行规定》；二是各地方就业主管部门根据本地方实际情况出台的有关毕业生就业的规范性文件，用于规范指导本地方的毕业生就业；三是高等学校结合学校实际，根据国家的就业方针、政策和规定及主管部门工作意见制定本校工作实施办法、细则。与毕业生就业相关的法律法规主要有《中华人民共和国劳动法》《中华人民共和国劳动合同法》《中华人民共和国民法典》《中华人民共和国公务员法》等。

二、毕业生就业求职中的权益

根据就业政策法规的有关规定，毕业生在就业求职过程中享有以下权益。

1. 获取信息权

信息是现代社会非常重要的资源，很多机会都来自对信息的把握。信息本身具有普遍性、客观性、共享性和时效性。所以，对就业信息的把控往往是毕业生求职择业成功的前提和关

键。这就要求用人单位对所公布的招聘信息做到公开、及时和全面。任何单位和个人不得对招聘信息进行隐瞒或截留，要保证信息及时有效，并且全面地提供给毕业生。

2．接受就业指导权

毕业生从学校毕业前，都有权从学校接受就业指导。为了更好地帮助毕业生结合自身的实际情况进行准确、合理地择业，学校应成立专门机构，安排专职人员负责对毕业生进行就业指导，就业指导的内容应该包括向毕业生宣传国家有关就业的方针、政策，就业的原则、规定和程序及毕业生在求职就业时的技巧。

3．被推荐权

高校向用人单位推荐毕业生是高校毕业生就业工作的一个重要职责。学校的推荐在较大程度上会影响到用人单位对毕业生的选择。所以，高校应本着如实推荐、公平推荐和择优推荐的原则，在公平、公正的基础上，根据毕业生的在校表现实行择优推荐。

4．违约及求偿权

毕业生、用人单位、学校三方签订就业协议后，任何方不得擅自毁约。如果用人单位无故要求解约，毕业生有权要求对方严格履行就业协议，否则用人单位应对毕业生承担违约责任，支付违约金，毕业生有权要求用人单位进行补偿。同时，这也提醒我们同学们要诚实诚信，在签订协议后，不随便解约，避免不必要的麻烦。

5．平等就业权

不管是《中华人民共和国劳动法》还是《中华人民共和国就业促进法》，都对平等就业权做了明确的规定，即劳动者就业不因民族、种族、性别等因素的不同而受到歧视，《中华人民共和国就业促进法》更是要求各级人民政府应当创造公平的就业环境，消除就业歧视。但是，由于实际操作中各项政策及配套措施的滞后，完全开放平等的就业市场尚未真正形成，所以，还是提醒毕业生在就业时注意防范和正确对待那些不公平、不公正的现象。

6．职业选择权

毕业生有权按照自己的意愿进行职业选择，凡不是出于劳动者本人意愿而从事有损于劳动者身体健康、人格尊严的劳动形式或劳动规范，劳动者都有权利拒绝。任何单位或个人均不得干涉，更不可将个人意志强加于毕业生，强令毕业生到某单位或者某岗位进行就业。

7．择业知情权

毕业生享有对用人单位的主体资格、工作岗位、工作条件、工作环境、工作待遇等真实情况的了解权利。

现实中会有一些用人单位夸大资本、夸大规模或者夸大待遇，回避某些职业危害，这就侵犯了毕业生的知情权。近年来，我国职业病发病趋于年轻化，也印证择业知情权受损的严重程度。这就需要提醒毕业生，不论是签订就业协议还是劳动合同，都应该对用人单位及应聘岗位进行详细了解，避免以后自身权益受损。

8. 取得劳动报酬权

劳动报酬权是劳动者在劳动关系中享有的基本的、核心的权利，也是劳动者通过劳动实现的最直接、最切实的利益。毕业生有权按照劳动的数量和质量取得报酬，同时法律还规定了"最低工资"和"同工同酬"制度，用来对这项权利进行保障。

9. 休息休假权

《中华人民共和国宪法》明确规定了公民的休息权。《中华人民共和国劳动法》具体规定劳动者享有休息休假的制度。休息休假权是为了保护劳动者身体健康和提高劳动效率，所以用人单位不得强迫或者变相强迫劳动者进行加班。

10. 社会保障权

用人单位只要与劳动者建立劳动关系，就应当根据社会保险规定的缴纳比例为劳动者缴纳法定的各种社会保险，包括医疗保险、失业保险、生育保险、养老保险、工伤保险等。对于毕业生而言，这些是很重要的，因为缺乏社会保障的就业是具有很大风险的。

11. 拒绝收费权

《中华人民共和国劳动合同法》明确规定：用人单位招用劳动者，不得扣押劳动者的居民身份证和其他证件，不得要求劳动者提供担保或者以其他名义向劳动者收取财物。所以，用人单位在招聘毕业生时，以报名费、监考费、面试费、测试费、保证金或抵押金等名义收取费用的，毕业生都可以依法拒绝。

三、毕业生就业求职中个人权益的法律保护

在就业前对相关法律进行了解，可以帮助避免损失，也可以协助我们在之后进行维权。

1.《中华人民共和国劳动法》

《中华人民共和国劳动法》从促进就业、劳动合同和集体合同、工作时间和休息休假、工资、劳动安全卫生、女职工和未成年工特殊保护、职业培训、社会保险和福利、劳动争议、监督检查、法律责任几个方面对劳动者的权利和义务都进行明确规定，是劳动者进行社会劳动最基本的保障。

2.《中华人民共和国劳动合同法》

《中华人民共和国劳动合同法》是为了完善劳动合同制度，明确劳动合同双方当事人的权利和义务，保护劳动者的合法权益而制定的。从劳动合同的订立、履行、变更、解除到终止，《中华人民共和国劳动合同法》都规定了双方当事人的权利和义务。

3.《中华人民共和国就业促进法》

《中华人民共和国就业促进法》为我国实施积极的就业政策提供了法律保障，它制定和实施了很多积极的就业政策，比如，通过小额担保贷款、财政贴息、减免税费等措施，积极扶持劳动者自主创业、自谋职业；通过定额税收减免、优惠贷款等措施，鼓励企业吸纳下岗失

业人员就业；通过开发公益性岗位和社会保险补贴等措施，建立健全就业援助制度，帮助困难人员实现就业。

四、毕业生就业求职过程中个人权益的自我保护

由于涉世未深又急于找工作，在求职过程中，毕业生一不小心就误入陷阱，所以要提高警惕，注意识别和防范求职陷阱，做好自我保护。

1．多方面、多渠道详细了解公司情况及背景，看看公司是否正规，业务是否合法，单位是否拥有合法的营业执照和经营许可证，是否有投诉或不良记录等。只要是来校现场招聘的单位，学校就业办公室都会认真核实公司情况，请毕业生放心应聘。同学们了解单位情况的方法有很多，在网上搜索查询是了解单位情况的有效方法之一，如果一个招聘公司没有公司网站，应特别注意。

2．警惕卷入任何形式的传销活动，防止钱财被骗。保护好个人各种有效证件安全。一些单位或个人打着招聘的旗号，收取高额报名费、培训费、考试费、体检费等，甚至要求必须购买一定数量的产品。还有一些企业以便于管理为由向求职者收取押金，或抵押身份证。毕业生遇到这种情况的时候一定要加强自我保护意识，提高警惕。国家劳动部门早就明文规定，任何企业在招聘员工时，不得以任何理由、任何形式收取求职者的押金，或者以身份证、毕业证书等作为抵押，一旦上当受骗，求职者可向当地劳动保障监察部门或公安部门报警，寻求法律保护。

3．无论哪种形式的面试或预约，切记：在出门前，一定要给家人、老师或亲朋好友留下要去招聘单位的详细地址和联系电话，包括固定电话，以防万一，以备查用。正规的单位一般都有固定的办公场所。若招聘单位面试地点选择宾馆等临时租借来的地方，要高度注意，谨防上当受骗。接到面试通知时，要问清对方的办公地址和固定联系电话。若招聘单位只有手机单一联系方式，要高度警惕，谨防上当受骗。

4．警惕只接受女生且对专业没有什么要求的招聘信息。女同学遇到这种情况一定要提高警惕，只有在该公司认为可信的前提下才可去应聘。另外，同学们（尤其是女生）要避免到私人场所或晚上去面试。

5．非正规渠道获得的一些招聘信息已经过时或失实，毕业生却为之耗费了许多财力、人力和时间。非正规渠道的招聘信息欺骗成分也会相当大。求职过程中一定要对信息的真实性与有效性进行审核。理智看待高薪高职，现在有很多虚假公司就是利用毕业生期望高职高薪的心理，打出薪水福利待遇来欺骗毕业生。大家在求职时应该理性、理智地看待薪水福利等各种待遇。切不可盲目，不假思索。

6．如果是通过职业介绍中心等中介机构找工作，一定要弄清其是合法的还是非法的。正规的职介机构具有合法经营资格及政府的严格管理，收费必须开具有效的票据。

7. 防止网上求职上当受骗。网上求职作为社会信息化的产物，是一个发展趋向。毕业生网上求职时，要选择正规合法的网站。并且务必要保护好个人资料的安全，以防信息泄漏，给行骗者可乘之机。主要是以上几方面，其他同学一定要树立防范意识。切实维护自身的合法权益，使自己的权益不受到损害。

由于就业市场的不尽成熟和完善，有关法律、法规和制度尚不健全，再加上社会风气、旧观念、旧思想的影响，毕业生在就业过程中不可避免地会遇到一些不公平现象。针对侵犯自身就业权益的行为，我们应该怎么办？

（1）和用人单位协商，以争取在最小范围、最快速度解决问题。

（2）向毕业生就业主管部门申请帮助。如学校的毕业生就业指导中心，各地方教育行政管理部门，各地方人力资源和社会保障部门等。

（3）向用人单位的上级主管部门反映。不同的用人单位会有不同的上级主管部门，毕业生可以通过具体单位的查询，向相关主管部门进行反映。如事业单位可以向其行政主管部门进行反映；国有企业可通过所属国资委的相关部门进行反映。

（4）向单位所在街道的劳动争议调解委员会申请调解。

（5）向劳动争议仲裁机构申请仲裁。

（6）对劳动仲裁提出的解决方案不服的，可以向人民法院提起诉讼。

五、就业协议和劳动合同中容易引起争议的几个方面

1. 关于无效的就业协议

无效的就业协议，是指由于存在一定的事由，协议虽然已经签订，但自始至终不具有法律约束力的就业协议。一般常见的无效就业协议有以下几种情形。

（1）协议一方或双方不具备合法的主体资格。毕业生主体资格不符合主要是指：毕业生毕业于不具有合格办学资格的院校或届时不能取得毕业资格；用人单位不符合主体资格主要是指：单位尚未登记注册；或经批准；单位已被注销；单位从事非法活动；特定单位无用人指标等。

（2）就业协议内容不合法或损害公共利益。主要指某些条款的规定违反法律法规的强制性规定，如试用期、工资待遇、性别、种族、宗教信仰等方面的歧视性规定。内容不合法可能导致就业协议全部或部分无效。一般全部无效的情况极少。在部分无效的情况下，其他条款仍然有效，无效条款由双方协商解决。

（3）恶意串通，损害集体、第三人的就业协议无效。

（4）请人代签的就业协议无效。就业协议是一种具有很强人身性质的合同，一般不适于代理，必须由毕业生亲自签字。

（5）附生效条件的就业协议，条件不成立时，协议不生效。如单位规定，毕业时必须通

过英语六级，毕业生未能在毕业时实现这一条件，就业协议就自然无效。

2. 可变更和可撤销的就业协议

可变更和可撤销的就业协议，是指因毕业生或用人单位意思表示有瑕疵，经撤销权人请求，由人民法院或仲裁机构变更其内容或使其法律效力自始消灭的就业协议，也称为效力待定的协议。主要有以下几种情况。

（1）因重大误解订立的就业协议，指双方对就业协议的内容认识存在重大偏差，并且这种偏差造成了当事人较大损失。

（2）订立时显失公平的就业协议，指在订立就业协议时，出于非自愿的原因，对一方当事人过分有利，对另一方当事人过分不利，当事人之间权利义务明显不对等的协议。

（3）基于欺诈、胁迫、乘人之危签订的就业协议，在毕业生就业形势严峻、就业困难的情况下，部分用人单位可能利用毕业生的相对弱势地位和急于就业的心态，采取隐瞒真实情况等手段与毕业生签订就业协议。此种情况下签订的就业协议，毕业生可以要求变更或撤销。

3. 关于就业协议中违约金的约定问题

毕业生就业协议书中涉及违约金问题主要有向学校缴纳的违约金和向用人单位缴纳的违约金。目前国家相关部门对就业协议中的违约金的数额没有明确规定。需向学校缴纳的违约金一般由学校自定，各学校收费标准不一，但须报上级部门批准。需向用人单位缴纳的违约金在协议书中由毕业生和用人单位约定。

4. 试用期问题

关于试用期的期限：试用期的上限规定最长不得超过6个月。劳动合同期限三个月以上不满一年的，试用期不得超过一个月；劳动合同期限一年以上不满三年的，试用期不得超过二个月；劳动合同期限三年以上固定期限和无固定期限，试用期不得超过六个月。而且试用期包含在合同期内。

劳动法规定，用人单位在与劳动者建立劳动关系时，禁止用人单位向劳动者收取抵押金或抵押物；无权要求毕业生上交毕业证书、学位证书等应由本人持有的证件。

六、就业协议书争议的解决

应由毕业生、用人单位及学校三方协商解决，协商不成的，任何一方都可以向学校所在地的毕业生就业主管部门请求调解，也可以向违约方所在地的人民法院提起诉讼。

七、劳动争议的解决

如果毕业生与用人单位间就解雇、劳动保护、福利、保险、培训等与劳动合同有关的问题发生争议，双方可以通过依法申请调解、仲裁、提起诉讼解决，当然，也可以协商解决。

与一般的民事诉讼不同，劳动争议的解决必须先经过向劳动争议仲裁委员会申请仲裁的程序。劳动争议仲裁委员会进行裁决后，如果不服仲裁裁决，任何一方可以向人民法院提起诉讼。对一审裁决不服，可以提起上诉。

劳动争议提起仲裁有具体时效的限制，提出仲裁要求的一方应当自劳动争议发生之日起六十日内向劳动争议仲裁委员会提出书面申请。如果任何一方不服仲裁裁决，应在收到仲裁裁决书之日起十五日内向人民法院提起诉讼。如果一方在该期限内不起诉又不履行仲裁裁决，另一方有权向人民法院申请强制执行。

劳动争议仲裁委员会在受理案件后，应在仲裁庭组成之日起六十日内结束。如果案情复杂需要延期的，仲裁庭经报仲裁委员会批准后，可以最多延长三十日。

小资料

仔细阅读《员工手册》

一般来说，《员工手册》中的下列内容值得劳动者本人仔细推敲。

1．企业组织结构

这一部分主要解释企业的内部组成，每位求职者要搞清楚自己所申请的职位在企业中所属的部门及地位。

2．职位等级

一般企业都有比较严格的等级制度，有时候同样是"经理"的头衔，其工作实质却差异很大，有时可能薪资待遇及权限范围有天壤之别。

3．轮班

劳动合同中往往只规定了每周工作的时间，但具体的轮班制是在《员工手册》中反映的，因此，要搞清楚一家企业的作息制度，包括求职者本人的工作时间安排。

4．薪酬支付

有的企业每月发薪一次，有的企业则分两次发薪。

5．奖惩条例及规章制度

要逐条仔细阅读，不能遗漏，不能等事情发生之后再回过头来考虑，那时问题就比较大了。

6．福利

如看病有无指定医院，常规疾病医药费报销方式，年休假制度的实施等。

7．劳动保护

如用人单位属生产型企业，毕业生则要特别关注这一大类的内容，企业的保护措施、防火措施、急救措施等也属重点考虑部分。

8．培训和职业发展计划

参与一家企业不仅仅是参与劳动获得报酬，而是有一个自我发展的过程。因此完善的企业培训计划能够保证员工自身未来的可持续发展，也是至关重要的。

教学活动

活动一　职场维权之星

分组收集整理就业维权相关的关键法律条款和知识点，如《中华人民共和国劳动合同法》《中华人民共和国就业促进法》中的重点内容，设计成竞答题目。每组选出一名代表作为"挑战者"，其余学生作为"守擂者"，各组之间展开职场法律维权知识大比拼。

活动二　案情分析

【案情一】

2021年4月，李某获悉甲公司招聘文秘一名，所以携带学校发放的就业推荐表前往应聘，经面试合格录用，随后签订合同，合同期限为2021年4月10日至2023年4月9日，试用期3个月，工资2000元。李某随后开始到甲公司上班，但此时李某尚未拿到毕业证书。2021年6月5日，李某因上班途中发生交通事故，受伤不能再到甲公司上班。2021年9月20日，李某向甲公司申请工伤赔偿。甲公司以"李某未拿到毕业证书，仍属于学生身份"为由，向劳动部门提出仲裁，申请劳动合同无效。

【案情分析】

李某能否申请工伤赔偿？为什么？

【专家点评】

仲裁委员会依据中华人民共和国劳动部《关于贯彻执行〈中华人民共和国劳动法〉若干问题的意见》第12条规定："在校生利用业余时间勤工助学，不视为就业，未建立劳动关系，可以不签订劳动合同。"因此，在校学生与用人单位之间不构成劳动关系，不具备工伤保险赔偿的主体资格，不属于《中华人民共和国劳动法》《工伤保险条例》的法律范围，不应认定为工伤，无法享受工伤保险待遇。李某可以以人身损害为由，要求赔偿。

【案情二】

张某系职业高中毕业生，2021年毕业后和同学一起去上海应聘工作，但几家公司都以不招收外地户籍毕业生为由，把他拒之门外。他也多次向用人单位投诉，但用人单位却回复说："招聘权归公司所有。"

小刘于2021年7月毕业于广东某高校，在应聘经理助理一职时，却发现应聘条件里面写着"仅限男性"。她向公司询问,公司答复说:"公司招聘具有自主权。"

【案情分析】

上述公司的做法对吗?谈谈你的理由。

【专家点评】

平等就业权是劳动者拥有的法律权利,上述两公司的做法不合法,一是存在户籍歧视,有些地方政府为了保护本地人口的就业,制定了不合理的人才准入制度,使本地单位无法招收外地户籍的毕业生,严重地限制了人才的合理流动。二是存在性别歧视,为了避免女性婚假产假而仅招收男性。这些行为侵犯了广大学生的平等就业权,需要理直气壮地予以谴责。

第四节 个人职业生涯规划

应该在全面、可靠的指导及认真地自我分析的基础上,对职业进行选择。

——帕森斯

个人职业生涯规划,是指为了获得或改进个人与工作有关的知识、技能、动机、态度、行为等因素,以利于提高其工作绩效,实现其职业生涯目标的各种有计划、有系统的努力。

一、个人能力的开发

1. 尽可能提高自己的学历。通过学历的提升,拓宽知识视野,吸纳前沿新知,能够帮助自己在特定领域内深耕细作,实现专业能力的飞跃,为未来的挑战与机遇奠定坚实的基础。因此,要根据个人实际情况,制订出切实可行的学习计划,脚踏实地地向上走。

2. 加强专业知识和职业技能的学习。信息时代,停止学习就适应不了变化的工作和环境,也就会被社会所淘汰。所以必须积极、主动、自觉地参加各种形式的教育活动。

3. 丰富工作经验。不要拒绝一切提高自己、丰富发展自己实力的机会,特别是不要拒绝一些复杂的或有变动的工作任务。长期从事一种工作或一个职业岗位,往往会限定一个人的知识面,要在你目前的职务以外获得新能力,并非易事。丰富的工作经历会令你获取新的工作能力。

二、职业资本的开发

1．努力汲取知识营养

这不仅是指接受系统的学校教育，更是指在离开学校后的自我修炼。知识是知识经济社会最重要的生产要素，不掌握最新的职业知识，就无法为企业、社会和国家做出更多的贡献。靠经验和感觉去处理问题的时代已经一去不复返了，持续的学习和知识更新已成为必然。活到老，学到老，进行终身学习已成为现代职业发展的必然要求。

2．强化效率意识

没有效率就谈不上竞争，提高工作效率，才能降低成本（生产成本与机会成本）。提高效率、合理规划与利用时间，是实现职业生涯成功的重要措施。

3．树立国际化观念

站得高才能看得远，随着全球化与国际化步伐的加快，没有国际化的思路，没有广博的知识与先进观念，就不能称为现代人。职业生涯的开发与发展，必须从全球化的角度进行思考，按照国际人才标准要求自己，并从全球的角度进行职业定位。

4．积极参与实践锻炼

在职业生涯发展过程中，需要从小事着手、从大处着眼，要积极地参与各项开发活动，这不仅可以锻炼能力，更可以扩大和传播思想，更新观念，从而能够更好地促进个人的发展。

三、社会资本的开发

1．社会资本的概念

社会资本是指处于一个共同体之内的个人或组织，通过与内外部对象的长期交往、合作互利形成的一系列认同关系，以及由此而积淀下来的历史传统、价值理念、信仰和行为范式。

随着社会的进步与发展，影响人类发展的因素将逐渐由物质资本向人力资本转换，资本的职能化是知识经济发展的必然结果。

人力资本的无限性、稳定性与普惠性使其成为现代社会经济发展中的真正资本与首要财富。

2．职业社会资本的开发途径

（1）服饰与仪表

服饰与仪表虽然是外在的东西，却能起到非常重要的作用。注重职业形象的员工往往赢得更多的职业资本。

（2）对权力关系的把握

一般情况下，领导都喜欢通过一定的方式表达自己的权威和权力，聪明的员工和管理人员总是善于把握这点，并依此规范自身的行为，显示出对领导权威的尊重，赢得领导的好感。

（3）引起领导的注意

要想在职业生涯中获得进步，一个很重要的问题是怎样获取上司和领导的重视。在军队，不主动要求任务，一切听从指挥是一个基本的原则。而在公司或企业则不同，管理人员必须主动地争取任务，这样才能获得与上司、领导接触的机会。

（4）构建职业人际关系

职业生涯的成功在很大程度上取决于你拥有多大的权力和影响力，而与恰当的人建立稳固的人际关系对此至为关键。构建职业人际关系网应注意以下几方面的技巧。

① 构建稳固的人际关系内部圈

良好、稳固、有力的人际关系的核心必须由 10 个左右你能依赖的人组成。这首选的 10 人可以包括你的朋友、家庭成员和那些在你职业生涯中彼此联系紧密的人，他们构成你的影响力内圈。因此，你应该同至少 15 个左右可以作为你 10 人影响力内圈后备力量的人保持联系。

② 为人要慷慨大方，不能斤斤计较

建立稳固关系必须遵守的规则："不是别人能为我做什么"，而是"我能为别人做什么"。在回答别人的问题时，不妨再接着问一下："我能为你做些什么？"

创造性地运用你的日程表。记下那些对你依赖的人特别重要的日子，如生日或周年庆祝等，打个电话，寄张贺卡，让他们知道你心中想着他们。

③ 掌握人际关系的维护技巧

时刻关注对成员有用的信息，定期将你收到的信息与他们分享，这很关键。优秀的关系是双向的。如果你仅仅是个接受者，无论什么人都会疏远你。

小资料

成功交流的 5 点建议

人际关系的基础是相互交流，相互交流是学会倾听和被倾听的艺术，学会了这门艺术就永远不会孤独。下面的建议能帮助你更好地处理人际关系。

（1）抛开成见。有时我们没有完全把对方的话听进去就自行做出判断，例如，"我认为你说错了""我不喜欢这样"等，这类词汇只会增加那些正向我们倾诉难题的人心中的过失感。

（2）勿伤感情。只有理解和热情的态度才能缓和交流过程中的紧张气氛，尽管有时无助于改变对方对事情的看法。

（3）鼓励倾诉。要认真倾听别人的话，营造适当的气氛，鼓励对方在毫无阻碍的情况下讲述自己的问题。

（4）态度客观。尽量避免被我们自己的理解和感觉蒙蔽。健康的人际关系，在于学会帮助别人解决问题的同时，不对自己产生消极影响。

（5）提出建议。一个好朋友应该懂得在适当的时候提出客观的意见，为事情找到简便有效的解决办法。如果遇到那种不听劝的人，我们最好拒绝听他们发泄，因为人际关系的基础应该是相互交流。

有效时间管理的5个步骤

时间管理的实质是有效地利用你的时间，它要求你很清楚你要实现的目标和实现目标要进行的活动，以及每种活动的重要性和紧急性。

（1）列出你的目标。你为自己设定的目标是什么？

（2）按照重要性排出目标的次序。并非所有的目标都是同等重要的，给定你的时间限制，你要确保给最重要的目标以最高的优先级。

（3）列出实现你的目标所必须进行的活动。

（4）对于每一个目标，给实现目标所需进行的各种活动分派优先级。既需要强调重要性，也需要强调紧急性。如果某项活动是不重要的，应当授权给下级去做，如果某项活动是不紧急的，通常可以先放一放。在这一步上，你应识别出，哪些活动是你必须做的；哪些活动是你应当做的；哪些活动是当你有空时将要做的；哪些是你应当授权别人去做的。

（5）按照你分配的优先级安排活动的日程。最后一步是制订日计划，每天早晨或是前一天下班前，列出5件你认为最重要的必须在当日做的事情。如果列出的事情超过了10件，那该日的工作就会十分累赘和缺乏效率。然后，按重要性和紧急性确定各项活动的优先次序。

一些值得注意的要点

遵循10/90法则。大多数人90%的决定，是在他们10%的时间里做出的。要确保最关键的10%的活动具有最高的优先级。

了解你的生产率周期。每个人都有生产率周期，有些人在上午工作效率最高，有些人在午后或晚上工作效率最高。在生产率周期效率最高的时候处理最重要的事情，而把例行的和不重要的事情挪到效率低的时候处理。

记住帕金森定律。该定律指出，工作会自动地膨胀占满所有可用的时间。时间管理隐含着你可以为一项任务安排过多的时间，如果安排了充裕的时间来从事一项活动，你会放慢你的节奏以便用掉所有分配的时间。

把不太重要的事情集中起来办。每天留出一些固定的时间打电话，处理未办完的事情，以及其他零碎的事情，并安排在效率周期的低谷阶段。

避免将整块时间拆散。只要可能，就应留出一天中工作效率最高的一部分时间作为整块的可支配时间，然后，尽量免受干扰。

四、个人职业生涯开发的激励与调适

要真正实现自我价值和自己的职业生涯目标，必须奋起行动。莎士比亚说过："行为胜于雄辩。"美国企业培训专家史蒂夫·钱德勒（Steve Chandler）提出以下方法可以帮助成功地开发和塑造自我。

（1）树立远景目标。你随时可以按自己的想法做些改变，但不能一刻没有目标。

（2）离开舒适区。不断寻求挑战，激励自己。

（3）把握好情绪。人开心的时候，体内就会发生奇妙的变化，从而获得阵阵新的动力和力量。但是，不要总想在自身之外寻开心。令你开心的事不在别处，就在你身上。

（4）适时调高目标。许多人惊奇地发现，他们之所以达不到自己孜孜以求的目标，是因为他们的主要目标太小，而且模糊不清，使自己失去动力。如果你的主要目标不能激发你的想象力，目标的实现就会遥遥无期。因此，真正能激发你奋发向上的是一个既宏伟又具体的远大目标。

（5）加强紧迫感。如果能逼真地想象我们的弥留之际，会物极必反，产生一种再生的感觉，这是塑造自我的重要一步。

（6）撇开不适宜的朋友。对于那些不支持你目标的"朋友"要敬而远之。你所交往的人会改变你的生活。与愤世嫉俗的人为伍，他们就会拉你沉沦；与不求上进的人为伴，会丧失你的目标。结交那些希望你快乐和成功的人，你就在追求快乐和成功的路上迈出最重要的一步。对生活的热情具有感染力，因此，同乐观向上的人为伴能让我们看到更多的人生希望。

（7）迎接恐惧。世上最秘而不宣的秘密是，战胜恐惧后迎来的是某种安全有益的东西。哪怕克服的是小小的恐惧，也会增强你对创造自己生活能力的信心。如果一味躲避恐惧，恐惧就会像疯狗一样对我们穷追不舍。此时最可怕的莫过于双眼一闭假装它们不存在。

（8）做好调整计划。实现目标的道路不是坦途，总是呈现如一条波浪线，有起也有落。要适时安排自己的休整点，可先隐退一下，然后再富有激情地投入工作。

（9）直面困难。如果把困难看作对自己的诅咒，就很难在生活中找到动力。如果学会了把握困难带来的机遇，你自然会动力陡升。

（10）首先要感觉好。快乐是天赋的权利。保持良好的感觉，让它在自己职业生涯的整个旅途中充满快乐，而不要等到成功的最后一刻才去感受属于自己的快乐。

（11）加强排练。先"预演"一场比你要面临的困难还要复杂的战斗，如果手上有棘手的活而自己又犹豫不决、畏步不前，不妨挑件更难的事先做。生活挑战你的事情，你一定可以用来挑战自己。成功的真谛是：对自己越苛刻，生活对你就越宽容；对自己越宽容，生活对你就越苛刻。

（12）立足现在。锻炼自己即刻行动的能力，充分利用对现实的认知力。不要沉浸在过去，也不要耽溺于未来，要着眼于今天。要把整个生命凝聚在此时此刻。

（13）敢于竞争。竞争给了我们宝贵的经验，无论你多么出色，总会山外有山，人外有人。无论在哪里，都要积极参与竞争，而且总要满怀快乐的心情加入"竞争游戏"。要明白，最终超越别人远没有超越自己更重要。

（14）内省。大多数人通过别人对自己的印象和看法来看自己。但是，仅凭别人的一面之词，把自己的个人形象建立在别人身上，就会面临严重束缚自己的危险。人生的棋局该由自己来摆，不要从别人身上找寻自己，应该经常自省并塑造自己。

（15）走向危机。危机能激发我们竭尽全力地去做。挑战自我是生命力量的源泉。

（16）精工细笔。创造自我，如绘巨幅画一样，不要怕精工细笔。如果把自己当作一幅正在描绘中的杰作，你就会乐于从细微处做改变。一件小事做得与众不同，也会令你兴奋不已。总之，无论多么小的变化，于你都很重要。

（17）敢于犯错误。如果有些事，你知道需要做却又提不起精神，尽管去做，不要怕犯错误。给自己一点自嘲式幽默，抱一种打趣的心情来对待自己做不好的事情，一旦做了起来，就会乐在其中。

（18）不要害怕拒绝。当你的要求落空时，把这种拒绝当作一个问题来问自己："自己能不能更多一点创意呢？"不要听见"不"就打退堂鼓，应该让这种拒绝激励你更大的创造力。

（19）尽量放松。接受挑战后，尽量放松，放松可以产生迎接挑战的勇气。

（20）一生的缩影。只要是对你的职业生涯发展有意义的事，这儿做一点，那儿做一点，都将使你的一天（也就是你的一生）有滋有味。今天是你生命的一个小原子，是你一生的缩影。

人们都希望自己的生活有意义，但是生活不属于未来，而在于现在。我们越是认为自己将来有充分的时间去做自己想做的事，就越会在这种沉醉中让人生中的许多绝妙机会悄然流逝。只有重视今天，把握今天，自我激励的力量才会源源不断。

教学活动

我的未来我做主

活动目的：梦想始于足下，美好的未来需要踏踏实实走好每一步，我们要有计划地实现自己的职业理想。

活动内容：制定今后10年的个人职业生涯发展规划方案。

活动环节：

（1）学生在学习本节教学内容基础上制定今后10年的个人职业生涯发展规划方案。

（2）班级分组，以小组为单位，由小组长负责组织对本组成员制定的个人职业生涯规划方案进行充分讨论，在此基础上推选出一个最佳的个人职业生涯规划发展方案。

（3）本组成员共同修订完善推选出来的个人职业生涯规划发展方案，并做出时长为 8~10 分钟的 PPT 介绍版，并做好 PPT 展示演练。

（4）个人职业生涯发展规划展示与点评。

① 内容安排：展示、点评个人职业生涯发展规划方案，促进学生对做好个人职业生涯发展规划重要性的认识，提高学生对制定个人职业生涯发展规划方法的认知。

② 方式设计：各小组分别用 PPT 展示代表本组最佳水平的个人职业生涯发展规划方案（可推选一位同学主持）；其他小组对该小组的代表方案进行评议；老师进行总体点评，并组织评选出最佳方案、优秀方案和表扬方案。

活动总结：在这次的活动中，每个人从准备到最后的展示，就是一个简单将计划付诸实践的过程。通过这次的活动，每个人应该确定自己的职业发展领域、认知发展通路，以及自己现在应该如何行动。

小资料

一切胜利唯存于心

你认为自己被打倒，那你就是被打倒了。你认为自己屹立不倒，你就屹立不倒。你想胜利，又认为自己不能，那你就不会胜利。你认为你会失败，你就真的会失败。因为，纵观世界的成功例子，我发现一切胜利皆始于个人求生的意志和信心。一切胜利唯存于心。你认为自己比对手优越，你就是比他们优越。因此，你必须往好处想，你必须对自己有信心，才能获取胜利。生活中，强者不一定是胜利者；但是，胜利迟早都属于有信心的人。

——前美国足球联合会主席 戴维克·杜根

态度是最重要的

根据对企业界的一项调查发现，从金融业、制造业、服务业到高科技产业，企业在招聘时考虑的第一要义全都是"工作态度"，而后才是"专业能力"等。因此，同学除了加强知识积累、技能训练，还须锻炼与工作态度相关的特质。按照哈佛大学教授高曼博士的研究，这些特质包括以下方面。

（1）情绪的察觉力。能清楚地知道自己当时的情绪状态，以及这些情绪所带来的影响。

（2）正确的自我评估。能了解自己的长处和短处，以及自己在情绪处理上的能力及限度。

（3）自信。肯定自我价值，并在冲突时，能以自我肯定的方式来进行沟通，解决问题。

（4）自我控制力。能处理冲动，冷静面对压力及其他负面情绪。

（5）值得信赖。能自我管理，并且工作表现合乎职业道德。

（6）良知、负责。为达成工作目标会尽一己之责，遵守承诺，完成工作任务。

（7）适应力。有弹性地对待事情，能调整自己的反应以适应不断变化的环境。

（8）创新。对新颖的想法和做法保持开放态度，愿冒风险，以求取最佳的表现。

（9）成就驱动力。愿意为追求卓越而不断努力，设定具有挑战性的工作目标。

（10）工作承诺。认同工作团体，愿意为组织的目标全力以赴。

（11）主动。积极主动，随时准备把握机会去完成工作任务。

（12）乐观。对未来充满希望，不受眼前挫折影响，坚持达到目标。

（13）了解别人。有同情心，体谅别人的想法和感受。

（14）服务导向。能预期、了解并乐于满足客户的需求。

（15）协助他人发展。了解同事及下属的发展需求，并且乐于支持及协助。

（16）善用多元化的团体。了解成员之间的差异性，并能尊重来自不同背景的组织成员。

（17）说服力。能彰显有效的说服艺术，建立人际共识。

（18）沟通力。能传递清晰信息，懂得倾听，乐于沟通。

（19）领导力。能激励并领导团队成员去完成任务。

（20）催化改变。能引发必要的改变，并克服改变所产生的障碍。

（21）冲突管理。能有效地协商并解决争议。

（22）建立人脉。能有效发挥人际技巧，培养互利的人际关系。

（23）分工合作能力。能与别人一起工作以完成共同目标。

（24）团队精神。在团体中能尊重、协助其他成员，并产生团体认同感，增强团队凝聚力。

微笑的技巧

学会了笑，就等于掌握了人与人交往的通行证。通过微笑，让对方喜欢你，使对方感到快乐，也会让自己享受到快乐。它不会花掉你的任何东西，却可以赚到任何股票都分不到的红利。

微笑有十大好处：笑能把你的友善和关怀有效地传达给目标客户，让他对你产生好感；笑能拆除你和目标客户之间的"篱笆"，敞开双方的心扉，达到心灵的默契，真诚的笑容，永远使人愉悦；笑能使你的外表更加迷人，使人乐意接近你，进而喜欢你，乐意与你交往；笑能解除双方的戒心和不安，从而打开僵局，切入谈话的主题，化阻力为动力；笑能解除自卑，令人产生自信，并把这种自信传达给对方；你的笑能感染对方笑，创造和谐的交谈基础，容易达成共识；笑能建立目标客户对你的信赖感，使他愿意对你说出内心真实的想法，达到交心的目的；笑是表达爱意的捷径，能帮助你解除对方的误解；笑能清除藏在心底里的哀伤，加速心理建设，恢复乐观情绪；笑会增进活力，有益于健康，让你有充沛的精力去面对客户。

怎样练习微笑：闭上眼睛，放松自己，用最舒适的方式坐或躺。接下来，回忆在过去的日子里曾令你很开心、很高兴、很激动的事情，哪怕这件事情很小，很普通，很一般。把这些事情像过电影似的在脑海里过一遍，让它清晰起来，就像刚刚发生的事。不知不觉，这些开心的事现在又在感染你，使你不由自主地笑起来。然后把这种感觉留在心底，就好像你有了一笔钱，把它存在你银行的账户上一样——"开心金库"。当你把越来越多的开心的事存进你的"开心金库"以后，你就会发现你是世界上最富有的人。

可以试一下：静下心来，轻轻闭上眼睛，先对着墙打开你的"开心金库"，当你觉得自己的眉毛弯了，嘴角往上翘了，眼睛开始发亮了，就深深地吸一口气，快速地转过身来，看看镜子里的你：热情、开朗、脸上布满灿烂笑容。

小故事

邢小颖从高职生到清华教师的成长历程

2022年5月24日，中华人民共和国教育部召开第三场"教育这十年"新闻发布会，介绍了我国职业教育十年改革发展的成效。在发布会上，清华大学基础工业训练中心实践课教师邢小颖参与了远程连线，分享了她与职业教育有关的故事。

大家好，我叫邢小颖，是清华大学基础工业训练中心的一名实践课老师。挺意外的，去年我莫名其妙地"火"了，我讲铸造课的视频获得两亿播放量和百万点赞，可能职业院校的毕业生给顶尖学府的学生讲课，会让很多人觉得不可思议。下面，我从三个方面和大家分享我这十年的成长经历。

一、步入高职，练就技能

2011年，我考入陕西工业职业技术学院，听说材料专业的毕业生很"抢手"，用人企业来晚了，就招不到人了，所以我选择了材料成型与控制技术专业。初入校园，发现学校分布着很多工业厂房，像个工厂。走进实训中心，映入眼帘的是一排排的实训设备，不像教室，更像是车间。铸造、钳工等实操对体力要求高，作为班里为数不多的女生，刚开始有点吃不消，但我骨子里不服输的信念一直在，每次实训课，我都是第一个到，提前做准备，向老师请教操作要点和注意事项，课上一箱接一箱，拆了练，练了拆。碰到问题，拿出书本研究工艺，再接着练。在校三年，待得最多的地方就是实训基地，通过反复实操，一项项技能就这样被我熟练掌握，这为我以后的工作奠定了坚实的基础。

二、初入清华，站稳讲台

2014年，我以专业综合排名第一的成绩被推荐到清华大学基础工业训练中心任教，和我一样毕业于陕西工业职业技术学院在清华任职的前后有5批13人。上学时，超过总学时一半的实训课，让我们掌握了扎实的专业技能，这是我们能够在清华为本科生讲授实践课的根本原因。入职之初，没有教学经验，我有些惶恐和不安，实践课操作过程多，面对国内顶尖的学生，既要保证演示的过程行云流水，还要保证学生不走神、听明白，对我是极大的考验。我抓住一切学习的机会，经过综合培训和练习，终于站稳了讲台，连续七年荣获清华大学基础工业训练中心实践教学特等奖和一等奖。每次实训课后，学生都会提交一份思想报告，我也经常会出现在学生们的报告里，有学生说："邢老师的动作特别利索，我们可能要干半小时的活，她十分钟之内就能搞定"；也有学生说："小颖老师讲课富有激情、风趣幽默、妙语连珠，简直是宝藏老师。"训练中心嘈杂，我得大声讲课，学生常提醒我："老师您小点声吧，我们能听清，您嗓子哑得让我们心疼。"我把我和学生的这种彼此体恤称为"双向奔赴"，觉得我们这种双向奔赴的情感太美好了。学生的评价和关心让我信心倍增。有时，学生问我是不是清华毕业的？我会从容地告诉他们，我是高职毕业的。我时常想，必须不断努力提高，才能有站稳清华讲台的十足"底气"。

三、深耕专业，学习一直在路上

2015年，我报考了中国地质大学的专升本，2017年顺利毕业拿到学士学位。那两年，我上班时间身份是老师，周末又变成了学生，也会疲惫，也会修改毕业设计改到崩溃，但是最后收获颇丰、内心充盈，感觉一切都值得。工作之余，我在专业领域做研究、发论文、申请专利，2021年获评工程师职称，让自己成长为"双师型"教师。为充分发挥实践课思政育人功能，我着力将专业领域"大国工匠"元素融入课堂，用"工匠精神"感染学生，让他们体悟我国从制造大国迈向制造强国的自豪。

过去这十年，是职业教育给了我人生出彩的机会。我想，大家对我的关注也能折射出全社会对职业教育的关注。职业院校毕业的我们，可以看到更高、更远、更广阔的世界，也会有多元的发展路径和出彩的人生。我们应找到自己热爱的领域，并为之持续努力，或许我们的路会比别人走得更长一点，更难一些，但只要坚持不懈地走下去，就一定能到达。

第五单元

开创美好未来

本章知识框架

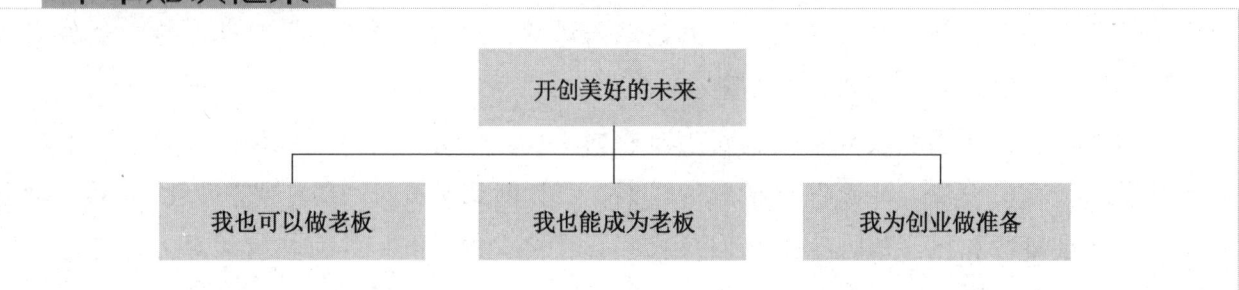

```
            开创美好的未来
    ┌───────────┼───────────┐
我也可以做老板  我也能成为老板  我为创业做准备
```

学习目标

1. 正确把握创业的利弊，开发个人创业思维。
2. 完善自我创业素质和能力，做好创业准备。
3. 掌握创业的实施步骤，提高创业者各项技能。
4. 运用所学创业知识策划可行的创业活动项目。

第一节 我也可以做老板

新时代中国青年要树立对马克思主义的信仰、对中国特色社会主义的信念、对中华民族伟大复兴中国梦的信心，到人民群众中去，到新时代新天地中去，让理想信念在创业奋斗中升华，让青春在创新创造中闪光！

——习近平

这段话出自2019年4月30日习近平总书记在纪念五四运动100周年大会上的讲话。

未来属于青年，希望寄予青年。一百多年来，在中国共产党的旗帜下，一代代中国青年把青春奋斗和人生理想自觉融入党和人民的事业，坚定信念听党话、跟党走，成为实现中华民族伟大复兴的先锋力量。

"有责任有担当，青春才会闪光。"新时代的中国青年理想信念内植在思想深处，外显于担当作为的实际行动。党的十八大以来，中国青年在各自岗位上奋斗奉献，在急难险重任务中冲锋在前，在创新创业中走在前列，在重要领域和重要岗位上攻坚克难，展现出不怕苦、不畏难的青春风采。这些充满朝气的青春力量，用脚步丈量祖国大地，在艰苦环境和基层一线服务群众、贡献知识，锻炼意志，增强担当精神，在边疆和基层创业创造的奋斗中奏响最美青春之歌。

案例及分析

【案例一】创业小明星

魔幻事业变出魔力人生，来自烟台机械工程学校的温某飞荣膺2021届全市职业学校学生商业计划书大赛冠军，他将带着他的"魔幻奇迹主题馆"的项目，代表烟台参加在北京举行的全国创业大赛决赛。

温某飞的项目主要是围绕着魔术运营进行的，而之所以选择这个项目与他丰富的魔术表演经验分不开。温某飞从2009年学习魔术，之后他跟随着老师参加了许多场商业演出，表演经验非常丰富。因为痴迷和热爱，温某飞对于魔术的钻研也日益加深，但是要成为像刘谦一样的魔术大家，温某飞清楚地认识到，必须要有自己的优势。于是他想到了开办一家魔术工作室，这样自己也就从打工者变成了创业者，而离个人的目标也就更接近了。很快，温某飞将想法变成了现实，他的"魔幻奇迹主题馆"诞生了。温某飞的创业思路非常清晰，即围绕自己的魔术表演进行一系列的商业运作。魔术表演是温某飞这个主题馆的基础，在此之上是对魔术道具的制作和销售，紧接着是开设魔术培训班，温某飞想要达到的目标则是对新魔术和魔术道具的研发，从而形成一个产业链，达到开办"魔幻奇迹主题馆"的最终目的。

现阶段，温某飞已经在进行商业演出的部分，并根据自己的表演穿插进行魔术道具的销售，其创业成果已经初步显现，温某飞不走寻常路，选择不同以往的创业思路，赢得了众人关注的目光，也成功开启了他魔力人生的大门。

分析

一个中职生凭借自己对魔术的痴迷和热爱，通过参加创业大赛，开启人生的创业之路。每一个成功的创业者并不是随随便便就成功的，他们的成功是建立在丰富的经验基础上的，"思路清晰，经验丰富"是温某飞成功的主要原因。他将多年的魔术工作经验进行整合，然后进行详尽又全面的调查。除此之外，温某飞拥有非常明确的创业思路，对于未来的规划则是合理而可行的。对于职业院校学生，创业时不要漫天撒网，随意而为，需要对项目有明确的分析和认识，对未来有着合理的预期才可以。

勇敢创业并在创业中不断学习，克服重重困难终于获得成功，他的成功再次证明人人都可能成功。关键在于他是否勇于实践，勇于创业。成功之路就在你脚下，就看你怎么想，怎么做！

【案例二】创业成就梦想

邱某青 1997 年出生，17 岁开始创业，已创业 8 年，团队 200 人，年营收过亿，杭州新秀十佳创业者，2014 年他和姐姐一起创办果然财务管理有限公司，公司刚开始经营的时候主要以业务代理记账为主，创业第一年盈利 100 多万。2018 年，他看到互联网的兴起，创办浙江果然控股集团有限公司，开始涉足互联网领域，主营业务除了代理记账，增加了工商相关领域。公司从客户介绍转变为互联网模式下平台开店，2018 年底，仅仅代理记账和工商事务板块在杭州已经做到规模最大，营收从每年几百万到 4000 万左右，拥有上万家客户。

分析

1997 年出生的他，17 岁就开始创业，截至 2023 年，26 岁的他已创造了年营收过亿的良好销售业绩，他的成功来自他对"互联网"风口机会的把握，正是他看到了"互联网"风口，通过网络平台把公域流量转换成私域流量，从而开启了创业时期的飞越。

创业知识

一、社会需要创业

1. 创业的含义

创业是指创业者及创业搭档对他们拥有的资源或通过努力对能够拥有的资源进行优化整合，从而创造出更大经济或社会价值的过程，是一种需要创业者及其创业搭档组织经营管理，运用服务、技术、器物作业的思考、推理和判断的行为。

创业是以点滴成就点滴喜悦致力于理解创造新事物（新产品，新市场，新生产过程或原材料，组织现有技术的新方法）的机会，如何出现并被特定个体发现或创造，这些人如何运用各种方法去利用和开发它们，然后产生各种成果。创业包括领导者创业、企业家创业、大学生创业。

（1）有的人自己就是业主，勇担风险，善于管理，精于经营，成就了自己的事业，这属于创业。

（2）有的人不是业主，属于管理者，但在本职岗位上勤奋努力，兢兢业业，找到了自己的位置，做出了成绩，也属于创业。

（3）有的人在实践中提出了新观念、新方法、新技术、新策略，属于认识层面上的创业。

（4）有的人把这些新观念、新方法、新技术、新策略付诸实践，转化为现实的生产力，创立企业、生产产品或提供服务，这也属于创业。

总之，从内容上讲，创业有广义和狭义之分。广义上的创业，泛指人类一切带有开拓意义的社会变革活动。它涉及的领域非常广泛，无论政治、经济、军事、体育、文化艺术事业，只要人们从事的是前无古人的事业，都可称之为创业。狭义的创业，是专指社会上的个人或群体从头开始的，以发展经济实力为目的的社会活动。这种活动对于整个人类而言，也许是前有古人的，但对于创业者本人来讲，则是从头开始、从未经历过的事情，因而它具有相对的开拓性。本章所言的创业是指狭义上的创业活动。

二、个人也需要创业

搜狐的创办者张朝阳说："重视自我，自我内心的感受重于一切，这是我创业的根本原因。"

【案例一】 00 后自媒体创业

短视频博主李娃娃仅靠一部手机，一个人，连拍摄带剪辑，工作就是去看大千世界，一位 00 后农村姑娘，仅靠短视频，两年就积累了几百万的粉丝，一年广告营收 500 万。来自农村就读于职业院校的李娃娃,家庭条件很差,因此在学校期间,什么挣钱干什么,卖过衣服、干过服务员,后来慢慢开始做微商,在那个时候每个月能赚 1 万块钱。大二期间开始接触短视频,并尝试拍摄,拍摄视频一直没有被大众接受,关注度也不高,直到 2020 年 4 月的一条自己一个人爬泰山的 1 分 30 秒的短视频《夜爬泰山》单条视频观看量 200 多万,点赞量 60 多万,此时粉丝已经涨到 10 万。随之而来的是一个人吃海底捞等题材的短视频,但是随着时间的流逝,这类题材的短视频点赞量越来越少,导致她的流量越来越少,她开始迷茫,骑着电动车不分白天黑夜地在城市里闲逛。直到有一天凌晨四点,碰到了一对要去菜市场卖菜的夫妻,她看到了凌晨四点菜市场最平凡、最真实的老百姓的一面,由此她在 2021 年 8 月开始拍摄《凌晨四点》短视频,从而再次一夜爆火,她拍摄凌晨四点的医院、菜市场、火车站,看到了单亲妈妈因为没有钱给孩子看病,凌晨四点在火车站打地铺,看到每一个淳朴的农民为了生活,在菜市场忙碌。直到 2023 年,年仅 21 岁的她在全网拥有 1000 万粉丝。

想一想,议一议:李娃娃具有怎样的心理品质?李娃娃的故事给了你哪些启示?

【案例二】干自己的事

1998 年 7 月,小翟职业院校毕业后因一时没有找到专业对口的工作而进城务工,做了一段时间贩菜的小生意,挣了一些钱。后来,又断断续续打过一些短工。在一家饭店打工时,小翟发现鸽肉的销路不错,于是产生了回乡办个养鸽场的想法。决心已下,说干就干,小翟筹集资金 7000 多元,在 2000 年 3 月买了 200 对美国皇鸽。到书店去买来有关养鸽的书籍,到民间去向养鸽专家请教学习。生意迅速火爆起来,小翟成了远近闻名的"养鸽大王",目前请了十多个年轻人做帮手,生意越做越大,成了当地的"龙头企业"。创业成功后小翟总结说:"干自己的事,挣多挣少,心里踏实,过得有滋味。"

想一想,议一议:小翟能够创业成功的原因是什么?

教学活动

为自己的个性小店做规划

我的个性小店	
店面名称:	地点:
启动资金:	经营品种:
主营业务:	房租:
进货渠道:	员工人数与工资:
计划最低日营业额:	今后发展方向:

三、创业是有风险的

俞敏洪的创业故事

俞敏洪，新东方创始人。1962年出生于江苏省一个农村，1978年高考落榜，当时英语仅考了33分。1979年，第二次参加高考，再次落榜，英语考了55分。1980年第三次参加高考，考入北京大学西语系。1985年，大学毕业，留在北大任教。1988年，俞敏洪计划出国，却没有获得奖学金，因此1989年为了筹到足够的钱去留学，俞敏洪和他的同学在校外办培训班，赚取课时费。1990年，北京大学认为俞敏洪打着北大的名义私自办学，给予了处分。1991年，俞敏洪意识到：一边在北大任教，一边在校外办培训班，需要5年多才能赚够出国留学的学费。因此他从北京大学辞职，开始去培训机构打工，但由于和培训机构观念不合，便萌发了自立门户的念头。于是，1993年，俞敏洪正式创办北京新东方学校，随着新东方的快速发展，2003年，俞敏洪成立了新东方教育集团，2006年上市。直到2021年，国家出台"双减"政策，新东方线下业务全线撤退，新东方股价跌至冰点。就在这样的绝望的时候，他转型寻找希望，新东方转行电商直播，成立"东方甄选"，以助农为主要方向，因为双语直播而又一次成功翻盘。

想一想，议一议：俞敏洪转行电商领域，为什么能够成功？

1. 职业院校学生创业优势

（1）职业院校学生有着年轻的血液、蓬勃的朝气，以及"初生牛犊不怕虎"的精神，而这些都是一个创业者应该具备的责任。

（2）职业院校学生在学校里学到了很多理论性和实践性的知识，有着较高层次的技术优势。"用智力换资本"是职业院校学生创业的特色和必然之路。

（3）职业院校学生具有自主创业精神，有对传统观念和传统行业挑战的信心和欲望。创业精神也往往造就了职业院校学生的创业动力。

（4）职业院校学生创业的最大好处在于能够提高自己的能力，增长经验，以及学以致用。

（5）职业院校学生无家庭负担，甚至条件好的可以获得家庭或家族的支持。

（6）职业院校学生具有一定的文化水平，对事物有较强的领悟能力。

（7）国家对大学生创业实施全方位扶持政策。

2. 职业院校学生创业劣势

（1）缺乏经验和职业经历，尤其缺乏人际关系和商业网络，经验不足，没有做好充足的心理准备。

（2）喜欢纸上谈兵，创业设想大而无当。心态的把握不够端正，并且对市场没有正确的了解和调研。

（3）急于求成，缺乏市场意识及商业管理经验。

（4）缺乏真正的商业前景的项目，许多创业点子经不起市场的考验。

(5）缺乏商业信用，信用档案没有和社会接轨，导致外部投入资金甚少。

3．职业院校学生创业成败的关键

（1）积极利用现有资源

善于利用现有资源，近水楼台先得月。对能帮自己生存的资源和项目，优先考虑。

（2）细致准备必不可少

创业是一项庞大的工程，涉及融资、选项、选址、营销等诸多方面，因此在职人员创业前，一定要进行细致的准备。

通过各种渠道增强这方面的基础知识；根据自己的实际情况选择合适的创业项目，为创业开一个好头；撰写一份详细的商业策划书，包括市场机会评估、赢利模式分析、开业危机应对等，并摸清市场情况，知彼知己，打有准备之仗。

（3）尽量用足相关政策

政府部门有很多鼓励创业的政策，是对大学生创业的鼓励和支持，创业时一定要注意"用足"这些政策，如免税优惠、在某地注册企业可享受比其他地区更优惠的税率等。这些政策可大大减少创业初期的成本，使创业风险大为降低。

（4）决策问题

决策失误时，不要对失误过于敏感，作为企业家，冒风险时，要谨而慎之。如果出现失误，不要过于敏感。接受失误，从中吸取教训。

（5）不要被胜利冲昏头脑

自己第一步的成功全靠自己的创意好、时机合适、运气不错和良好的业务关系。不过，这一切随时都可能离自己而去。因此，不要太过自信，投入过量的资金，使自己陷入泥沼之中。

教学活动

活动一　模拟

模拟组建创业小组，对创业小组所具备的创业要素进行大盘点，找出小组成员每人的创业优势及劣势，寻求最佳搭配，达到优劣势互补。

活动二　讲故事

故事会：师生都来讲讲创业成功者的故事。

活动三　讨论

阅读下面材料，展开讨论，谈谈各自的感悟。

我不选择做一个普通人。

成为一个不寻常的人是我的权利——如果我能够。

我寻求机遇——而不是安稳。

我不希望是一个受保护的市民，让国家照顾我，过着谦卑、沉闷的生活。

我要冒深思熟虑的风险，去梦想并去建设，去失败并去成功。

我拒绝用刺激换取命运，我更喜欢生活的挑战，而不是有保障地生存。

更喜欢实现目标的兴奋，而不是陈旧的乌托邦主张。

我绝不会为了施舍食物而出卖我的自由。

或者为了救济品而出卖我的尊严。

勇敢地面对世界，并且说：

在上帝的帮助下，我已经做了上述之事。

所有这些就是做一名企业家的含义。

——美国企业家协会信条

第二节 我也能成为老板

创业是一种激情，创业是一种磨砺，创业是一种幸福，创业更是一种信念！

"看到周围朋友有创业成功的，我很受鼓舞，原来中职学生也是可以创业成功的，毕业以后我也想去大干一番，但是，我现在应该在哪些方面做准备呢？"

——一名中职学生的探询

案例及分析

【案例一】创业只要开始永远都不晚

任正非，1944年出生在贵州一个贫困的山区，父亲是乡村教师，家里有7个兄弟姐妹，任正非回忆，从小到大，他记忆最深刻的就是因为家里穷经常吃不饱饭，尤其在三年特殊时期，晚上做梦都希望能有个馒头吃。1963年，任正非靠着自己的努力和勤奋，19岁的他考入重庆建筑工程学院，大学毕业后，任正非应征入伍。退伍后在深圳一家公司做经理的任正非因为轻信他人，被骗了200万元，在那个时候，深圳市民平均工资只有几百块钱，于是任正非被公司开除。44岁的他东拼西凑借来了2万块钱，创办了现在的华为，开始了人生最辉煌的篇章。

【案例二】从机电专业学生到专修店经理

李文山是某职业院校的毕业生，如今已成了远近闻名的青年个体户，被称为"马达维修大王"。他毕业后，通过对农村的调查，发现鱼池增氧机需求量大而电机很容易损害。他就瞄准了电机维修市场，开办了"文山专修店"。他收费低而且态度好，顾客慢慢多起来，一次，他修好了一个工程师都没有修好的电机，名气开始大起来，生意越来越好，在自己的维修店里安置了15名待业人员就业，同时，还指导一名30多岁的下岗职工独立开店。

成功创业者的素质

一、什么叫创业者

创业者是指某个人发现某种信息、资源、机会或掌握某种技术，利用或借用相应的平台或载体，将其发现的信息、资源、机会或掌握的技术，以一定的方式，转化、创造成更多的财富、价值，并实现某种追求或目标的过程的人。创业搭档是创业者，而创业合伙人不一定是创业者。

创业者一词最早由爱尔兰裔法国经济学家坎蒂隆（Cantillon）在其著作《商业性质概论》（1755年出版，此时作者已去世）中提及。1800年，法国经济学家萨伊（Say）首次给出了创业者的定义，他将创业者描述为将经济资源从生产率较低的区域转移到生产率较高区域的人，并认为创业者是经济活动过程中的代理人。著名经济学家熊彼特（Schumpeter）则认为创业者应为创新者；这样，创业者概念中又加了一条，即具有发现和引入新的更好的能赚钱的产品、服务和过程的能力。

二、创业者的基本素质

1. 心理素质

所谓心理素质是指创业者的心理条件，包括自我意识、性格、气质、情感等心理构成要素。作为创业者，他的自我意识特征应为自信和自主；他的性格应刚强、坚持、果断和开朗；他的情感应更富有理性色彩。成功的创业者大多不以物喜，不以己悲。

2. 身体素质

所谓身体素质是指身体健康、体力充沛、精力旺盛、思路敏捷。现代小企业的创业与经营是艰苦而复杂的，创业者工作繁忙，时间长，压力大，如果身体不好，必然力不从心，难以承受创业重任。

3. 知识素质

创业者的知识素质对创业起着举足轻重的作用。创业者要进行创造性思维，要做出正确决策，必须掌握广博的知识，具有一专多能的知识结构。具体来说，创业者应该具有以下几方面的知识，做到用足、用活政策，依法行事，用法律维护自己的合法权益；了解科学的经营管理知识和方法，提高管理水平；掌握与行业、企业相关的科学技术知识，依靠科技进步增强竞争能力；具备市场经济方面的知识，如财务会计、市场营销、国际贸易、国际金融等。

4. 能力素质

创业者至少应具有如下能力。

① 创新能力

② 分析决策能力

③ 预见能力

④ 应变能力

⑤ 用人能力

⑥ 组织协调能力

⑦ 社交能力

⑧ 激励能力

当然，这并不是要求创业者必须完全具备这些素质才能去创业，但创业者本人要有不断提高自身素质的自觉性和实际行动。要想成为一个成功的创业者，就要做一个终身学习者和改造自我者。

哈佛大学拉克教授讲过这样一段话："创业对大多数人而言是一件极具诱惑的事情，同时也是一件极具挑战的事。不是人人都能成功，也并非想象中那么困难。但任何一个梦想成功的人，倘若他知道创业需要策划、技术及创意的观念，那么成功已离他不远了。"

三、创业者的基本特点

创业令人向往，也令人胆怯。当今社会倡导创新、鼓励创业，有创业想法的人越来越多，可真正投入自主创业的却寥寥无几。因为大家讲创业有风险、创业需谨慎，这是因为大家没有创业经验、经营管理经验，没有充足的信心和决心。创业者必须具有的一些基本条件如下。

1. 决断力和行动力

市场瞬息万变，机遇总是稍纵即逝，创业者瞻前顾后，犹豫不决，将导致机会白白错过，创业成功的关键在于能够迅速地判断形势，并做出决断把握机遇。但是大多数人，总是有一堆念头在纠缠：是创业呢？还是按部就班地找工作或者继续升学呢？最终一事无成。原因是"想得太多，做得太少"。俗话说"千里之行，始于足下"，想要成就大事业，就一定要敢想敢做。

据统计，成功人士的智商并不比常人高，但是他们的决断力和行动力绝对超乎常人。有这么一个说法，全世界能够想到同一个创意的人，成千上万；但是最后能成功的人却只有那么一两个。成功的人是那些最先将想法付之于行动的人。

2．坚持不懈的精神

创业过程中遇到困难和挫折是正常的，有了坚持不一定成功；但没有坚持，就注定失败。坚毅的性格和永不言弃的精神，是创业者的精神源泉，是创业成功的必要支撑。

哲学上辩证法的三大规律之一论述到：量变引起质变。只要坚持不懈地做下去，总有一天会有质的飞跃。所以，创业者要想取得最终的成功，一定要有坚毅的性格，要有坚持不懈的精神！

3．创新能力

约翰·洛克菲勒说过："如果你要成功，你应该朝新的道路前进，不要跟随被踩烂了的成功之路。"爱因斯坦说过："若无某种大胆放肆的猜想，一般是不可能有知识的进展的。"如今越来越多的创业者在办公室里放着白板和画笔，主要是鼓励员工们创新，鼓励交流，发动头脑风暴集思广益，产生新点子，因为创新力决定发展力。

4．务实态度

求真务实是各项事业不断取得新胜利的根本保证。强调务实态度，是智慧和经验的总结。创业需要我们全身心的投入，需要踏实奋进、求真务实的态度，需要坚持不懈的精神，也需要与时俱进的目光。务实认真地做好自己的产品和服务，取得消费者的认可和信赖，是企业能够实现持续经营、长盛不衰的根本保证。

5．学习能力

学历代表过去，只有学习能力才能代表将来。知识经济时代，对于创业者来说，学习能力至关重要，要有学习的深度，也要有学习的广度。学习的价值在于培养适应企业与品牌发展的能力和习惯，使得创业者能永远跟上市场的变化。

6．身体素质

身体是革命的本钱，一切工作建立在自身身体健康的基础上。拥有良好的身体素质，体力充沛、精力旺盛、思路敏捷，创业者才能更好地发挥自己的光和热。现代企业的创业与经营是复杂的，创业者面临着工作忙、时间长、压力大等问题，如果身体素质不好，必然力不从心、难以承受创业重任。

教学活动

活动一　人际关系小测试

你的人际关系处理能力如何呢？通过下面的问卷测测就知道了。

（1）和同事发生争执时，你会不知不觉地提高音量吗？

  A．是   B．否

（2）你能叫出公司里八成以上的人名吗？

  A．是   B．否

（3）看到讨厌的人，你会假装没看见吗？

  A．是   B．否

（4）你和主管及同事相处愉快吗？

  A．是   B．否

（5）遇到不合理的事情，你会抗议到底吗？

  A．是   B．否

（6）昨天才吵过架的人，今天又可以愉快地跟他聊天吗？

  A．是   B．否

（7）购物时遇到态度不好的店员，会跟他发生争执吗？

  A．是   B．否

（8）同事帮你买错盒饭，你是否会很感谢地吃完它？

  A．是   B．否

（9）和朋友出去玩，你会特别坚持自己的意见吗？

  A．是   B．否

（10）你认为保持和谐的状态是很重要的事吗？

  A．是   B．否

（11）朋友借了你一笔钱，过了很久也未归还，你不了解他是因为一时无力偿还，还是忘在脑后了，而你在近期内又急用这笔钱，你会怎么办呢？

  A．请另外一位朋友去提醒一下

  B．只好再等待

  C．你找他讨还

（12）你给孩子买了一件刚上市的服装，回家一试发现太小不能穿，你找到商店，但售货员拒绝退货，你会怎么办？

  A．找到商场经理说明情况，表示道歉，希望商量一个双方都能接受的方案

  B．心里有气，还是把衣服带回家

  C．和对方大吵大闹，引来众人围观

（13）市场上某种食品涨价了，而这种食品又是你平日最喜欢的，你会怎么办呢？

  A．少买些，但把菜谱适当调整一下

  B．它涨它的，照买不误

  C．大发牢骚，但还是买了

（14）你一位很要好的朋友因工作变动要到另一个部门去，你会怎么办？

  A．为他饯行，并祝福他

  B．认为他离开以后关系会变差，所以就不冷不热

  C．陈说利害，设法留住他

（15）你因工作中的一时失误，受到上司的批评处罚。原来和你关系不错的同事，不但不来安慰你，反而躲得远远的。你的反应是：

  A．随他的便，地球照样转

  B．认为这是人际关系的弊病，毫不在意

  C．你骂他们是势利小人、没良心，从此断绝关系

（16）你因工作能力强，老板欣赏你而给你升职加薪，同事们要你请客，这时候你会怎么办呢？

  A．感谢同事们的关照，必要时会表示

  B．只找几个要好的朋友去吃一顿

  C．你认为没有必要请客而拒绝

（17）有一位远亲患病，从外地投奔你，请你帮助联系医院或请名医治疗，而你工作忙不说，住宿就是大问题。这时你将会：

  A．尽管有困难，也热情接待，想办法满足他的要求，并劝他多住些日子治疗

  B．热情接待，但告诉他你爱莫能助，请他谅解

  C．厌烦之情溢于言表，借故推托了事

（18）你是个已婚人士，由于工作的需要将长期和某个异性来往、接触，但耳闻有人对你们捕风捉影地妄加评论，你将怎么办？

  A．不理那一套，该干什么还干什么

  B．感到委屈，为了不使人议论想辞掉那份工作

  C．发誓要找到造谣者并找他算账

（19）在朋友、同事、邻居中，有人结婚、过生日等，难免要破费一点表示表示，你认为：

  A．虽然要花点钱，但还是觉得应该

  B．对一般人不屑一顾，但对体面的人则送重礼

  C．假装不知道或借故躲开

（20）你和同事外出办事，因缺少经验而办了一件尴尬的事，回来后同事拿你这件事当众寻开心，出你的洋相。这时候你会：

  A．和同事们一块笑，事后说明原委

  B．很尴尬而不知所措

  C．很气愤，也揭对方的老底

一名职校生毕业后就业于一家大公司，由于性格十分内向，平时很少和同事交往，同事对他也冷眼相看。后来因一件小事和同事吵起来，他一怒之下，拿起桌上的一把水果刀向对方捅去，致对方重伤，其本人以故意伤害罪被判刑15年。

想一想：造成这场悲剧的原因是什么？

好人缘的诀窍：掌握主动权，试着主动和陌生人打招呼。

建立良好第一印象。

人际交往中，以诚待人，表露个性。

多为别人着想。

他人有困难，及时帮助。

心怀大度地接纳他人。

活动二　自信能力小测试

用"是"或"否"回答以下问题：

（1）规定的目标一定要实现。

（2）心中思考的事情往往立即付诸实施。

（3）不管经历多少次失败也毫不动摇。

（4）不会因为他人的成功贬低我自己。

（5）与他人合作时信赖他人。

（6）我有自己独特的优点。

（7）对自己的评价不受他人观点的影响。

（8）一件一件地实现自己要做的事情。

（9）常常盼望良机来临。

（10）很少对自己有消极的想法。

（11）尽可能地利用自己的才干与能力。

（12）一直得到许多人的帮助。

（13）为实现目标全力以赴。

（14）相信自己有应对困难的能力。

（15）大脑的闪念往往能够马上实现。

评分规则：是为1分；否为0分。总得分对应你的状态。

　　　　0～3：实现目标的信心很低；

　　　　4～7：实现目标的信心较低；

　　　　8～11：实现目标的信心一般；

　　　　12～15：实现目标的信心较高。

活动三 创业访谈

你现在可能还不明确自己毕业后会有什么样的选择，但你已经有了朦胧的想法，如果你对这些行业还不太熟悉，可以找一位正在这个领域工作的人进行一次访谈，帮助你对某一行业有更多的了解，使你可以从更多的角度去权衡利弊，从而做出更加完善的选择。访谈参考提纲如下：

工作的内容主要是什么？（例如，典型的一天是怎么度过的）
工作的环境是什么？
会跟什么样的人打交道？
进入这一行业的标准是什么？（学历、实践、技能要求）
对于工作者的个人特质有何要求？
这一行业的未来发展前景如何？
这一行业的人才供求状况如何？
薪水待遇怎么样？
个人职业发展路径是什么？
这份工作的最大挑战是什么？
对于这份工作，最满意的是什么？最不满意的是什么？
如果你希望进入这一行业，现在在学校里可以做哪些准备？

第三节 我为创业做准备

一个人要干成一番事业，其中放开眼界、抓紧时机、百折不挠、艰苦创业占95%的因素。
——霍英东

大学生创业的成功与否影响因素众多，包括地区、行业、个人能力等多个方面。根据相关部门的数据统计显示，全国大学生每年选择创业的比例为5%，创业平均成功率占5%中的3%。然而，这个比例在不同地区有所差异。例如，在全国范围内，成功率最高的浙江也只有这5%中的4%，广东成功率只有其中的1%。另一方面，根据麦可思研究院发布的《中国大学生就业报告》数据显示，毕业半年后自主创业的应届本科毕业生，3年后有超过半数的人退出创业。这些数据显示，尽管大学生创业的热情较高，但是能够持续并取得成功的并不多。

大学生创业面临的主要挑战包括资金缺乏、管理能力弱和社会资源不足。许多大学生有专业知识却没有创业知识，导致项目选择、商业运作或团队管理出现问题。此外，由于社会阅历、胆略、人脉等创业者应当具备的一些特质比较欠缺，管理经验少，很容易过早被市场扼杀。因此，虽然大学生创业的热情高，但是由于各种原因，其成功率仍然相对较低。

案例及分析

【案例一】找准目标非常重要

某职校毕业生小何现在是江苏扬州一家中型商场的老板。提起当初创业，小何感慨万千，因为他在选定建商场的位置时，周边市场还十分萧条，周围的人不能理解，纷纷将嘲讽和责备的目光投向他。但是，小何心中有数，因为他时常看书看报，分析时势，对自己选定的地盘十分看好。果然，一两年后，商场所在的位置作为开发区迅速发展起来，他的商场正好处在中心地段，前景十分看好。

启示

有过人的目光，找准创业目标，非常重要！

【案例二】莫忘合法经营

家在旅游开发区的小王，看到来本地旅游的人越来越多，灵机一动，开起一家小餐馆，生意竟然十分火爆。小王以为利用自家的门面房自主经营是很自然的事情，从未想起还应该去办理相关经营手续。结果，时间不久就被工商部门罚款，并责令停业整顿。

启示

创业千万不要忘记办手续，合法经营保安全。

一、创业前准备

在创业的大潮中，做好选定创业项目、拟定创业计划、筹集创业资金、办理创业有关的法律手续、创业计划的实施和管理这五点，对创业成功达到事半功倍的效果。

1. 选定创业项目

通过对大量创业成功者的实例研究证明，选定好的创业项目是创业成功的前提和基础。

选择创业项目，不仅要对自身的兴趣、特长、实力进行全面客观的分析，而且要善于发现市场机会、把握国家及行业未来发展趋势。

2. 拟定创业计划

在拟定创业计划的时候，一定要想清楚以下 6 个方面。

（1）对象（What）——什么事情

生产/销售什么产品？为什么要生产/销售这个产品？能不能生产/销售别的？我到底应该生产/销售什么？例如：如果这个产品不挣钱，换个利润高一点儿的好不好？

（2）场所（Where）——什么地点

生产/销售是在哪里干的？为什么偏偏要在这个地方干？换个地方行不行？到底应该在什么地方干？这是选择工作场所应该考虑的。

（3）时间和程序（When）——什么时候

例如，生产销售在什么时候干？为什么要在这个时候干？能不能在其他时候干？提到前面干行不行？到底应该在什么时间干？

（4）人员（Who）——责任人

这个事情是谁在干？为什么要让他干？如果他既不负责任，脾气又很大，是不是可以换个人？有时候换一个人，整个企业是不是就会有起色了？

（5）为什么（Why）——原因是什么

为什么要干这件事情？为什么不能有变动？为什么不能使用？为什么变成红色？为什么要做成这个形状？为什么采用机器代替人力？为什么非做不可？

（6）方式（How）——怎么做

我们是怎样干的？为什么用这种方法来干？有没有别的方法可以干？到底应该怎么干？有时候方法一改，全局就会改变。

3. 筹集创业资金

（1）政策基金——政府对大学生创业者（职业院校创业者）的政策帮扶

大学生创业贷款是政府近几年为鼓励大学生创业提供的一项免息/低息贷款，这种因所在城市不同，需要提供的资料及贷款金额等也不同。

以陕西省为例，2022 年 6 月 7 日，陕西省人民政府办公厅印发《陕西省进一步支持大学生创新创业若干措施》中指出：鼓励和引导金融机构加快产品和服务创新，为符合条件的大学生创业项目提供金融服务。落实创业担保贷款政策，对符合规定条件的高校毕业生个人及小微企业申请贷款，给予优先重点支持，降低贷款利率，简化贷款申报审核流程，提高贷款便利性。落实创业担保贷款贴息及奖补政策，高校毕业生个人最高贷款额度为 20 万元。高校毕业生设立的符合条件的小微企业，最高贷款额度为 1000 万元，财政部门承担 300 万元以内的贷款贴息。

（2）亲情融资——成本最低、最容易实现的创业融资方式

亲情融资是指通过向亲朋好友借钱创业的一种成本最低、相对较容易实现的融资方法。这种方法筹措资金速度快、风险小、成本低。

（3）银行金融机构贷款——需要抵押/担保的融资方式

银行金融机构贷款是指需要借款人向银行提出贷款需求，经银行审核合格后，方可贷款。此类贷款对于职业院校创业者而言，相对较难，主要原因是几乎所有银行都需要以房产、车辆等资产进行抵押/担保，但因为职业院校学生年纪较小且本身就是个学生，日常生活开销都需要依赖父母，几乎没有房产/车辆在其名下可以用于抵押/担保，所以此类方式对于职业院校学生创业者而言，较难实现。

4．办理创业的有关法律手续

随着各地政府进一步深化政府服务改革，提升企业群众办事便利度，企业申报都可在网上一站式完成。以陕西省为例，单击进入全国一体化在线政务服务平台陕西政务服务网，按照流程办理即可。

办理前需要提供以下材料：

（1）公司名字

（2）注册资金

（3）经营范围

（4）注册地址（房产证或购房合同复印件）

（5）股东的身份证照片及电话号码

（6）所有股东的出资额及出资比例

（7）法人、财务、监事的身份证照片及电话

5．创业计划的实施与管理

（1）创业计划书是创业者叩响投资者大门的"敲门砖"，一份优秀的创业计划书往往会使创业者达到事半功倍的效果。创业计划书是创业者计划创立的业务的书面摘要。它用以描述与拟创办企业相关的内外部环境条件和要素特点，为业务的发展提供指示图和衡量业务进展情况的标准，通常创业计划书是市场营销、财务、生产、人力资源等职能计划的综合。

（2）准备创业方案是一个展望项目的未来前景，细致探索其中的合理思路，确认实施项目所需的各种必要资源，再寻求所需支持的过程。需要注意的是，并非任何创业方案都要完全包括上述大纲中的全部内容，创业内容不同，相互之间差异也就很大。

（3）一般来说，在创业策划书中应该包括创业的种类、资金规划及基金来源、资金总额的分配比例、阶段目标、财务预估、营销策略、创业的动机、组织架构等方面。

① 封面

封面的设计要有审美品位和艺术性，一个好的封面会使阅读者产生最初的好感，会有很好的第一印象。

② 计划摘要

它是创业策划书的精华，计划摘要涵盖计划的要点，以求一目了然，以便读者能在最短的时间内评审计划并做出判断。

计划摘要一般包括以下内容：公司介绍、管理者及其组织、主要产品和业务范围、市场概貌、营销策略、销售计划、生产管理计划、财务计划、资金需求状况等。摘要要尽量简明、生动，特别要说明自身企业的不同之处及企业获取成功的市场因素。

③ 企业介绍

这部分的目的不是描述整个计划，也不是提供另外一个概要，而是对你的公司做出介绍，因而重点是公司理念和如何制定公司的战略目标。

④ 行业分析

在行业分析中，应该正确评价所选行业的基本特点、竞争状况及未来的发展趋势等内容。

⑤ 产品（服务）介绍

产品介绍应包括以下内容：产品的概念、性能及特性、主要产品介绍、产品的市场竞争力、产品的研究和开发过程、发展新产品的计划和成本分析、产品的市场前景预测、产品的品牌和专利等。

在产品（服务）介绍部分企业家要对产品（服务）做出详细的说明，说明要准确，也要通俗易懂，使不是专业人员的投资者也能明白。一般地，产品介绍都要附上产品原型、照片或其他介绍。

⑥ 人员及组织结构

在企业的生产活动中，存在着人力资源管理、技术管理、财务管理、作业管理、产品管理等。而人力资源管理是其中很重要的一个环节，因为社会发展到今天，人已经成为最宝贵的资源，这是由人的主动性和创造性决定的。企业要管理好这种资源，更是要遵循科学的原则和方法。

在创业策划书中，必须要对主要管理人员加以阐明，介绍他们所具有的能力，他们在本企业中的职务和责任，他们过去的详细经历及背景。此外，在这部分创业策划书中还应对公司结构做一简要介绍，包括：公司的组织机构图、各部门的功能与责任、各部门的负责人及主要成员、公司的报酬体系、公司的股东名单、认股权、比例和特权、公司的董事会成员、各位董事的背景资料。

经验和过去的成功比学位更有说服力，如果你准备把一个特别重要的位置留给一个没有经验的人，你一定要给出充分的理由。

⑦ 市场预测

应包括以下内容：a. 进行需求预测；b. 市场预测、市场现状综述；c. 竞争厂商概览；d. 目标顾客和目标市场；e. 本企业产品的市场地位等。

⑧ 营销策略

对市场错误的认识是企业经营失败的最主要原因之一。在创业策划书中，营销策略应包括以下内容：a．市场机构和营销渠道的选择；b．营销队伍和管理；c．促销计划和广告策略；d．价格决策。

⑨ 制造计划

创业策划书中的生产制造计划应包括以下内容：a．产品制造和技术设备现状；b．新产品投产计划；c．技术提升和设备更新的要求；d．质量控制和质量改进计划。

⑩ 财务规划

财务规划一般要包括以下内容，其中重点是现金流量表、资产负债表以及损益表的制备。

流动资金是企业的生命线，因此企业在初创或扩张时，对流动资金需要预先有周详的计划和过程中的严格控制；损益表反映的是企业的盈利状况，它是企业在一段时间运作后的经营结果；资产负债表则反映在某一时刻的企业状况，投资者可以依据从资产负债表中得到的比率指标来衡量企业的经营状况及可能的投资回报率。

二、创业风险

风险一：项目选择太盲目

职业院校学生创业时如果缺乏前期市场调研和论证，只是凭自己的兴趣和想象来决定投资方向，甚至仅凭一时心血来潮做决定，一定会碰得头破血流。

职业院校学生创业者在创业初期一定要做好市场调研，在了解市场的基础上创业。一般来说，职业院校学生创业者资金实力较弱，选择启动资金不多、人手配备要求不高的项目，从小本经营做起比较适宜。

风险二：缺乏创业技能

很多职业院校学生创业者眼高手低，当创业计划转变为实际操作时，才发现自己根本不具备解决问题的能力，这样的创业无异于纸上谈兵。

一方面，职业院校学生应去企业打工或实习，积累相关的管理和营销经验；另一方面，积极参加创业培训，积累创业知识，接受专业指导，提高创业成功率。

风险三：融资渠道单一

如果没有广阔的融资渠道，创业计划只能是一纸空谈。除了银行贷款、自筹资金、民间借贷等传统方式，还可以充分利用风险投资、创业基金等融资渠道。

风险四：社会资源贫乏

企业创建、市场开拓、产品推介等工作都需要调动社会资源，职业院校学生在这方面会感到非常吃力。平时应多参加各种社会实践活动，扩大自己人际交往的范围。创业前，可以先到相关行业领域工作一段时间，通过这个平台，为自己日后的创业积累人脉。

风险五：管理过于随意

一些职业院校学生创业者虽然技术较好，但理财、营销、沟通、管理方面的能力普遍不足。要想创业成功，大学生创业者必须技术、经营两手抓，可从合伙创业、家庭创业或从虚拟店铺开始，锻炼创业能力，也可以聘用职业经理人负责企业的日常运作。

三、几种最易成功的创业方式

1. 加盟创业

分享品牌金矿，分享经营诀窍，分享资源支持，采取直营、委托加盟、特许加盟等形式连锁加盟，投资金额根据商品种类、店铺要求、加盟方式、技术设备的不同而不同。

2. 网络创业

有效利用现成的网络资源，网络创业主要有三种形式：通过社交平台引流后，直播带货；网上开店，在网上注册成立网络商店；网上加盟，以某个电子商务网站门店的形式经营，利用母体网站的货源和销售渠道。

3. 兼职创业

兼职创业即在工作之余再创业，如：教师、培训师可选择兼职培训顾问，业务员可兼职代理其他产品销售，设计师可自己开设工作室，编辑、撰稿人可朝媒体、创作方面发展，会计、财务顾问可代理做账理财，翻译可兼职口译、笔译，律师可兼职法律顾问，策划师可兼职广告、品牌、营销、公关等咨询。当然，你还可以选择特许经营加盟，顾客奖励计划等。

4. 大赛创业

大赛创业即利用各种商业创业大赛，获得资金提供平台，如雅虎、网景等企业都是从商业竞赛中脱颖而出的，因此各种创业大赛也被形象地称为创业"孵化器"。

教学活动

活动一　社会考察

把全班同学分成若干组，到有关部门了解开办企业的程序和手续，并在班上进行交流。

活动二　网络视频热议

《大勺哥走红》：沈阳市民郑建安凭借自己在12个炉灶上，用12把大勺同炒12锅饭的绝技被网友称为"大勺哥"。

《牛人烤羊肉串师傅》：兰州张掖路师傅能同时烤300串羊肉串。

你得到的启发是什么？

活动三　制订创业计划书

结合自己的理想拟订一份创业计划书，并在全班宣读，请同学们提问，然后吸收大家意见，进行修改，形成一份比较完整的创业计划书。

活动四　创业大赛

活动说明：全班同学自由组成若干创业团队（如有需要可以邀请其他专业的同学加入团队），举办创业大赛，各组提交项目计划书，在计划书中需要阐明该项目的具体内容、可行性及意义等，由项目讨论组对各团队提交的项目计划书进行评审，并提出改进意见和建议。各团队要进行实地调研，不断完善和改进计划书，在条件允许和可行性论证后，将项目计划书付诸实践。

22条商规

市场领先："第一"胜过"更好"。
产品创新：若不能成为某类产品的第一，就应努力创造另一类新产品。
深入人心：抢先深入人心，快速进入市场。
观念竞争：市场营销不是产品之争，而是观念之争。
概念集中：市场营销中最强有力的战略是潜在用户心目中只拥有一个品牌概念。
概念专有：两个不同的公司不可能在用户心目中享用同一个概念。
阶梯定位：在产品的市场阶梯中的位置决定了你所应采取的营销战略。
两强相争：从长远看，任何市场都终将变为两匹马的竞争。
针对第一：若想争取市场第二，你的战略就应针对市场第一。
品种细分：随着时间的推移，产品的品种会细分为两个，或者更多。
远期效果：市场营销行为应在长期内显现效力。
商标扩展：商标系列的扩展，不可避免地给人以商标雷同印象。
有所牺牲：有所失才能有所得。
对立特征：任何一种产品，总存在着另一种与之相对立的有效特征。
坦诚相见：潜在用户会在你承认自己的短处时发现你的长处。
唯一策略：在各种场合中，只有一种举措会产生重大的效果。
不可预见：除非你亲自为你的竞争对手制订计划，否则你无法预见未来。
骄兵必败：成功往往导致骄傲，而骄傲又必然导致失败。

正视失败：失败难以避免，但应正视失败。

过度宣传：事情往往与新闻媒介所宣传的正好相反。

驾驭趋势：成功的市场营销应立足于长期趋势，而不是时尚。

财力支持：没有足够的资金，任何创意都不可能实现。

迈向成功的 17 条法则

（1）设定明确目标

（2）组织智囊团

（3）培养具有吸引人的个性

（4）运用你的信心

（5）多付出一点

（6）创造个人进取心

（7）培养积极心态

（8）控制你的热忱

（9）强化自律

（10）正确思考

（11）控制你的注意力

（12）激发团队合作

（13）从逆境与失败中学习经验

（14）培养创造力

（15）保持健康

（16）预算时间和金钱

（17）运用宇宙习惯力量

你是一个有竞争力的人吗？

在人才选拔中，无论是从公司的前途着眼，还是从一个人竞聘一种特定的职位来看，竞争力都具有重要的意义。如今，各个公司和职务竞聘者们不仅谈论承担一项工作的技能和知识，而且也谈论这项工作所要求的竞争力。

关于竞争力，存在着很多定义和标准，但是可以说，竞争力是一个人潜在的素质，它与一个人在某种岗位上能否成功有关。

具有竞争力的人可以分成 5 种类型：

第一类具有竞争力的人。这类人，其竞争力与他们的智商（这里指一个人对一种情况进行评价并做出决策时所需要的智商）有关。我们称这种竞争力为智商竞争力，它可以被理解为全面观察一种情况，并对这种情况进行分析的能力、逻辑推理能力、概括和综合判断能力及创造力。

第二类具有竞争力的人。其竞争力与他们在决策过程中所表现出来的感情因素有关。这种竞争力包括他们感情的成熟程度和对一种特定情况进行客观分析的能力。

第三类具有竞争力的人。其竞争力与敢于冒风险和排除障碍的能力有关。

第四类具有竞争力的人。除了自己做事，还能够使别人也照着他的意图做事。这种竞争力与领导能力和对其他人的感染力有关。

第五类具有竞争力的人。其竞争力与公司的集体价值观（如团队工作能力、应用经验的能力和规范行动的能力）有关。

反侵权盗版声明

电子工业出版社依法对本作品享有专有出版权。任何未经权利人书面许可，复制、销售或通过信息网络传播本作品的行为；歪曲、篡改、剽窃本作品的行为，均违反《中华人民共和国著作权法》，其行为人应承担相应的民事责任和行政责任，构成犯罪的，将被依法追究刑事责任。

为了维护市场秩序，保护权利人的合法权益，我社将依法查处和打击侵权盗版的单位和个人。欢迎社会各界人士积极举报侵权盗版行为，本社将奖励举报有功人员，并保证举报人的信息不被泄露。

举报电话：（010）88254396；（010）88258888

传　　真：（010）88254397

E-mail：　　dbqq@phei.com.cn

通信地址：北京市万寿路 173 信箱

　　　　　电子工业出版社总编办公室

邮　　编：100036